THE
DOW THEORY

道氏理论

（专业解读版）

[美]罗伯特·雷亚（Robert Rhea）著

谢 飞 译

人民邮电出版社

北 京

图书在版编目（CIP）数据

道氏理论：专业解读版／（美）雷亚（Rhea，R.）著；
谢飞 译．—北京：人民邮电出版社，2015.8
ISBN 978-7-115-39921-2

Ⅰ.①道… Ⅱ.①雷…②谢… Ⅲ.①股票投资—研
究 Ⅳ.①F830.91

中国版本图书馆 CIP 数据核字（2015）第 156937 号

内 容 提 要

道氏理论是道琼斯公司创始人之一查尔斯·道和《华尔街日报》资深编辑威廉·彼得·汉密尔顿市场智慧的结晶。罗伯特·雷亚作为道氏理论的研究者和推广者，他将两位大师的思想与文章加以梳理，在努力实践道氏理论的同时，结合其在股市的操作解读了道氏理论。本书将道氏理论化繁为简，将其中的核心观点一一摘出，使三大假设、三大公理、五个定理清晰化。尽管查尔斯·道始终强调其理论并不用于预测股市，但经过演化的理论仍对实践操作有所帮助，其中精髓更是被誉为"股市技术分析的鼻祖"。

当然，股市技术分析一直在演化，如果读者不能完全赞同罗伯特·雷亚的解读，本书下篇还提供了原载于《华尔街日报》和《巴伦周刊》中有关道琼斯平均价格指数的分析文章。

本书是初入股市、希望了解股市运作基本规律的读者的必读书，也是道氏理论爱好者的必藏之作。

◆ 著 【美】罗伯特·雷亚（Robert Rhea）
　　译 谢 飞
　　责任编辑 姜 珊
　　责任印制 焦志炜

◆ 人民邮电出版社出版发行　　北京市丰台区成寿寺路 11 号
　　邮编 100164　　电子邮件 315@ptpress.com.cn
　　网址 http://www.ptpress.com.cn
　　大厂回族自治县聚鑫印刷有限责任公司印刷

◆ 开本：700×1000　1/16
　　印张：20　　　　　　　　　　2015 年 8 月第 1 版
　　字数：228 千字　　　　　　　2025 年 10 月河北第 52 次印刷

定　价：49.00 元
读者服务热线：（010）81055656　印装质量热线：（010）81055316
反盗版热线：（010）81055315

序　言

人们通常所提及的道氏理论，实际上是结合了已故的查尔斯·道（Charles H. Dow）先生与威廉·彼得·汉密尔顿（William Peter Hamilton）先生两人智慧的结晶。

查尔斯·道是道琼斯公司的创始人之一，除引领公司为全美提供金融资讯服务外，他还作为开创者和主要编辑出版了《华尔街日报》（*The Wall Street Journal*）。

汉密尔顿先生去世于 1929 年，此前的 20 年间为编辑《华尔街日报》做出过杰出的贡献。

汉密尔顿先生早年因担任记者工作而一直与查尔斯·道交往密切。

三十多年前，查尔斯·道提出了个股波动的背后始终隐藏着市场整体趋势的变化的理论。当时，人们难以认识这种前所未有的观点。此前，人们在思考这类问题时，普遍认为股票价格的波动之间是毫无联系的，它完全取决于特定的个股公司状况及个股投机者当下所持的市场态度。

汉密尔顿先生提出了他所谓的道氏理论的"蕴意"。他认为，股票市场是企业经营状况的晴雨表，该晴雨表通常还可以预测企业自身的未来趋势。汉密尔顿先生展现了出色的分析技巧，并时常在《华尔街日报》上发表以"论股市价格运动"为标题的社论来阐述他对晴雨表的见解。

而查尔斯·道本人只在 1900—1902 年为《华尔街日报》撰写的若干

社论中表述过自己对于股票市场的认识。

1922 年，汉密尔顿先生出版了《股市晴雨表》（*The Stock Market Barometer*）一书。这本书是在查尔斯·道先生的股票价格运动理论的基础上，对预测市场价值所做出的研究。汉密尔顿先生的这本著作连同他发表过的大量社论构成了其个人理论思想的源泉。

雷亚先生通过深入研究查尔斯·道和汉密尔顿先生的作品（其中包括 252 篇评论文章），向个人投资者及投机者介绍了道氏理论，这是一种宝贵的贡献。

休·班克罗夫特（Hugh Bancroft）

波士顿，1932 年 5 月 21 日

前　言

　　道氏理论是迄今为止预测股票市场运动的唯一可靠的方法，我对此坚信不疑，这也是支持我撰写关于道氏理论书籍的依据。

　　一个像我这样卧床多年的人，便会得到很多专注于学习及研究的机会。如果不好好利用这个特别的机会并把它看做是幸运之人才可享有的乐趣，那么生命将会黯淡无光。

　　十多年来，我所有的商业事务都是在床上处理的。在此期间，我唯一的消遣就是研究商业经济——特别是研究商业发展趋势及股市发展趋势。或许是受道氏理论影响，也许只是纯属运气，促使我在 1921 年适时地买入了一些股票，而在 1920 年股票飙升的最后阶段，我并没持有任何股票。此外，不知是受道氏理论的影响还是运气的原因，使得我在股市崩盘后的两年里，持有少量比例的放空仓位。因此，我的研究也算是得以回报；而且，如果我在实践道氏理论的同时对其加以阐述说明，他人也可能会从中受益，至少我希望如此。

　　为方便我自己、我的朋友们以及所有认真钻研市场的学生们使用，我着手制作了一套道琼斯股票日平均指数走势图，该图同时还记录了股票日成交量。由于少量出版会使成本过高，因此这套图表被大量印刷以供销售。图表一经出版就引起了令人满意的反响，仅是我在引言部分对道氏理论以及《华尔街日报》已故编辑威廉·彼得·汉密尔顿先生作品做出的一些评价就吸引了 500 多封的询问信件。因此，这本书就是为了他们而写的。而现在，他们中的许多人都可以被称为我的朋友了，这些朋友可以受益于我对道氏理论的研究。

当然，评论家也会在措辞及题材编排上发现许多不足之处。他们中的许多人或许会否定书中得出的结论及所选的定义。但是，其中可能也不乏有一些人会抱着惺惺相惜的态度理解我有限的写作能力，从而发现书中的一些内容会对他们的交易大有帮助，而这本书正是为他们所写的。

在这里，我要真心地感谢休·班克罗夫特为本书撰写序言，另外还要感谢他作为知名杂志《华尔街日报》《巴伦周刊》（Barron's）的领导，给予了本书使用其出版过的道琼斯股票平均价格指数及相关材料等的特许。

目　录

金融事务的人们关于希望、失望与知识的综合判断。正因为如此，未来事件的影响（不可抗力因素除外）总是能通过预期的运动被正确地反映出来。例如，通过平均价格指数可以快速评估出火灾、地震等灾害所带来的损失。

第5章│道氏理论并非真理／28

道氏理论不是可以击败市场的不败体系。投资者若想成功地将道氏理论运用到投资中需要严肃认真地钻研，并且毫无偏见地总结收集来的证据，绝不能让主观愿望超越理性思考。

第6章│道氏理论的三种运动／36

平均价格指数包括三种运动，这三种运动或许会存在于同一时间。首先，最为重要的就是主要趋势运动：股市整体向上或向下的运动，也就是众所周知的牛市或熊市，其持续时间或达数年之久。其次，最具欺骗性的是次级运动：牛市中的重要回调，或是熊市中的反弹行情，这些反应通常会持续三周至数月的时间。第三，也是最不重要的运动——平均价格指数的日间波动。

第7章│主要运动／38

主要运动是股市整体的基本趋势，也就是众所周知的牛市或者熊市，其持续时间从少于一年到数年不等。正确判断主要运动的方向，是成功操作的关键因素。目前，人们还没有找到可以预测主要运动持续时间长短的方法。

熊市是伴随着重要反弹且长期整体向下的运动，这种运动直到股票价格彻底消化了那些最糟糕的情况才会结束。熊市由三个主要阶段构成：第一阶段，代表人们在价格飞涨时购入股票后希望的破灭；第二阶段，反映了人们由于经济萧条和收入减少而开始抛售股票；第三阶段，是那些坚持将自己的部分资产变现的人们，漠视股票的实际价值而低价抛售掉那些优质证券。

牛市是指整体向上的运动，期间伴随着次级回调反应。牛市的持续时间往往在两年以上。在此期间，由于商业条件改善和投资活动增加，使得投资购买股票的需求量不断增加。基于此原因，股票价格也会直线攀升。牛市通常有三个阶段：第一阶段，人们对未来的经济发展恢复信心；第二阶段，股票价格对已知的企业收入改善情况所产生的反应；第三阶段，投机猖獗、通货膨胀显著的时期——这是一段股票靠人们的希望与期盼飞涨的阶段。

为了便于讨论次级运动，我们把牛市中的重大下跌及熊市中的重大上涨定义为次级运动，其持续时间通常是三周到数月不等。次级运动的价格一般会回调到前一个主要运动终止后价格变化的 33% ~ 66%。这些反应常常让人们误以为是主要趋势发生了变化，原因显而易见，牛市第一阶段的价格运动，与被证实的熊市中的次级反应总是有巧合的相似性；

相反，熊市中，顶峰后的回调与牛市的次级反应也十分相似。

第 11 章 | 日间波动 / 68

仅根据一天的平均价格指数运动来进行推论，几乎都会得出误导性的结论。只有在市场形成了"线态窄幅盘整"时，推论才会存在一些价值。不管怎样，大家都应该记录并研究平均价格指数的每日走势，因为一系列的日间运动走势图最终通常都会发展为具有预测价值又易于识别的形态。

第 12 章 | 两种平均价格指数必须相互确认 / 71

投资者始终要将铁路与工业股票平均价指数的运动一并考虑，只有在一种平均价格指数被另一种确认后，才可以得出可靠的结论。基于一种平均指数波动得出的结论，如果没有被另一种平均指数确认过，那么这样的结论肯定会对投资者产生误导。

第 13 章 | 判断趋势 / 79

连续的价格回升超过前期的高点，伴随接下来的下跌能在前期低点上结束，这就是牛市的信号；反之，如果价格的回升没能超越前期的高点，并且随后下跌的低点比先前的低点更低，那么这就是熊市。这样的推论十分有助于评估次级运动，也是预测市场主要运动恢复、继续或变化的重中之重。为了便于讨论，价格的恢复或下跌被定义为：一个或多个交易日导致任意一种平均价格指数超过 3% 的净逆转。这类运动，只有在两种平均价格指数互相确认下，才有权威。不过，这一确认不必非要在同一天发生。

第 14 章 ｜ 线态窄幅盘整 ／ 83

所谓的线态窄幅盘整，是指一个价格运动超过两三周，甚至更长的时间。在此期间，两种平均价格指数的价格波动大约在 5% 的范围内。这样的运动代表市场不是正在吸筹，就是正在派发。如果两种平均价格指数在线态窄幅盘整的限度上同时上涨，则表明市场处于吸筹阶段，并且预示着价格会变得更高；相反，如果在线态窄幅盘整的限度下同时下跌，价格则必定会继续下跌。如果一种平均价格指数还没得到另一种的确认就妄下结论，那么这一结论通常也是不正确的。

第 15 章 ｜ 量价关系 ／ 90

一个处于超买状态的市场，就会在上升中表现迟缓，而在下跌中表现活跃；相反，当市场超卖时，下跌的趋势就会变得迟缓，而上升则表现为活跃。牛市通常在过度活跃的时期终止，并且开始相对缓和的交易。

第 16 章 ｜ 双重顶和双重底 ／ 98

双重顶和双重底对预测价格运动的价值并不大，并且时常会使人迷惑。

第 17 章 ｜ 论个股 ／ 101

美国大企业所有活跃且发行广泛的股票，一般都会随平均价格指数上涨及下跌。但是，股票种类多种多样，任意一支个股反映出来的情况，都可能会与平均价格指数大相径庭。

第 18 章 ｜ 论投机 ／ 103

投机既是一门艺术，也是一门科学。

汉密尔顿有一个诀窍，用多年对华尔街股市交易的观察所积累的市场智慧，辅以简练的评论，使技术分析变得十分有趣。

下篇　有关道氏理论的评述文章

THE DOW THEORY

01

上篇

道氏理论

第 1 章

一个理论的演变

查尔斯·道是美国最优秀的金融资讯机构——道琼斯公司的创始人，也是《华尔街日报》的创办者之一。直到 1902 年去世前，他一直在《华尔街日报》从事编辑工作。他在生命的最后几年里撰写了一些关于股票投资的文章，这些文章恐怕是他观察股票市场中反复出现的特征所做出的唯一可查的记录。这些观察是基于包含在道琼斯平均指数内的铁路及工业股票的日平均价格波动而总结出来的。①

查尔斯·道并没有将自己对股票市场的观察结果称之为道氏理论，而是由他的朋友——S. A. 尼尔森在 1902 年所著的《股票投机原理》（*The ABC of Stock Speculation*）中命名的。尼尔森也是首位尝试从实际应用的角度解释道氏方法的人。

今天，许多成功人士都认同道琼斯铁路和工业平均价格指数是价格与经济走势迄今为止最可靠的指标，并且他们通常都会参照"道氏理论"中提出的平均价格波动这一理论做出市场判断。

在 1897 年以前，道琼斯公司还只掌握一支股票的平均指数，但从 1897 年初便开始将其划分为铁路股票与工业股票两种平均指数。道氏在撰写股

---

① 道琼斯公共事业平均指数并不是出现于 1929 年末，而应被追溯到同年年初。

市观察文章期间，只拥有关于这两种平均数值最多五年的记录，而他可以在如此短的时间内在两种股票平均数值的基础上建立如此实用的价格波动原理基础实属了得。虽然道氏做出的一些理论后来被证实有误，但他的基础理论的可靠性即便是在他去世 28 年后仍可通过市场波动来证明。

威廉·彼得·汉密尔顿服务于查尔斯·道，通过偶尔发表一些股市预测文章进行理论研究与说明。他的观察报告及预测通常都十分准确，所以这些结果也常常成为《华尔街日报》的热门主题。威廉·彼得·汉密尔顿去世于 1929 年 12 月。

1922 年，汉密尔顿撰写了他的著作《股市晴雨表》①，与社论篇幅的局限性相比，他在此书中更详细地阐述了道氏理论。这本书在当时掀起了争论的狂潮，直到现在一些金融栏目中还会时常出现对当时这一反响的评论。引发争论的基本原因之一，是一些很有能力且尽一切努力尝试用数据统计预测股票市场趋势的人们，普遍不愿意承认道氏理论的实用性。这些评论家们完全不了解这一具有实用价值的理论所包含的原理。

自 1902 年起，汽车和道氏理论的发展开始有了很多相似之处。拿 1902 年的汽车来说，工程师们提高了汽车的发动机功率，实现了可拆卸轮辋，并加入了电灯与起动机，还做出了一些必要的改善，从而使我们拥有了一种方便可靠的交通工具。相同的是，汉密尔顿在 1902—1929 年对道氏理论进行了实验与改善。通过多年股票平均价格指数的记录，他为我们带来了一种定义明确且精准可靠的方法来预测股票价格及经济走势。

---

① 英国经济学家或许是在汉密尔顿 1923 年获得英国皇家统计协会的奖项时，首次承认《股市晴雨表》是一本对股市投资有着巨大贡献的著作。

　　从过去的经济记录中，把大量数据综合在一起，并制作成一个可以准确预测走势的指数并不是一件难事。问题在于这些方法使用的都是过去的数据，那么很大程度上就必须做出历史将会重演的假设。因此，在一种指数的价值被人们所认可前，它必须要经过股票市场长期实际发展情况的检验。然而，道氏理论就经受住了这种考验。

　　道氏理论提供了一种可以自我调节与验证的预测方法，这种方法的有效性也在三十多年的时间里不断被证实。其证据依赖于汉密尔顿多年来对于这一理论的成功应用，他在《华尔街日报》上刊登的关于股市预测的文章的准确性极高。但遗憾的是，汉密尔顿过于谦虚，这使得他没能将自己大量清晰详尽的股市预测通过再版发表出来，从而证明道氏理论应用的可靠性。

　　为了那些运用道氏理论帮助自己投资的人们，本书试图将这一理论简化成小手册，而作者的原创观点只占其中很小的一部分。汉密尔顿撰写的所有关于平均指数的文章都被细心收集进来并进行过研究；而且，书中尽可能引用他的原话。所以把这本书看作为一部对汉密尔顿的文章进行分类整理，使读者可以方便研究平均价格指数的合集也不为过。除有特殊的注明外，所有引用的言语均来自于汉密尔顿在《华尔街日报》和《巴伦周刊》中所发表的文章。第 20 章中的文章摘取的是 1903—1929 年每一篇关于价格波动的社论全文。任何一位读者如果对作者关于汉密尔顿评论的说明有所质疑，都可以在阅读了评论原文后，写下自己的结论。

　　研究道氏理论的初学者可以通过仔细钻研第 20 章中的文章来提高自己对预测价格波动的熟练程度。然而，在尝试做这项研究之前，每个人都应该拥有一份道琼斯平均指数的价格列表①。另外，准确绘制的铁路与工业股票平均指数的日价格波动图表也是非常重要的，将交易量展现在其中会使其实用性非常高②。汉密尔顿在总结依据及准备做出结论时，总是会重复利用市场走势信息。顺便说明一下，这可能会给那些自己绘制图表的初学者提供极好的机会以直观的图像形式研究价格波动。

希望可以从第20章的材料中获得巨大帮助的初学者都应该先仔细阅读所有文章，从而便会发现汉密尔顿在最初的10年中并没有十分清晰地表达出他的观点，与之相比后期的作品更详尽一些。他起初每篇文章都陈述得言简意赅，但或许有些过于简明扼要了。之后的几年，他明显认识到研究道氏理论的人其实渴望了解更详细的阐述。所以，在他股市评论生涯的最后20年，无论在什么场合，他的推论都会表达得更全面，而且逻辑性也更强。正是出于这个原因，初学者愿意的话可以先从他1910年起的股市预测着手研究，如果仍有需要再浏览早期的文章。当一个人掌握了大量关于道氏理论的知识后，或许就能对这一理论进行更详细地研究，并将研究成果转化为投资回报。

多年以前，在我们解答数学难题时，一旦得出答案，就可以翻看书后的答案验证计算的对错。这种方法也同样适用于学习平均指数。建议大家在学习初期从第20章的预测中选取一个日期，将这个日期定位在图表中，接下来盖住那天之后的数据，这样露出的部分代表的就是汉密尔顿预测股市前的图表。现在就应该研究这个图表的走势并且记录下对其

---

① 道琼斯平均指数和巴伦平均指数；《巴伦周刊》，波士顿。
② 雷亚—道琼斯日股票平均指数及成交量；《巴伦周刊》，波士顿。

的预测以及原因了。之后，你可以将这些记录与汉密尔顿的评论对比，两种对股市预测的效果也可以一目了然了。

随着时间的推移，道氏理论的实用性也与日俱增。与道氏当时仅掌握着几年的数据做研究相比，有着 35 年记录的我们当然更可能获得全面的研究成果。以此类推，从现在起 20 年后的研究者也将会比我们有更大的优势。随着时光的流逝，尽管汉密尔顿在 1926 年做出过极为错误的判断，但是他对股市预测的精准度还是在持续提高，关于这一点我会在后面说明。然而，这个错误的出现也验证了道氏理论并不是十全十美的，每当汉密尔顿成功地对股市做出预测时，总会再次特别强调理论也有不完美之处这一事实。

道氏理论的基础原理十分简单，完全来自于实践经验，也就是基于他本人创造的关于道琼斯平均指数的研究。除了出于本人意愿在 1900—1902 年的《华尔街日报》上发表过一系列关于股票投机的评论文章外，查尔斯·道从未尝试对其理论下过任何定义。汉密尔顿将查尔斯·道发表的这些文章作为基础，把查尔斯·道的发现应用于实际的股票市场波动预测中，多年后在所得到的结果上写出的评论作品不仅对未来市场趋势是一种可靠的指导，而且也使读者们能更加透彻地理解道氏理论中有关平均指数的含义。

一方面，查尔斯·道对其理论的论述文章甚少，而汉密尔顿则与之相反；另一方面，查尔斯·道一直未敢对股票市场趋势做出明确的预测，而汉密尔顿却果敢实践了这一理论。但是无论如何，大家都应该记得，汉密尔顿研究的这一理论基础是由他的前辈发现的，这也是他希望读者不要忘记的。引用汉密尔顿常写在预测文章前的一句话："依循已故的查尔斯·道先生的伟大方法，根据道琼斯平均指数对股票市场波动进行分析……"

人们还应该记住，《华尔街日报》从没降低过身价，沦落为出卖内部消息的庸俗报刊。与其说汉密尔顿是专业的"投资顾问"，不如说他是一位优秀的编辑，因为他并不是每次在看出平均指数对未来趋势有明显暗示时都将其发现写成预测文章。此外，汉密尔顿常将他睿智的头脑适时地用在其他事务上，他没有时间，也没有兴趣一成不变地关注平均价格指数的波动。还有，他有时会十分厌恶人们利用他的预测向他人提供不道德的咨询服务，结果造成很长一段时间汉密尔顿都拒绝撰写其根据价格波动推论出的观点。

尽管人们已经认识到道氏理论的局限性，但是为了让初学者能够充分了解汉密尔顿是如何坚信平均价格指数是一种高效的预测方法，我从他超过 25 年间所写的报刊文章中摘取了这样一部分：

"已故《华尔街日报》创世人之一查尔斯·道先生提出，道氏理论的核心是对于平均价格指数的研究。市面上出版这一理论的书似乎也已经绝版了，但将理论简而言之就是：在任何大盘股票市场中，都有三种明确的运动，即作用、反作用及相互作用。从表面来看，反映为日间价格波动；其次，是更简明的次级运动，表现为牛市的回调或熊市卖空后的快速反弹；最后，也是最主要的运动，它在数月的时间里影响着股票走势，甚至决定着股价的运动方向。"

"学者在分析研究平均价格指数时要牢记一些事实，即日间波动是毫无价值的，次级运动也并不可靠；但是，依据市场的主要运动所得出的结论有一定意义，其可以成为反映经济的晴雨表。据说，作为研究价格运动的记录，将这些事实放在考虑之中，一次又一次地在专栏中出版，特别是一战前那些年的文章，正确往往多于错误，而错误则常常出现在背离道氏理论和科学规律的时候。"（1919 年 8 月 8 日）

"一位热心的作者提出，通过研究工业及铁路前期的平均价格指数波动而预测出的股票市场趋势，是否不属于一种依靠经验做研究的方法？这种方法当然属于，但又不完全属于，而且也绝不是一种投机取巧的方法。任何一种从大量记录的实例中得出的结论都会受到那样的质疑，关键还是要看那种指示方法的科学准确性。"

"道氏理论确实存在高度的人为性及明显的局限性。但即使这样，它还是可以如实地反映出预测的准确度，这是其他商业记录无法超越的。"（《股市晴雨表》）

"许多学者认为研究道氏理论的三种市场运动要掌握一定水平的数学能力，甚至是绘图准确的能力，其实这是不必要，也不需要的。"（1922 年 10 月 18 日）

"当然，人们能在很多价格运动中发现股市晴雨表没能做出准确预测的证据，特别是次级运动。那又怎么样？对于批评者来说，他们所要求的精准性是不可能的。事实上，我认为人类道德发展到如今的程度，也不会有任何人对那种精准性的存在深信不疑。如果说有一种方法会造成世界的毁灭，那么这就是让彻头彻尾的大无私主义者从造物者手中接管地球。"

"股票市场晴雨表并不是完美的，或者更准确地说，这门尚未成熟的科学要到达完美的程度还有很长的一段路。"

"气象局发布的数据具有极高的价值，但是他们从不做出像是干燥的夏天或者潮湿的冬天这种虚假的预测。因为从你我的经验就可以知道，纽约 1 月的时候总是很冷，而 7 月总是很热。"

"无论是在伦敦证券交易所，还是在巴黎证券交易所，甚至是在柏林证券交易所，控制股市价格的规律都同样适用。但是我们要进一步思考，即使这些股票交易所以及我们的交易所都不存在了，这些规则却依然有效。在一定巨额资本的证券担保下，随着自由市场的重建，证券交易所也会毋庸置疑地自动恢复交易。据我所知，任何一家伦敦的财经出版刊物都没有保留过道琼斯平均指数的记录。但是如果有相似的数据可用，那么伦敦的股票市场会和纽约的股票市场做出相同质量的预测。"

"道氏理论并非不重视循环理论或是系统理论，又或是非常有趣的，甚至可靠的推断以及流行的理论。道氏理论认为如果这些都有用，那么就综合使用所有的方面，再加上那些可能收集到的每一点信息。股票市场的运动可以反映出所有真正可用的信息。"

"道氏理论以实用性为基础。该理论的假设依靠的是人类的本性。成功会驱使人们骄纵，骄纵的结果就是后悔，及相应产生的沮丧。经历过极度恐慌的黑暗时期后，劳动者们会庆幸目前所得，并会从微薄的工资中慢慢地抽出极少的钱用于存储，同时资本家也将更多地满足于薄利多销和快速回本的盈利方式。"

"当已故的斯普纳议员生前在美国参议院阅读一篇发表于《华尔街日报》的评论文章时指出，'倾听市场冷酷无情的裁决吧！'他看到了那场裁决残忍的精准性。因为事实确实如此，建立在所有证据基础上的裁决，即便是人们无意识或不情愿得出的，也必须如此。"（《股市晴雨表》）

第 2 章

汉密尔顿先生解读的道氏理论

股票交易者对道琼斯平均价格指数的历史记录的掌握就像船长熟知潮汐涨落一样重要，但只有把这个 35 年多的平均价格指数记录落实为图表形式，研究工作才易于进行。打个比方说，平均价格的日走势图对股票交易者来说，就像是航海家们手中的航海图一样重要。但是，水手们还发现，对于安全导航来说，晴雨表也是必不可少的装备之一。查尔斯·道和汉密尔顿给出了一张能预测股市"天气"阴晴变化的晴雨表，这张晴雨表便被称为道氏理论。股票交易者正确阅读股市晴雨表的能力就像船长们要时刻关注航行晴雨表一样至关重要。

道琼斯工业和铁路股票平均价格指数的每日收盘价，与纽约证券交易所的日成交量，是希望用道氏理论帮助预测股票价格和经济走势的研究者所需要的全部材料。

本章中，我会对相关术语及道氏理论做出一些定义，这种分门别类的诠释事实上是相当有意义的。无论是查尔斯·道还是汉密尔顿都没有尝试做过如此确切的定义，现在或许到冒昧地做这件事的时候了。我在从事这项艰巨的任务前，已经根据平均价格指数实操股票 10 年以上，并且多年研究查尔斯·道和汉密尔顿的文章，另外还经常与来自全美各地研究道氏理论的学者们交换观点与经验，他们中的大部分都是成功的交易者。除此以外，我还以研究平均价格指数运动为目的切切实实地绘制过数百张图表，把汉密尔顿关于价格运动做出的每一条评论都对照着图表中的平均价格指数进行过测试。事实上，为了诠释道氏理论，我十多年坚持不懈地精选整理数据。与 1902 年道氏去世前留给我们的道氏理论不同，现在道氏理论的思想是由汉密尔顿对这一理论的应用与精炼发展而来的。

在阐述道氏理论的每个部分时，我们都会发现例外，所以研究者应该研究走势图的平均数值并标出例外，而且要从自己对道氏理论深信不疑而导致错误地操作中吸取教训。除此以外，似乎也没有什么更好的方法通晓这些内容了。按照这样的方法经过一段时间的研究学习后，研究者们一定可以提高自己运用平均价格指数的技巧。对于交易者来说，获得这种能力也就意味着获取收益，尽管如此，人们在研究数据时还是会犯错误，毕竟运用平均价格指数是一门实践科学。这在某种程度上与外科医学类似，即使是再优秀的外科医生也有误诊的时候。

利用道氏理论进行股市投机，最大的危险或许在于：初学者可能因为有一些新手运气而碰巧得出了几次正确的结论，从此以后便自认已经探索到了一套可以完胜股市的方法。这显然是一种对自己的误解。又或者，有些人在错误的时候蒙出了正确的结果，这其实更糟糕。无论上述哪种情况发生，道氏理论通常都会备受责备，而错误的真正原因却在于交易者的急躁。

这里阐述的道氏理论内容及其术语，都将在接下来的章节中展开详细的讨论。如果其中一些问题让人感到困惑，那么读者应该意识到道氏理论就像代数一样，并不是在课本上随意阅读就可以轻松明白的。

如果想将道氏理论成功地运用到股票投机中必须毫无疑问地接受以下假设。

人为操纵：平均价格指数的日间波动很有可能受人为操控，次级运动也会受到相对有限的影响，但是市场主要的运动趋势是绝对不会被人为影响的。

平均价格指数反映一切：道琼斯工业和铁路平均价格指数的日收盘价格波动反映了那些涉足金融事务的人们其希望、失望与知识的综合判断。正因为如此，未来事件的影响（不可抗力因素除外）总是能通过预期的运动被正确地反映出来。例如，平均价格指数可以快速评估出火灾、地震等灾害所带来的损失。

道氏理论并非真理：道氏理论不是可以击败市场的不败体系。投资者若想成功地将道氏理论运用到投资中需要严肃认真地钻研，并且毫无偏见地总结收集来的证据，绝不能让主观愿望超越理性思考。

如果这些围绕道氏理论建立起的基本假设不能像数学公式那样被接受，那么研究者在进一步的学习中，不是会被彻底地误导，就是会产生困惑。

将道氏理论归纳总结为一些定理是项十分艰巨的任务，但是这一任务在 1925 年的时候就被完成了。坚持不懈地学习研究这些原理，并且将其应用到实际交易中，已经表明改变这些原理并不是明智之举。

道氏理论的三种运动：平均价格指数包括三种运动，这三种运动或许会存在于同一时间。首先，最为重要的就是主要趋势运动，股市整体向上或向下的运动，也就是众所周知的牛市或熊市，其持续时间或达数年之久；其次，最具欺骗性的是次级运动，牛市中的重要回调，或是熊市中的反弹行情，这些反应通常会持续三周至数月的时间；第三，也是最不重要的运动——平均价格指数的日间波动。

主要运动：主要运动是股市整体的基本趋势，也就是众所周知的牛市或者熊市，其持续时间从少于一年到数年不等。正确判断主要运动的方向，是成功操作的关键因素。目前，人们还没有找到可以预测主要运动持续时间长短的方法。

熊市：熊市是伴随着重要反弹且长期整体向下的运动，这种运动直到股票价格彻底消化那些最糟糕的情况才会结束。熊市由三个主要阶段构成，第一阶段，代表人们在价格飞涨时购入股票后希望的破灭；第二阶段，反映了人们由于经济萧条和收入减少而开始抛售股票；第三阶段，是那些坚持将自己部分资产变现的人们，漠视股票的实际价值而低价抛售掉那些优质证券。

牛市：牛市是指整体向上的运动，期间伴随着次级回调反应。牛市的持续时间往往在两年以上。在此期间，由于商业条件改善和投资活动增加，使得投资购买股票的需求量不断增加。基于此原因，股票价格也会直线攀升。牛市通常有三个阶段：第一阶段，人们对未来的经济发展恢复信心；第二阶段，是股票价格对已知的企业收入改善情况所产生的反应；第三阶段，是投机猖獗、通货膨胀显著的时期——这是一段股票靠人们的希望与期盼飞涨的阶段。

次级运动：为了便于讨论次级运动，我们把牛市中的重大下跌及熊市中的重大上涨定义为次级运动，其持续时间通常是三周到数月不等。次级运动的价格一般会回调到前一个主要运动终止后价格变化的33%～66%。这些反应常常让人们误以为是主要趋势发生了变化，原因显而易见，牛市第一阶段的价格运动，与被证实的熊市中的次级反应总是有巧合的相似性；相反，熊市中，顶峰后的回调与牛市的次级反应也十分相似。

日间波动：仅根据一天的平均价格指数运动来进行推论，几乎都会得出误导性的结论。只有在市场形成了"线态窄幅盘整"时，推论才会存在一些价值。不管怎样，大家都应该记录并研究平均价格指数的每日走势，因为一系列的日间运动走势图最终通常都会发展为具有预测价值又易于识别的形态。

两种指数必须互相确认：投资者始终要将铁路与工业股票平均价指数的运动一并考虑，只有在一种平均价格指数被另一种确认后，才可以得出可靠的结论。基于一种平均指数波动得出的结论，如果没有被另一种平均指数确认过，那么这样的结论肯定会对投资者产生误导。

判断趋势：价格连续的回升超过前期的高点，伴随接下来的下跌能在前期低点上结束，这就是牛市的信号；反之，如果价格的回升没能超越前期的高点，并且随后下跌的低点比先前的低点更低，那么这就是熊市。这样的推论十分有助于评估次级运动，也是预测市场主要运动恢复、继续或变化的重中之重。为了便于讨论，价格的恢复或下跌被定义为，一个或多个交易日导致任意一种平均价格指数超过3%的净逆转。这类运动，只有在两种平均价格指数互相确认下，才有权威。不过，这一确认不必非得在同一天发生不可。

线态窄幅盘整：所谓线态窄幅盘整，是指一个价格运动超过两三周，甚至更长的时间。在此期间，两种平均价格指数的价格波动大约在5%的范围内。这样的运动代表市场不是正在吸筹，就是正在派发。如果两种平均价格指数在线态窄幅盘整的限度上同时上涨，则表明市场处于吸筹阶段，并且预示着价格会变得更高；相反，如果在线态窄幅盘整的限度下同时下跌，价格则必定会继续下跌。如果一种平均价格指数还没得到另一种的确认就妄下结论，那么这一结论通常也是不正确的。

量价关系：一个处于超买状态的市场，就会在上升中表现迟缓，而在下跌中表现活跃；相反，当市场超卖时，下跌的趋势就会变得迟缓，而上升则表现为活跃。牛市通常在过度活跃的时期终止，并且开始相对缓和的交易。

双重顶和双重底：双重顶和双重底对预测价格运动的价值并不大，并且时常会使人迷惑。

个股：美国大企业所有活跃且发行广泛的股票，一般都会随平均价格指数上涨及下跌。但是，股票种类多种多样，任意一支个股反映出来的情况，都可能会与平均价格指数大相径庭。

专业解析

　　道氏理论可以说是所有市场技术研究的鼻祖。尽管该理论经常因为"反应太迟"而受到批评，比如在熊市初期，并且有时还会受到批判人士的讥讽，但只要是稍有投资经历的人都会对它有所耳闻，如今这个经典理论因其基础的特点得到了投资者的认可。但人们从未意识到该理论依靠的是简单的技术，并不是根据什么难以得到的神秘数据，它显然更注重股市本身的行为。

　　各位股市弄潮儿要明白，道氏理论之所以相对简单却有效，是因为一个重要的前提。这一理论的创始人——查尔斯·道，声称该理论并不用于预测股市，甚至不用于指导投资者，而只是一种反映市场总体趋势的晴雨表。将道氏理论仅仅当作一种技术分析手段，这种观点会使投资者在学习时受到局限。要明白，道氏理论的最伟大之处就在于其宝贵的哲学思想，这是它的精髓。阅读这本《道氏理论》时，我们会发现雷亚多次强调，道氏理论在设计上是一种帮助投资者思考的配备工具，并不是可以使之脱离经济基本条件与市场现况的一种全方位的技术理论。根据定义，道氏理论是根据价格模式的研究，推测未来价格行为的一种方法。

　　作为股市技术分析基础中的基础，道氏理论经过了一系列的演化，在这里，我们强烈建议读者在阅读《道氏理论》的同时一并参考另一位大师的作品——威廉·彼得·汉密尔顿的《股市晴雨表》，这能帮助大家在炒股时建立一种基础的思考方式。而且，汉密尔顿认为，只要人们能充分理解道氏理论的核心，就足以富足一生。

第 3 章

人为操纵

平均价格指数的日间波动很有可能受人为操控，次级运动也会受到相对有限的影响，但是市场的主要运动趋势是绝对不会被人为影响的。

汉密尔顿曾频繁地谈论到股票市场人为操纵这一话题。他始终认为人为操纵对股市主要运动的影响是微乎其微的，但许多人并不认同他的这一观点。请注意，汉密尔顿在提出这一观点时，是有理论支持的：他是一个与华尔街的交易老手们私交甚密的人，而且他还有用尽毕生精力研究财经世界的这一优势。

下面是从汉密尔顿大量的社论文章中随机摘取出来的一些片段，从这些摘录中可以看出，他对于人为操纵的观点从来没有改变过。

"少数几支股票或许会被一时操纵，并且导致我们对实际情况做出完全错误的判断。但是如果想操纵所有股票是不可能的，因为这样的话，20支活跃股票的平均价格就会表现出足够重要的变化，以至于我们对其可以做出市场发展趋势的推论。"（1908年11月28日）

"所有人都承认人为操纵可能会发生在市场运动的日间波动中这一事实，并且小部分短期波动也会受到人为操纵的影响，但是，即便是因全世界金融利益的结合而进行的人为操纵，宏大的股票市场也应该凌驾于

其上。"（1909 年 2 月 26 日）

"……股票市场自身的力量，比所有的操纵集团和其内线人员加在一起还要大。"（1922 年 5 月 8 日）

"人们有一个巨大的误解，这会导致他们反对使用市场晴雨表，即相信人为操纵可以扭曲股票市场的运动，导致股市晴雨表失灵。汉密尔顿观点的权威性来自于 22 年来与华尔街的亲密关系，他具有大量的实操经验，如在伦敦证券交易所、法国证券交易所、甚至是 1895 年约翰内斯堡投机猖獗的黄金股票市场等。但对于所有这些经历，里面没有一个主要市场的运动是由人为操纵推动的。如果不能证明所有的牛市和熊市从发展过程到结束，均是由总体经济影响，那么这样的讨论都是徒劳无益的。但是，在市场主要运动趋势的最后阶段，极端的过度投机和套现是无法避免的。"（《股市晴雨表》）

"……即使将美国财政部与美国联邦储备系统联合起来，也没有任何一种力量可以操纵 40 支活跃股票，或是导致股票价格发生不可忽视的变化。"（1923 年 4 月 27 日）

一般的业余交易者都相信股票市场的发展趋势是由一种神秘的"力量"引导的，这种信念是仅次于缺乏耐心而造成损失的第二大原因。业余交易者往往还热衷于关注各种内幕消息，并且拼命地浏览报纸中的新闻，在他们看来，这样才可以改变市场的趋势。这些人似乎没有意识到，等到重大的新闻刊登在报纸上的时候，关于市场的基本趋势，它的影响力早已被消化掉了。

小麦和棉花价格的短期波动会影响股票价格的日间波动，这是事实。

此外，有时候报纸头条会被股票市场的业余交易者理解为牛市或是熊市的信号，于是蜂拥入市买进或卖出。这样的话，市场就会被短期地影响或"操纵"。然而，专业的投资者总是在胆小的业余交易者小心翼翼地买进一些股票时，做好推波助澜的准备；接下来，当这些胆小的业余交易者决定增加仓位时，职业投资人上则开始出货，游戏结束，主要运动也随之恢复了。除非市场在当时处于超买或超卖的状态，不然这些由报纸头条而引起的反应是站不住脚的。

那些相信主要趋势是可以被人为操纵的人们，不可能仅通过几天的研究学习就被说服，从而改变观点。例如，1929 年 9 月 1 日，在纽约证券交易所挂牌交易的股票总市值超过 890 亿美元。试想一下，如果要通过人为操纵缩减其价值的 10%，那得需要投入多么庞大的一笔资金才能做到！

第 4 章

平均价格指数反映一切

道琼斯工业和铁路平均价格指数的日收盘价格波动反映了那些涉足金融事务的人们关于希望、失望与知识的综合判断。正因为如此，未来事件的影响（不可抗力因素除外）总是能通过预期的运动被正确地反映出来。例如，通过平均价格指数可以快速评估出火灾、地震等灾害所带来的损失。

研究市场的初学者们无论什么时候，只要是聚在一起总会有人开始辩论，股票价格波动是否能够预先消化未来事件的影响。所有了解道氏理论的资深投资者肯定都知道事实就是如此，这是将道氏理论成功地运用到交易和投资中的基本原则。那些否定这一原理的人，最好的选择就是不要尝试使用道氏理论。

对以上论述无需多言，因为我们从下面的摘录就可以看出，查尔斯·道和汉密尔顿在他们30多年的社论文章中均对此观点发表过明确的表述。

"股票市场完全反映了人们对国家经济的认知，这一点再怎么强调都不为过。出售农机具、卡车和肥料的企业都明白他们要比农民更了解自己的产品。一些在证券交易所上市的企业，差不多经营着国家生产和消费的一切物品——煤炭、焦炭、铁矿、生铁、钢坯及手表发条等——以及生产它们所需要的所有知识，都会被准确无误地反映在股票的价格中。所有银行都知道，这些商品的交易及对产品的融资与销售都会根据知识的含金量，决定股票价格。"（1921 年 10 月 4 日）

"……平均价格指数……活跃和迟缓，好消息和坏消息，作物收成预测和政治上可能发生的事件，最终的结果都会反映在平均价格指数上。正因如此，这些信息才变得不但十分值得研究，而且可以从中获得用其他方式无法预测到的未来市场的运动趋势。"（1912 年 5 月 2 日）

"肤浅的观察者总是会为股票市场对突发事件或重大发展没有做出反应而大吃一惊；似乎市场被一些难以追踪的力量指引着。不管有意还是无意，价格运动反映的是将来，而不是过去。当即将发生的事件显现出影子的时候，首先就映照在了纽约证券交易所中。"（1911 年 3 月 27 日）

"晴雨表是非常公正的，因为每笔为了弥补结果而构成的出售与购买都会稍有偏颇。因此得出的结论是所有买卖股票的人们所持有的欲望、冲动与希望均衡的结果。国家的整体经济必须将所有思想如实地反映出来，而不是作为一个不负责任的辩论团体，应像是一个正在倾听的陪审团成员，表述出律师或法官都没能找到的'市场的铁证'。"（1926 年 3 月 29 日）

"市场并不是在众所周知的消息基础上进行交易的，而是基于可预测到的最佳消息进行交易。这就解释了每一个股票市场变动都反映了未来，人们常谈论的人为操纵只是其中一个微不足道的因素。"（1913 年 1 月 20 日）

以下内容摘自查尔斯·道在 1901 年撰写的一篇评论文章："股市与

在风中飘来飘去的气球不同。总体而言，股市就像是一位具有远见又消息灵通的人士通过深思熟虑，把价格调整到现有价值，或是在不远的将来所期待的价值。杰出的操盘手所思考的不是股票价格是否会上涨，而是他们建议购买的股票价格是否可以使投资者或投机者在 6 个月后以高出现在 10 ~ 20 个点的价格购买股票。"（1901 年 7 月 20 日）

"人们了解的所有事情，即便是对金融方面影响甚微的事情，都会以信息的形式流入华尔街；股票市场通过自身的价格波动，体现了对所有知识过滤后的价值。"（1929 年 5 月 29 日）

"股票市场会不断调整其自身运动，以适应出乎意料的事件，这就如同在次级运动中，股票并不是根据周边环境条件做出反应，而是基于市场的最远预期变动。对于这一观点，再怎么重复强调都不为过。"（1922 年 9 月 25 日）

"……投机就是预期经济的发展变化……"（《股市晴雨表》）

1927 年春天，在牛市持续了将近 6 年后，出现了这样一条评论"……股市的平均价格指数表明，经济可能在未来的数月中仍保持现有的贸易额及特性，持续时间差不多是性能最好的交易望远镜可以看到的最远期限。"（1927 年 4 月 23 日）

当股票非常接近 1921 年的最低点时，并在已经到达实际价格低点后，就有了接下来的解释来说明平均价格指数没有因为当时的不利消息而下跌的原因：

"当股票市场受到突然冲击时就会引起恐慌，然而历史记录表明，股票市场受到这种突然冲击的次数极少。如今，所有的利空因素已为人们所熟知，而且人们也认同了这些因素的严重性。但是人们并不是通过现有常识进行交易的，而是基于专业知识，预见到数月后会发生情况并加以分析总结来进行操作。"（1921 年 10 月 4 日）

"……股市以往每次的下跌最终都能用国家随后的经济发展来充分地解释说明。"（1926 年 3 月 8 日）

"对于股市方向的变化或主要运动的中断，通常会有其他的解释，至少会补充出一种可以吸引公众想象力的解释，这是非常好的市场经验。"（1927 年 8 月 15 日）

"在华尔街常有这样一种说法：一旦消息发布出来，与之相关的股市运动也就结束了。股票持有者和精明的投机者并不是靠人尽皆知的消息来操作交易，真正依靠的是那些只有他们才知道的消息，或是对未来的明智预测。人们常能看到这样一种景象：股票市场整体下跌 6 个月后会随之出现经济紧缩现象；或者工业状况稍有改善的同时，股票市场如预期般整体攀升。"（1906 年 6 月 29 日）

"……股票市场投机本身会产生刺激整体经济扩张的信心。这其实是用另一种方式阐述股票市场是一个晴雨表，股市交易并不依赖于当时的新闻，而依赖于经济世界可以预测到的综合情报。"（1922 年 5 月 22 日）

美国最伟大的一位经济学家曾对汉密尔顿说过，"如果我能拥有关于股市运动所蕴含的 50% 的知识量，那我就有十足的信心认为自己比华尔街中任何人都占绝对优势。"

"当然世间不存在与天齐高的大树，但是事实上，股票市场可以消融一切因素，仅除去那些完全意料之外的事情。很难说旧金山大地震与北

太平洋公司陷入困境这类事件是否可以被预测，另外，关于世界大战是
否可被预见，并且在爆发前，是否已经在一定程度上反映在长期的熊市
中，也意见不一。"（1927 年 7 月 15 日）

"……假设华尔街像是一个大蓄水池，水池中是所有人知道的与经济
有关的所有事情。这一假设是完全合理的，并且这也是为什么股票市场
平均价格指数所反映出来的事实，比任何个人所能了解的多得多，即使
最富有的团体集合在一起也无法操纵。"（1927 年 10 月 4 日）

每一位研究道氏理论的初学者都必须绝对相信平均价格指数可以预
测即将发生的事情，并对其做出正确评估。道氏理论中这部分内容，对
正尝试在股市浪潮中遨游的投机者来说，价值极其重大。

一个典型的实例就可以证明道氏理论这部分的实用性。1931 年，股
票市场经历了长期猛烈地下跌，当时，平均价格指数下挫百分比是历年
中最严重的。在那段时间里，股票市场一直在消化和评估国际问题的严
重性，特别是出现了大英帝国放弃了金本位制，银行出现的危机，铁路
面临的破产，以及庞大的财政赤字所导致提高税收的明显需求等事件。6
月的时候，一次典型的次级运动反弹止住了这次下跌。空头平仓和不理
性投资者的购买共同造成了这次反弹行情。究其原因，则是大众接受了
新闻媒体的乐观态度，政治赞助与其广告效应，以及胡佛的延期偿付
措施。

另一件熊市趋势被打断的事件发生在 10 月。对造成这一次级运动的
原因被公认为是纽约证券交易所实施的对卖空进行限制的不平等规则。
同时，一个精于管理的投机集团使小麦价格出现投机性上涨。全国的新

闻媒体都将这一单纯的投机运动报道为下跌趋势中的商品价格所长期期待的转折点。所以大量的鱼像以往那样上钩了，次级运动也在以往同样的时间完成了。然后熊市复燃，不可阻挡地创造着价格新低。事实上，即使小麦价格没有上涨，次级运动趋势也会如预期般发生。假如没有找到商品涨价的理由，那么人们也会找到其他可以令人满意的理由来为此事件负责。"平均价格指数是冷酷无情的，它们代表着所有人知道或能预见到的情况。"

平均价格指数能够反映未来，这相当重要。尽管我对不断重复这一观点而感到乏味，下面还是提供了一些引用片段。

"期刊讨论中总是会出现关于平均价格指数运动的话题，也就是平均价格指数可以反映一切——交易量、整体经济状况、股息、利率、政治等——且只因为它是平均价格指数，它能全面地总结市场影响力的各种可能性。"（1912 年 3 月 7 日）

"平均价格指数被认为消化了每个个体的考虑，以及政治、金钱、农作物等因素，但不包括意外事件……"（1912 年 4 月 5 日）

"当一个大型制造商预见到经济不景气而抛售手中股票以强化自己强有力的财务状况时，他只是成千上万卖出股票的人中的一个而已。股票市场早在他或其他人得出预见前就已经下跌了。"（1924 年 7 月 15 日）

"股票市场反映出大量的事实，而对于每个事实，只有少数人了解自己的业务。"（1924 年 7 月 15 日）

"股市晴雨表考虑到高利率和炼铁炉的运转、农作物产量、谷物价格、银行清算、商业库存、政治前景、对外贸易、储蓄银行金额、工资、铁路货运量及其他所有的一切。活跃股票的平均价格是所有这些事物的结果，毫无偏差地反映在市场中，并且其中没有任何利益大到可以左右市场的力量。"（1924 年 7 月 15 日）

"股票市场预见到了世界大战，1914 年早期的股市晴雨表就已经清楚地表明了这一点。"（1925 年 3 月 16 日）

"我们更倾向于忽略这些研究中的总交易量、贸易情况、农作物状况、政治观点，以及其他影响日间运动的可能因素。这些因素对短期波动的影响微乎其微，而对市场的主要运动趋势更是毫无影响。经过长期分析，可以看出平均价格指数反映了一切事物，并且如果忽略那些短暂的影响，它便可以称得上是一个相当值得信赖的指导方针。"（1911 年 7 月 14 日）

第 5 章

道氏理论并非真理

道氏理论不是可以击败市场的不败体系。投资者若想成功地将道氏理论运用到投资中需要严肃认真地钻研，并且毫无偏见地总结收集来的证据，绝不能让主观愿望超越理性思考。

论述道氏理论的实操要领，需要进行广泛地概括总结，但要达到这一点还任重而道远。不过尽管如此，定义道氏理论比其他实践科学要容易得多。试想外科医生可以通过写几条简单的规则就能让银行家给一位经纪人切除阑尾吗？当然不行！由于外科医学是一门实践科学，它是建立在成千上万次实践操作的基础上发展而成的——绝对的"实践至上"原则。成功驾驶飞机着陆也是一门实践科学。一位技术熟练又智慧超群的飞行员，可以轻而易举地写出令其他飞行员也易于理解的飞行要领。但是，如果银行家尝试根据这些要领驾驶飞机落地，那么结果很可能就是被救护车载离失事现场了。为什么呢？或许是因为，驾驶员没有掌握在侧风着陆时应该放下哪侧机翼的技巧。可是，银行家写出一些决定债券收益率的简单要领，可以使医生、飞行员或经纪人都做出正确的投资决策。因为数学是一门精确的科学，而且精确的科学只可能有一种答案——那就是正确答案。道氏理论是一门实践科学，它并不是一贯正确的，不过如果运用得当，就会非常有用。若想运用得当，需要长期坚持不懈地认真学习研究。

汉密尔顿曾在书中这样写道："股市晴雨表并非完美无缺，更确切地说，这门新生科学距到达完美还有相当一段距离。"

研究平均价格指数的初学者的思想往往会被主观愿望左右。他们会在市场上涨了许多以后才买入，接下来如果碰到次级运动使他们利润全无时，就会把错误归结到道氏理论上。这些交易者认为他们手中有一张图表，所以算是遵循了平均价格指数。实际上，这张图表只有工业平均价格指数，他们在上面小心翼翼地标记出了神秘的阻力点。道氏理论不应该因为他们的损失而受到指责，因为理论中所阐述的在牛市中买入，指的是在经历过暴跌后，市场趋于消亡或者说在上升中变得活跃的时候。

有一些初学者坚持将道氏理论运用到日间波动的交易中，结果就是，他们常常会遭受到资金的损失。

还有一类交易者，他们执着于把货物装载量、利率等信息与道氏理论混合在一起。这些灵感很可能是从我们重要的数据统计部门得到的，可惜的是，他们提供的数据非常差劲。这些交易者与专业的天气预报员有着同样的运气——非常多的运气，但是大部分运气都是坏运气。如果这些交易者真的了解道氏理论，他们就会接受一个基本的事实，那就是平均价格指数恰当地反映且评估了所有的统计信息。

人们常常会问这样一个问题："正确解读道氏理论，并且依此把握交易时机，那么交易者的投资收益率到底是多少呢？"作者相信，对于任何一位具备市场感觉的交易者，如果拥有足够的耐心去研究并且以平均价格指数作为指导，经历过一个完整的牛市或熊市的循环，应该至少每交易10次，至少会有7次获利，并且每次获利金额都应该大于失手造成的损失。许多人获利的次数可能会高于这个比例，但是他们一年交易的次数很少超过四五次。这些人并不靠盯着报价屏幕进行交易，也不关心几个点的得失。

我们当中那些理解价格运动的人知道，道氏理论并不是完美无缺的。然而就其可信度而言，还是远大于最优秀的交易员做出的市场判断。那些运用道氏理论进行交易的人都知道，他们失败的原因不是过于依赖道氏理论，而是对这一理论不够信任。

假设交易者按照平均价格指数推断交易时机，并且亏了一大笔钱。那么要不就是他错误地解读了平均价格指数的信号，要不就是道氏理论判断失误的少数价格运动之一。在这种情况下，交易者应该接受损失，并且停止交易观望一段时间，等到市场信号变得易于看懂时再重新尝试交易。

投机者，特别是那些更适合被称作赌徒的人，总是一味地尝试读出平均价格指数的运动中那些不存在或者根本不可能存在的细节特征。

任何一个深思熟虑的人都会轻而易于地意识到如果道氏理论是十全十美的，或者一两个人可以正确传达其含义，那么用不了多久股票市场中就不会有投机行为了。

1926年的时候，汉密尔顿曾在解读平均价格指数上犯过一个非常严重的错误，他把牛市中的次级反应解释成了熊市。研究道氏理论的学生应该学习1925年秋天之后一年的股票价格运动图，并把它作为反面教材研学习。我一向认为，汉密尔顿似乎总是觉得熊市近在眼前，此观点影响了他对图标的解读——这是一个过于相信自己的判断而忽视理论的典例。

　　1923 年夏末出现了牛市，并且在 1924 年全年持续发展。从 1925 年 3 月下旬一直到 1926 年 2 月，股市出现了几乎没有中断的大幅度上升现象。从价格上升幅度及持续时间来看，之后一定会出现比例不同寻常的次级反弹。粗略看看 1897 年至 1926 年期间的平均价格指数图表，我们会发现当时牛市的持续时间与其他牛市不相上下；另外，还会发现工业平均价格指数创出了历史新高，而且当时的资金十分紧张。由此可见，即便是再虔诚的道氏理论的支持者，也可能使平均价格指数受个人主观影响，得出牛市快要结束的错误判断。

　　尝试追踪汉密尔顿把次级反弹看成熊市的最终原因，我们会发现这是一件很有意思的事情。1925 年 10 月 5 日，汉密尔顿指出 10 种工业股票[①]的利润在 4% 以下，此时“人们所购买的是希望和潜力，而不是股票所拥有的价值”。他还指出“根据只要可靠的原理来解读平均价格指数，就不难看出牛市依然活跃，不过已经要多加注意了”。任何诵读过汉密尔顿文章的人都可以知道他此时站在熊市的立场上，但是在当时的平均价格指数中却没有任何理论依据可以支持他的观点。汉密尔顿在文章的结尾这样写道：“古老的双重顶理论发挥作用了，比如说，一旦收盘价接近 9 月 19 日或 9 月 23 日的最高点，两种平均价格指数就会出现下跌。”这是一个非常奇怪的说法，因为汉密尔顿曾说过“双重顶”和“双重底”还未被证明其有效性。

　　在 1925 年 11 月 9 日，汉密尔顿在他的文章中做出了这样的推断：“到现在为止，任何从道琼斯股票平均价格指数中得到的推论，都表明牛市仍在股票市场中占据统治地位，可能会出现一些次级反弹，但是看不

---

① 直到 1928 年 10 月，工业股票才增加到 30 种。

出任何熊市的征兆。"不过，在同一篇文章中，汉密尔顿还写道："在某个时候，也可能就在明年，投资和投机市场会出现明显的资金短缺，而且股票市场会先感受到资金压力。当全国上下都沉浸在繁荣景象中并充满希望的时候，股票市场会形成一个主要下跌运动。"因此，我们可以明显看出，汉密尔顿主观地判定了熊市运动，而且设想他时刻关注平均价格指数以希望找到确切的依据来证实他的预测是完全合理的。

1925 年 11 月 19 日，在股市发生大幅次级回调反应后，汉密尔顿再次警示他的读者们要注意双重顶的出现可能意味着股市主要上升运动即将结束。但是 1925 年 12 月 17 日，他严格按照自己对道氏理论的解读，写了一篇关于价格运动的清晰合理的总结，他这样写道："自 1923 年 10 月起的牛市，现在依旧占据市场的统治地位，同时一个工业股票中典型的次级反弹还未完成。"然而，汉密尔顿警告大家应密切关注平均价格指数。也就是说，尽管从道氏理论看并非如此，但他当时觉得股市价格有些过高。

1926 年 1 月 26 日的时候，工业股票平均价格指数出现了非常明显的"双重顶"，但是没有得到铁路股票平均价格指数的确认。汉密尔顿数次警告过读者，如果从一种平均价格指数的变化中得出的结论，却没有被另一种平均价格指数确认的话，结论往往被证明是有误的。

1926 年 2 月 15 日，"双重顶"再次被提及，汉密尔顿推测，若不能突破前期高点，而随后又出现进一步下跌的话，可能预示着熊市的来临。3 月 5 日，当工业平均价格指数和铁路平均价格指数相较于各自的高点只下跌了 12 个点和 7 个点，他宣称"……根据过去 25 年针对相似情况的研究，牛市已经充分表现出了临近尾声的形态（2 月 15 日）。"

3月8日，汉密尔顿凭借"显著的双重顶"，提醒人们注意市场在上升到接近顶点时会出现反转。他还表示"市场趋势已经看起来很明确了，不久之后，市场将呈现下降趋势"。

在4月12日，次级回调的低点过后两周多的时间，也就是被错误地定义为熊市的时候，汉密尔顿继续提出他早先的预测，并在文章的结尾对平均价格指数做出了这样的论述："……7周前研究走势图中价格运动所做出的推论是不会被撤销的。"

粗略看一下价格运动的走势图，就能看出汉密尔顿给出的这个最后判断熊市的时间，恰好是市场即将走入持续上涨的阶段，这次上涨一直持续到1929年。上述错误对于投资者来说会导致灾难性的后果，并且当时股市中追随汉密尔顿预测的那些人都遭受了惨重的损失。总休来说，造成这一结果的原因明显在于汉密尔顿过于相信自己的判断，而忽略了对平均价格指数的信任。他依靠双重顶的概念，使平均价格指数迎合了自己的观点。这是汉密尔顿唯一一次借助双重顶思想来分析市场，结果导致他犯下了大错。另一个他想忽视或者不想看见的事实是在没有非常重要的次级运动发生的情况下，工业股票平均价格指数和铁路股票平均价格指数已经分别上涨了47.8个点和20.14个点。汉密尔顿所解读的道氏理论，长期上涨中次级回调的范围从40%到60%都属于正常值。这样看来，工业股票平均价格指数回调到26.88点及铁路股票平均价格指数回调到10.71点——分别将前期涨幅拉回了55%和53%。汉密尔顿所谓的"熊市"，只不过是一次完全正常的次级回调而已，如果当时更加谨慎地运用道氏理论，就不会出现那样的错误了。

专业解析

第 3 章到第 5 章的内容讲解了道氏理论著名的三大假设。

假设一：平均价格指数的日间波动可能会受到人为操纵的影响，次级回调和反弹受到这方面影响比较有限，但是主要运动趋势是绝对不会受到人为操纵的影响的。

在我国股市，坊间传言，庄家能操纵证券的主要趋势。从短期看，由于证券适合操纵的内质，总会有庄家出手；从长期看，就算公司基本面的变化不断创造出适合操纵证券的条件，但仍然要受到经济大趋势的影响。总体来说，主要趋势是无法被人为操纵的，有所变动只是因为证券换了不同的机构投资者和不同的操纵条件而已。

假设二：平均价格指数会反映每一条信息。每一位涉足金融事务的人，他所有的希望、失望和知识的综合判断，都会反映在道琼斯铁路指数和工业指数每天的收盘价波动中；基于这个缘故，市场指数永远会适当地预期未来事件的影响。当然，如果发生火灾或者地震等不可预测的灾害，市场指数也会迅速地加以评估。

在我国股市中，这个基本的市场指数可以理解为上证指数或深证指数。人们每天对于诸如财经政策、重要人物讲话、机构违规、层出不尽的题材等不断加以评估和判断，并不断将自己的心理因素反映到决策中。因此，市场似乎总是看起来难以把握和理解。但指数却可以将这一切包容进去。

在这里，我要强调一点：道氏理论并不注重任何一个交易日期间出现的最高点和最低点，而只考虑收市价，即一个交易日成交股票最后一段时间售出价格的平均值。所以这个理论相对宏观，也让"平均价格指数反映一切"在当时的市场下有了一定依据。

假设三：这个理论并非不会出错。道氏理论的初学者必须明白，道氏理论并不是万无一失且可以击败市场的体系。投资者需要深入研究，并客观地综合判断，才能成功地运用它；绝对不可以让一厢情愿的想法主导操作行为。

当过于依赖道氏理论时，投资者就会不断犯错，不断亏损。就我们现在这个"七赔二平一赚"的市场来说，不难想象，中国股市的投资者中有多少是非客观的，这种主观有时难以察觉，股资者的希望会主导其操作。

第 6 章

道氏理论的三种运动

平均价格指数包括三种运动，这三种运动或许会存在于同一时间。首先，最为重要的就是主要趋势运动：股市整体向上或向下的运动，也就是众所周知的牛市或熊市，其持续时间或达数年之久。其次，最具欺骗性的是次级运动：牛市中的重要回调，或是熊市中的反弹行情，这些反应通常会持续三周至数月的时间。第三，也是最不重要的运动——平均价格指数的日间波动。

每一位汽车驾驶员都会记得第一堂驾驶课上脑、手、脚的不协调，陪练会坐在旁边不断要求你观察路况、脚离油门和踩下刹车要在同一时间完成。随着经验的积累，踩油门和刹车可以成为下意识的操作，观察路况也会随之变成了一种习惯。初学者们在首次尝试理解道氏三种价格运动时或许会出现一些混乱，但是随后他们对这三种运动的认知就会变为视觉与思维的条件反射。次级运动会使市场趋势出现暂时的变化，其效用就如同刹车对汽车的效用一般：它们都会对超速运行加以控制。另外，油门加速和减速的作用可以与股市日间波动相比较，有时日间波动与主要运动或次级运动的方向相同，有时则相反。

我们在后面的章节会分别论述这三种运动，但是由于透彻理解每一种运动极其重要，所以先从汉密尔顿多年的文章中引用一些片段，或许

36

是个明智之举。

"我们应该将股票市场有三种运动这一理论牢记于心。这三种运动分别是：股市整体向上或向下的波段，一般历时 1～3 年；次级运动回调或反弹，这样的情况会历时几天到几周不等；还有就是日间运动。这三种运动同时存在，就像奔腾向前的潮汐伴随回撤的浪潮一样，尽管之后每一次浪花的翻滚都会冲向更远的岸边。或许可以这样说，次级运动使强大的主要运动暂停了一段时间，即使我们从中阻挡，但自然规律仍占支配地位。"（《股市晴雨表》）

汉密尔顿在另一篇文章中对三种运动做出过如下的解释。

"它们有整体的市场运动，上升或者下跌，这类运动会持续若干年，很少有少于一年的情况；接着是短期的市场波段，一般会历时 1 个月到 3 个月不等。这两种运动是同时进行的，但很明显，它们可能会互斥。这两种运动又进一步被日间运动复杂化，而日间运动也是航海家在复杂水域航行时需要考虑的。"（1909 年 2 月 26 日）

25 年以前，对于三种运动的解释则是这样的："市场中有三种同时发生的运动。首先是一种由交易者们的操作造成的日间运动，可以叫做第三级运动；第二种运动一般持续 20～60 天，反映着市场投机情绪的涨落，被称为次级运动；第三种运动即主要运动，通常会持续数年，股票价格对其内在价值的调整是引起这一运动的原因，也可以称为基本运动。"（1904 年 9 月 17 日）

1914 年的时候，对于股市的三种运动还有一些简短的解释是这样的："再次对查尔斯·道的理论进行解释，经过多年的观察证实，股票市场同时存在三种运动。第一种运动是持续 1 年或更久的主要运动；第二种运动是熊市中偶尔的反弹，或牛市中的下跌；第三种运动就是日间运动。"（1914 年 4 月 16 日）

第 7 章

主要运动

主要运动是股市整体的基本趋势，也就是众所周知的牛市或者熊市，其持续时间从少于一年到数年不等。正确判断主要运动的方向，是成功操作的关键因素。目前，人们还没有找到可以预测主要运动持续时间长短的方法。

目前还没有方法可以确定主要运动所持续的时间，但是"……主要运动持续的时间和波动幅度极大地增加了晴雨表的预测价值。没有一种规则可以准确表明一段主要波动由多少个点构成，也没有一种规则可以确定运动背后反映出的经济繁荣与萧条程度。"（《巴伦周刊》1924 年 3 月 10 日）批评家有时候会抱怨，若道氏理论有用的话，就应该可以提前预测出市场走向及何时会达到这样的结果。这看起来就像是气象局可以告诉我们暴风雪发生的时间及厚度，或是炎热天气持续的时间。但是天气预报就像道氏理论一样，完全是一门实践科学，还不能完美到那样的程度，也可能永远达不到那样的程度。不过，我们已经习惯接受天气预报的预测，了解预报的局限性，并且非常感谢预测科学对暴风雨的来临或其他的天气变化的警示。我们对道氏理论所持有的态度也应如此。

对于学习平均价格指数的新手来说，他们很容易把主要运动中那些规模较大的次级反应，错误地理解为市场主要运动发生变化的趋势。在这样的时候改正对市场的理解通常是非常难的，即便对于专家来说也是如此，但是仔细钻研通常可以帮助学生们有能力察觉到变化。如果有人有疑问，那么他应该先做一个旁观者，直到日平均价格指数给出明确的机会再进行交易。汉密尔顿曾感到疑惑，其实对于这种心中时常出现的合理疑惑，最好的解释莫过于汉密尔顿的这段论述了："无论如何，都必须牢记的是，在股票市场中有一个运动的主流，还有一些不计其数的支流、漩涡和逆流。而其中的任何一个，都可能在一定的时间范围，如一天、一周，甚至更长的时间内，被错误地认为是主流。股票市场就是一个晴雨表，其中没有毫无意义的运动。有时候，有些意义直到运动发生很久后才可以显露出来，甚至更常见的情况是，有些意义永远不会被人们知道。但是，我们可以确信，如果研究者充分了解了运动的来龙去脉，那么每一个运动就都是合理把握的。"（1906 年 6 月 29 日）

第 8 章

熊市

熊市是伴随着重要反弹且长期整体向下的运动，这种运动直到股票价格彻底消化那些最糟糕的情况才会结束。熊市由三个主要阶段构成：第一阶段，代表人们在价格飞涨时购入股票后希望的破灭；第二阶段，反映了人们由于经济萧条和收入减少而开始抛售股票；第三阶段，是那些坚持将自己的部分资产变现的人们，漠视股票的实际价值而低价抛售掉那些优质证券。

1921 年，汉密尔顿曾说过，从过去的 25 年来看，牛市平均持续时间为 25 个月，熊市的持续时间为 17 个月。换言之，熊市的平均时间长度为牛市的 70%。

熊市看上去由三个阶段构成：第一阶段是对前期牛市最后上涨这一希望的破灭；第二阶段是对收益能力下降及股息红利的锐减；第三阶段是人们必须忍痛出售股票以平衡生活支出。每个阶段似乎都由次级反弹运动划分开来，而这时的次级反弹运动常常被人们误认为是牛市的开始。这类次级运动对理解道氏理论的人来说，几乎不会造成迷惑。

就像纽约证券交易所全天的股票交易额所反映出来的那样，熊市时期要比牛市时期弱得多。股市成交量曲线走平是熊市可能即将终结的一个标志。

汉密尔顿经常提到华尔街那句古老的箴言："绝不在沉闷的市场中做空。"他认为这在熊市中是一个非常不好的建议。汉密尔顿注意到，熊市中卖出的最佳时机是在剧烈反弹后成交量逐渐衰竭的时候，并且此后活跃的下跌运动表示着熊市会继续进行。他还常常这样阐述自己的观点："在华尔街中最老生常谈的话题之一，就是人们切记不要在沉闷的市场中做空。虽然这个忠告对的时候总比错的时候多，但是在熊市的波动中，它往往是错误的。因为熊市的波动趋势是在市场反弹时变得沉闷，而在下跌时十分活跃。"（1909 年 5 月 21 日）

以下内容则摘自于 1921 年的一篇社论，其中许多观点都值得人们牢记："根据道氏理论……熊市中的次级反弹通常十分突然并且速度极快，特别是在恐慌性下跌后，这样的反弹会变得更加显著。这个测试并不是试探底部，而是在观察市场在股票变得很容易买入或卖出的条件下会出现什么情况。在市场底部的时候，人们的情绪往往十分悲观，而当开电梯的男孩也在讨论他的空头头寸时，专家们就开始'背叛'公众情绪而做多了。"

"熊市中的次级反弹，如同平均价格指数在过去多年中显示的那样，具有令人惊奇的一致性，紧随其后的线态窄幅运动，彻底地考验了公众吸筹的能力。市场在发生严重下跌的时候，总会有大量的买进作为支撑，以保护弱势账户因为过大而被清算，而这些股票将在反弹中被抛售。在很大程度上，股票会被空头平仓和廉价买入抵销，但是如果市场的吸筹能力仍然不强，通常会创出价格新低。"（1921 年 6 月 23 日）

"长期研究平均价格指数的经验认真告诉我们，在持续时间超过 1 年或者更久的牛市运动中，与偶尔回调相比，上涨过程看起来比较缓慢。同样地，在熊市中，反弹确实要迅速得多。"（1910 年 3 月 19 日）

基于这一点来理解市场下跌或上涨时的基本操作原则是极其重要的。

在熊市中，优质股票与劣质股票一样会受影响，因为人们会将有保证的股票售出，以挽回那些可能卖不出手的股票所带来的损失。在股市大萧条时期，从未投机过的人们被迫从保险柜中取出那些优质股票，能卖多少钱就卖多少钱。因为无论损失多大，毕竟这些股票可以变成现金，而现金正是生活支出的必备品。那些人们曾建立的应急基金，现在是派上用场的时候了。与出售股票相比，人们可能更希望出售房屋或其他资产，只是找不到可以兑现的市场而已。或许人们之前抵押贷出了保险金，因此迫使保险公司贬值出售一些有价证券以获取保险单贷款的资金。也许这些人之前透支了存款，使得银行廉价将有价证券变现以维持储备金。这样就形成了一个恶性循环，迫使优质证券被廉价出售，却没有足够的买家买入。换句话说，供求关系正在发挥作用。当供大于求的时候，价格必然下跌。那些接受过许多著名咨询公司提供投资意见的读者们或许会猜想，为什么他们的经济学家会对熊市波动这么重要的阶段表现出不屑一顾呢？

是什么原因可以终止长期下跌的股票价格呢？《股市晴雨表》对牛市和熊市的整个循环给出了精彩的解释。

"现在，我们觉醒后发现原来我们的收入远远超过了支出，钱变得非常不值钱，周围空气中弥漫着冒险与投机的气氛。我们从经济萧条沉闷的阶段慢慢进入了活跃繁荣时期，并逐渐发展成为高利率的扩大投机、工资增长及其他常见的征兆。经历过数年的美好时光后，经济链条上的薄弱环节承受着过度的拉力，随后出现了断裂……股票市场和商品价格开始出现了萧条的先兆，随后是不断攀升的失业率。常见的问题是，虽然储蓄在银行中的实际存款数字在上升，但是可以用于投机的资金却处于完全缺乏的境地。"

汉密尔顿告诫我们。千万不要试图利用道氏理论去抓熊市低点交易日："股市晴雨表中没有任何一条知识可以明确告诉我们熊市到牛市的绝对转折点。"

1921 年 9 月 18 日，当平均价格指数从熊市低点上升了不到 5 个点的时候，汉密尔顿在《巴伦周刊》中这样写道：

"这就是一个与当前股市运动相关的好例子，因为我曾被要求证明股市晴雨表具有预测价值。由于欧洲金融的混乱状态、棉花生产遭遇的灾难、通货紧缩导致的不确定性、立法者和征税者毫无原则的机会主义，以及战争导致的通货膨胀所带来的后果（失业、煤矿和铁路工作者工资微薄）等一系列事件，国家当前的经济被笼罩在各种不利因素下，但是股票市场却已经呈现出了一些形势转暖的情况。1919 年 10 月底到 11 月初的熊市，到了 1921 年 6 月 20 日股市走出了低点，20 种工业股票平均价格指数是 64.90 点，而 20 种铁路股票平均价格指数是 65.52 点。"

几天之后，汉密尔顿又在《华尔街日报》中这样评论道：

"不止一位记者在本报撰文，提醒大家注意令人不满的状况。并且提出疑问，为什么在 9 月 21 日刊登出的对平均价格指数的研究，指出股市似乎正处于价格准备长期上涨的阶段中。我们可以给悲观的看法列出各种各样的理由——德国银行的破产、铁路运输的价格和工资、关税和税收的不确定性，以及愚钝的国会缺乏应对这类问题的常识。对于这个问题的回答是，股票市场已经考虑到了所有的事情，其中所包含的信息来源远比这些评论家中的任何-位都要广。"（1921 年 9 月 21 日）

根据上述预测，我当时曾购入一些股票和债券，就是这笔投资为我后来购买住房及商业投资提供了资金。之后的这些成功使我的生活相对来说比较富裕，这同在政府医院与退伍老兵住同一病房所过的生活完全不同。这些预测激励着我在随后数年对平均价格指数不断的研究——探寻彩虹的另一端就会变成既令人着迷又可从中获利的消遣。

汉密尔顿在 1921 年秋天收到了一封来信，向他询问市场判断的理由。汉密尔顿解释说，近期股市交易量少、走势向横盘运行、市场对坏消息充耳不闻、反弹失败，这一切都表明糟糕的时刻已经过去了。同时，汉密尔顿还感觉平均价格指数日间波动的特点可以证明他的推断。

下面的图 1 是为研究平均价格指数在熊市底部的运动特点而准备的。图中 9 个熊市的终点由上至下排列，日间波动已按比例标记出来，以便各个时期中每个平均指数的低点都可以以 100 为单位标记；因此，价格的上涨会被自动转换为从低点开始向上的价格百分比。

这样的安排是考虑到这段期间的量价关系。如图 1 所示，9 个熊市中有 7 个熊市的谷底持续时间在 60 ~ 90 天，且平均价格指数波动幅度在价格的 3% 之内，尽管这种运动并没有在两种平均价格指数之间同步发生。而另外两个熊市的波动幅度接近 5%。

其中 6 个熊市的谷底，在进入最低点的几个月前，成交量已呈现出逐渐下降的趋势。然而，对于另外 3 个熊市，如果投资者只将交易量作为判断标准就会陷入误区。

本书中已经多次论述关于熊市结束时出现的双重底。双重底现象有时确实会在熊市底部出现，但是如果将其作为判断的指标，就大错特错了。那些频繁指出双底的人们，或许没有考虑到熊市中出现的许多双重底的点其实并不是底部。观察研究所有熊市中出现的双重底就会发现，许多双重底确实出现在低点，但这并不是熊市的结束。此时，平均价格指数运动会派上大用场，当一种平均价格指数的低点，没有得到另一种平均价格指数的确认时，则表明可能发生的趋势变化，只是次级运动趋势，并非主要运动趋势的反转。

在熊市期间预测价格运动似乎比在牛市上涨时期预测容易得多。至少，抄底确实比抓住市场要容易。

研究平均价格指数的初学者，如果能在价格从低点上升 10% 之内抄底，那么就算很走运了。但是，在价格上涨 20% 之前，对于那些熟悉道氏理论的人来说，趋势的变化就已经显而易见了。

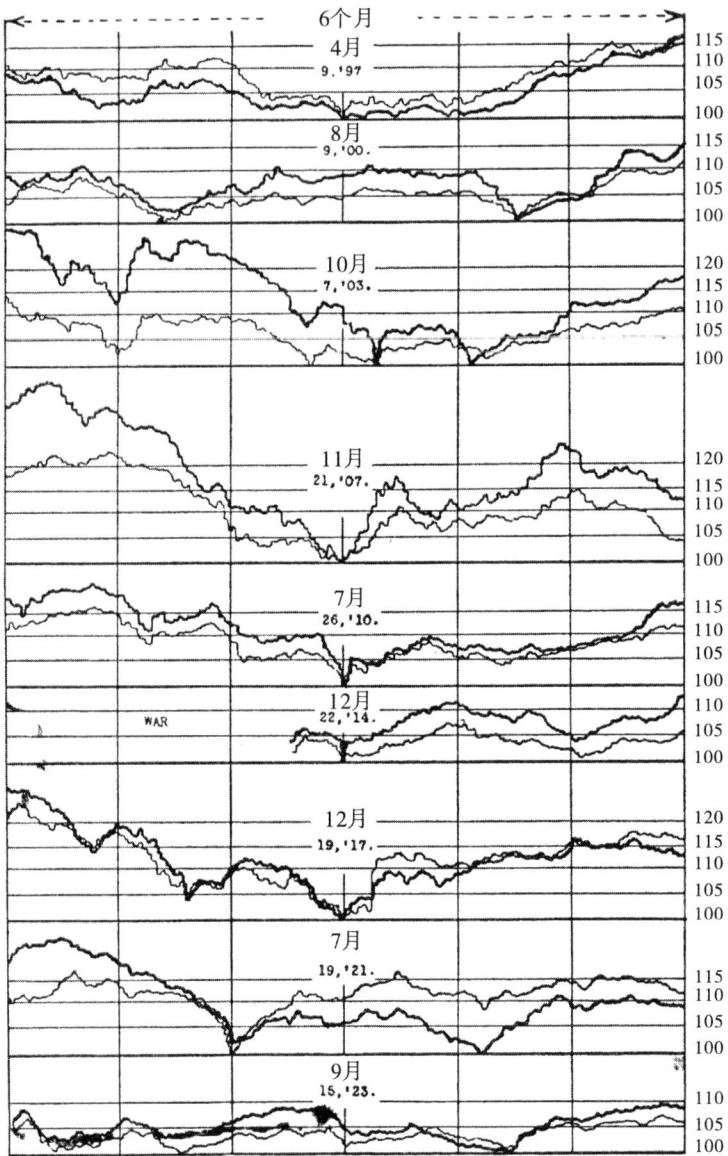

图1　道琼斯日均指数熊市底部特征

第 9 章

牛市

牛市是指整体向上的运动，期间伴随着次级回调反应。牛市的持续时间往往在两年以上。在此期间，由于商业条件改善和投资活动增加，使得投资购买股票的需求量不断增加。基于此原因，股票价格也会直线攀升。牛市通常有三个阶段：第一阶段，人们对未来的经济发展恢复信心；第二阶段，股票价格对已知的企业收入改善情况所产生的反应；第三阶段，投机猖獗、通货膨胀显著的时期——这是一段股票靠人们的希望与期盼飞涨的阶段。

正如前文所述，道氏理论是一种注重常识的方法，它基于对道琼斯铁路与工业股票平均价格指数的日间波动的研究，做出对未来市场有用的推断。在金融投资中，任何一位冒险家充分理解道氏理论最好的机会莫过于市场中熊市结束和大牛市形成的时候。

汉密尔顿似乎很轻松就可以抄底，而且他不断表明抄底比抓住上升波段的顶部要容易得多。汉密尔顿在金融方面的智慧是其成功的因素，这一点毋庸置疑。但是也有一些技能稍差的人，没有高深的知识却可以在正确的时间成功运用道氏理论，其实只要能够准确把握平均价格指数的含义就行了。

写到牛市和熊市，大家一定要记住牛市的第一阶段只有经过一段时间的验证，才可与熊市的次级反弹运动区别开来。同样，熊市的第一阶段必须与牛市的次级回调区分开来。所以，任何关于熊市结束的论述都必须涵盖随后发生的牛市运动的开始。在前一章中，我们讨论过熊市结束的典型时期，这里有必要再重复一下熊市在结束的时候，市场可能已对将来的坏消息及悲观观点产生了免疫。市场似乎还会失去在剧烈下跌后反弹上来的能力，所有的迹象都表明市场已经达到均衡状态，且投机活动处于低潮。此时，卖方失去了打压的作用，但是可以提高价格的买家却迟迟不出现。市场因缺乏公众的参与而变得十分沉闷。悲观情绪肆虐，股票红利停滞，一些重要的公司通常会陷入财政困难，并且政治也在一定程度上出现动荡。由于所有这一切的发生，股票呈现线态窄幅盘整的走势。接着，当线态窄幅盘整被明显地向上突破时，铁路和工业平均价格指数的日间波动开始在每次反弹中呈现明显的上升趋势，每次上升都会被逐渐提高，而随后的下跌也不会跌破最近的低点。此时确定是股市做多的最好时机。这一时期需要人们具有足够的耐心，但是，在股票价格大幅度上涨后出现规模巨大的反应时，这些反应并没有跌破熊市近期的低点，而随后的二次反弹却向上穿过熊市前次反弹的高点时，买入股票就相当安全了。

有些读者或许会问为什么1930年春天的刺激反弹没有显示出熊市的终止及牛市的开始。原因之一在于，任何一位研究平均价格指数的投资者都知道牛市不是以剧烈反弹作为开始的。另一个原因是，在熊市运动的初始阶段，下跌25%的反弹，甚至是100%的反弹是司空见惯的事。我们在之前写到过很多关于牛市开始的内容，下面的文章摘录于一段讨论牛市从一个极低的价格发展出来的长篇社论："前期熊市的下跌已经驱使股票价格远远低于其内在价值，这也是由于证券交易所为大众提供了一个可以以一定价格进行交易的场所。这是股市晴雨表作用的一部分，股票市场一定是第一个感受到平仓压力的。"

"在牛市第一阶段，存在一个大家都熟知的价值回归。在第二阶段，通常是最长的阶段。整体经济改善趋于稳定，这些价值会产生调整，这个时期会常常出现牛市中历时最长、最有欺骗性的次级回调。第三阶段，人们的信心不仅反映出当前股票的价值，更是反映出将来发展的可能性。"（1923 年 6 月 25 日）

下面的内容表明在长期缓慢上升阶段，人们需要的不仅是耐心，还需要具备勇气承受可观的牛市中快速回调的次级运动。"从研究平均价格指数的长期经验中可以看出，在持续时间超过 1 年或更长的大牛市中，与偶尔发生的快速回调相比，上涨看起来十分缓慢。同样地，在熊市中，反弹的速度自然也很迅速。"（1910 年 3 月 19 日）

在华尔街，那些懂得"玩钱"的人，他们会买入低于其真实价值的或者在未来相当一段时间内被低估价值的股票，并最终在其高于市场水平价值时卖出。这些人既有智慧又有技巧，他们就像商人在价格低廉时大量购入床单和其他棉制品，期待之后价格上涨时卖出一样。当华尔街的精英们考虑到股票价格已经低于其内在价值时，在评估机会和盈利能力后，就开始悄悄买进股票了。渐渐地公众认识到股票并没继续下降，并且认识到悲观主义或情况所迫使得股票过低这一事实。之后，人们开始买入股票，优质股票的流通量减少、股票价格上涨，牛市就此形成。汉密尔顿告诫我们，不管怎样，主要运动的反转从来不会突然发生，"使股票主要运动大幅向上或向下的条件实际上从来不会在一夜之间自己改变，可是促使第一次反弹的条件却有可能发生。"（1910 年 7 月 29 日）

这里对道氏理论的讨论是为了定义这一理论对交易者的实用性，而不只是将其应用形容为商业预测的工具。我不打算尝试对汉密尔顿的著作添油加醋，《股市晴雨表》一书强调了平均价格指数运动是商业状况的晴雨表，但是有能力研习道氏理论并将其运用到投资中的人们会认识到这一理论作为商业趋势可靠指标的实用性。

汉密尔顿承认在抓住市场顶部时通常会遇到困难。他写道："……预测市场的顶部要比预测底部难得多。在一段长时间的熊市后，平均价格指数间与被认定的实际收益价值间的差异，以及股息红利与资金价值之间的差异就显而易见了。在长时间的上涨后，尽管许多股票还在其真实价值内出售，但任何一支股票都有可能没有被完全反映出来。此外，市场或许因为情况的复杂性，或者更真实的原因是晴雨表预测出整体经济繁荣稳定，可能在距顶部相对较小的范围内不定期的波动。可以说确实有这样的例子，在剧烈下跌的熊市形成以前，市场在距顶部很近的范围内波动了将近一年的时间。"（1925 年 2 月 15 日）

另一次，汉密尔顿写道："……精确预测主要运动的顶部这一任务超越了任何一个晴雨表的范围。当没有过度投机时，预测难度就更大了。"（1923 年 6 月 13 日）根据他所陈述的观点，如果没有过度投机，即使是研究平均价格指数的优秀投资者，也很容易轻信向下运动，而随后证明熊市运动的第一次下跌只不过是牛市的次级回调而已。

汉密尔顿喜欢用华尔街的名言来清晰地阐述他的观点。汉密尔顿在一篇讨论市场接近顶峰时的平均价格指数的文章中写道："华尔街上经验丰富的交易家们说，当开电梯的男孩和鞋匠们开始询问在牛市中获利的小窍门时，就是到了卖出股票去钓鱼的时候了。"在牛市接近尾声的时候，他常常警告读者们"树是不会长到与天齐高的"。

1929年春天，在牛市最后一次上冲之前，汉密尔顿承认从平均价格指数来看，牛市主要运动毫无疑问仍在继续攀升，但是他明显想让的读者们保住利润，退出市场。他当时警告说，"……投资者应该问问自己股票是不是在高于其内在价值时卖出股票？人们是不是在期望中购买股票，而且这种期望会持续足够长的时间让心与钱包都大受伤害？"（1929年4月5日）

20年前，1909年在股市到达高点前几天，汉密尔顿呼吁大家，"大家永远都不要忘记无论国家经济多么繁荣，价格都不可能一直上涨。价格至少在一定程度上已经膨胀了，当顶部过于沉重而发生崩溃的时候，市场就会无可避免地出现一些不寻常的反应。"（1909年8月24日）

汉密尔顿多次表达过自己的信念，"……当经济不错的时候，市场也终将会转向（下跌），但用不了多久就会又有反转。"（1922年4月6日）经济学家指出，1929年牛市股票价格终止前，经济已经下跌了。或许这是真的，但是这样的话，牛市给股市带来的压力比其他任何市场的都大。不管股市是否真能有效地预见1929年的经济转变，没人能质疑股票价格确实在10月出现了转机这一事实。任何一位有能力充分运用道氏理论，学会在次级运动中成功交易的投资者，都会在9月的时候清仓。他们中的许多人也确实这样做了。那些没有平仓的人，毫无例外都是对道氏理论的信任多于对自己的判断。

自 1897 年起，所有根据道琼斯平均价格指数记录的牛市，从没有比 1929 年顶峰后的反转更容易辨认的平均价格指数了。

所有通货膨胀的迹象都被表现出来了。交易量过盛，而且贷款数量屡创新高——事实上，活期贷款率也相当高，使得许多公司都发现一个盈利的方法就是清算库存变现，然后换成资金在华尔街牟取暴利。许多私募投机行为开始盛行；经纪人事务所都挂着"请站立等候"的标示；龙头股收益比最好等级的债券还差。一些垃圾股票的价格却像坐上了火箭一般，不管其内在价值或盈利能力。整个国家都沉浸在股票投机中，呈现出一片狂热的景象。交易老手们回忆起那几个月，都奇怪为什么自己好像被灌输了"新时期"的观点，并无可避免地在股市崩盘中被套牢了。明智的银行家们本来可以挽救那些相信他们的投机者，但是那些人非但不听他们的劝阻，反而当他们是阻挡自己前行的破坏者；而另一些以"诈骗犯"的名义载入史册的银行家们在当时却被捧为英雄。

纵使市场如此刺激，道氏理论却从没动摇过。1929 年春天之际，通过平均价格指数可以看出，股票供求不相上下——这说明一些重要的势力正在大额卖出股票，并且其他势力同时也在吸收这些股票。然后，平均价格指数又显示出买方的力量已经超过了卖方的力量——因为两种平均价格指数创出新高，且市场在愉悦地不断向上攀升。道氏理论告诉我们股票市场中有着足以推动价格不断上升的力量。

5 月 12 日到 6 月 5 日之间，股市发生了大幅下跌的现象。可事实上，成交量在股票价格上涨时呈现出增多趋势，且在下跌时呈现减少趋势。用道氏理论解释这个事例，就是这次运动不过是牛市中的次级回调罢了。

牛市在 1929 年 9 月 3 日达到了顶峰。在 9 月 3 日到 10 月 4 日期间，发生了一次价格下跌，看起来不过是牛市的又一次次级回调而已。不过，当 10 月 5 日发生反弹时，股票成交量却在减少。在随后的 8 个交易日中，任何学习道氏理论的投资者看看自己的图表都能知道市场这个大熔炉中的蒸汽已经没有足够的力量将价格向上推动了，因为股票成交量随价格的上升在不断地下降。图表分析专家们注意到当时市场的每一次回升都达不到前次回升的高点。因此，道氏理论的研究者已经掌握了一个明确的信号清仓出货，就是工业平均价格指数大约在 350 点的时候——也就是低于峰值 10% 的位置！然后那些没有照做的人，尽管市场每天都会给他们更为强烈的警告，成交量却随着股票价格下跌在不断增加。在 10 月 20 日结束的那周，市场跌破了 10 月 4 日的价格低点，人们毫无疑问可以从平均价格指数中读出对熊市的预测。

汉密尔顿笔下最后一篇关于主要趋势变化的预测，明确宣布了 1929 年 9 月大熊市的到来。平均价格指数日渐明朗使汉密尔顿发现了不祥之兆。在 1929 年 9 月 23 日《巴伦周刊》的一篇关于价格运动的研究中，平均价格指数已经呈现出前面提到过的线态窄幅盘整形态。在 1929 年 10 月 21 日，《巴伦周刊》提醒大家注意一系列规模巨大的反弹和下跌预示着熊市即将来临。1929 年 10 月 25 日，《华尔街日报》中刊登出一篇直到今天仍十分有名的社论，名为《趋势中的反转》。这篇社论指出自 9 月以来的下跌绝对可以被称为是熊市的第一阶段。汉密尔顿几周后突然离世，可以说，他最后这次关于主要趋势改变的预测反映了其理论的高明。

第 10 章

次级运动

为了便于讨论次级运动，我们把牛市中的重大下跌及熊市中的重大上涨定义为次级运动，其持续时间通常是三周到数月不等。次级运动的价格一般会回调到前一个主要运动终止后价格变化的33%～66%。这些反应常常让人们误以为是主要趋势发生了变化，原因显而易见，牛市第一阶段的价格运动，与被证实的熊市中的次级反应总是有巧合的相似性；相反，熊市中，顶峰后的回调与牛市的次级反应也十分相似。

次级运动对股票市场的必要性与安全阀对于蒸汽锅炉的价值一样。次级运动会对保证金交易的投资者造成极大的威胁，而对于平均价格指数的研习者来说，如果他们能辨别次级运动且不与主要运动趋势反转的情况混淆，那么就会得到很好的获利机会。汉密尔顿说过："次级运动是牛市发展的保障措施之一，它是检验过度投资最有效的方法。"

当市场中出现次级运动时，有个问题会被经常出现，"次级运动会发展到什么程度呢？"就平均价格指数而言，一个合理可靠的回答是，重要的次级运动普遍以前次市场的主要运动被打断后所造成的巨大损失为基准，从中追回1/3到2/3甚至更多。这样的概括具有相当大的价值，但是那些想尝试给次级运动定出精确限度的人们，注定会失败，这就像气象预报员不能精确地预报出降雪在某个特定的时间会达到 3.5 英寸一样。预报员大体上可以预测出降雪会在哪一天发生，但是如果要预测出暴风雪发生的准确时刻或者降雪的厚度几乎就不可能了。学习道氏理论的投资者也处于相似的境地。

造成次级运动的原因有很多，其中最重要的一个原因是熊市中的超卖及牛市中的超买。这样的情况会随市场主要趋势的发展而增加，且通常被人们称为市场的"技术状态"。次级运动的发生通常被归咎为某条重要消息的出现，但实际上其发生的原因是市场本身的脆弱性，使其很容发展为次级运动。

随着牛市一路健康的发展，公众可以更加随心所欲地购买股票了。这种购买动机通常是人们寄希望于在股票价格涨高一些的时候售出股票，但是终将有这么一天会到来，买家数量不足以购买市场出售的所有股票。专业的交易者们，总是警惕着这种情况的出现，然后大量做空，使市场弥漫着下跌趋势，这时一些人在惶恐中卖出股票，可以说专业的交易者们是股市发生转折的推手。他们和大众共同卖出股票，造成股票急剧下跌。在此期间，几周的上涨常常会在几天内被追回。这样剧烈的下跌会暴露出一些位置不佳的买进仓位，并迫使人们微利出售股票后出局。最终结果是，股票会跌到一个水平点，而这个点位恰是精明的交易者们为下次上涨进行积累而买进股票的最佳时机。

在熊市中，情况正好相反。那些想要或者需要持有现金的人们不断清算其有价证券，这一行为使得股票报价日渐降低。专业人士意识到市场走低的空间似乎比抬升的空间大得多，于是他们快速卖出股票，也使得市场备受打击。最终，市场不得不降到抵押担保值以下。或许是抛售股票的兴致过于狂妄，精明的交易者们认识到清算至少在当下已经接近尾声了。正如平均价格指数测试出周期性反弹会发生那样，他们开始为必定会产生的反弹积累股票。1910 年 7 月 29 日，当这样的情况出现时，汉密尔顿写道："正常的反弹运动似乎已经开始了，下跌的 40% 将会迅速回升。市场在出现这样的反弹后会变得沉闷，最专业的交易者应该在这时卖出股票，理论上，市场上还没有足够的买方力量使真实的牛市波动这一假设成立。"

报纸上通常会将这样的情况报道为"空头逃窜"。空头交易者急于平仓，并且为短期反转买进股票，再加上那些不明智的投资买入，导致整个市场急速上涨。类似的反弹会持续进行直到买方力量开始衰减，此时，那些为了反转而买进股票的人开始获利。古老的供求规律始终如一地发挥着作用，股票价格一直跌过求大于供才停止。在恐慌或半恐慌的下跌中，一些股票普遍为银行所有，另一些股票则支撑着市场，然后在股价上涨的时候，再小心谨慎地卖出股票。1909 年 5 月 21 日，汉密尔顿这样写下了自己的评论："股市成交量的减少有多重含义。在华尔街，最常被引用的老话是，绝不在沉闷的市场中做空。这个建议或许对大于错，但是在持续的熊市波动中，常常就是错的。因为在这样的波动趋势中，市场的反弹会变得沉闷，而下跌则变得活跃。"

次级运动常让人感到迷惑，而汉密尔顿也常如此阐述自己的观点，"牛市中的反应非常难以猜测，其表现出来的信号有时也极具欺骗性。"次级运动频繁地出现主要趋势反转的标记，比如从牛市到熊市的变化等。

正是由于交易者心里也存在同样的疑惑，才使次级运动对整个股市起到了价值巨大的保险作用。1924 年 9 月 11 日，汉密尔顿在评论次级运动的文章中写道："20 多年讨论这个话题所得到的经验告诉我们，市场中的次级运动本身，并不与牛市的主要运动规律相一致。牛市中的次级运动仅与熊市在方向上相同，而本质上却大相径庭。"在牛市中，当上涨压力过大时，次级运动就会随之发生。这就像蒸汽锅炉的安全阀跳起来并在超过锅炉安全系数之前释放一些压力一样。1922 年 11 月 3 日，汉密尔顿写下了以下文字，"在既没有经验主义又没有江湖骗术的体系之中，一个关于牛市次级运动的理念不应被忽视。我们曾说过，在这类次级运动开始以前是不可能被预见到的。它对清除市场中过量的超买仓位有明显的效果。市场因此在行使其最有价值的保险服务功能，它将退到更安全的水平上，直到关于不能被准确判断的不利因素完全清晰为止。基本上可以说，对熊市的理解就是对熊市的贬损。"

熊市安静疲软的时候通常是最佳的做空时机，因为通常随后都会出现大幅的下跌。但是，在市场猛烈下跌以后，伴随着这种下跌，市场会陷入半恐慌的崩溃状态，这时空头平仓是明智之举，即使做多也不为过。另外，当安静却坚挺的市场十分活跃且有力地向上发展的时候，便可以开始买入股票了。等到市场交易活跃并不断上涨时平仓，或者在交易里放大而价格却拒绝进一步上涨时平仓。但是，如果投机者在牛市中做空，就只是在猜测次级运动了，这样卖空所带来的盈利机会微乎其微。更好的方法是，反弹获利以后，在市场回调时只站在场外休息，等到牛市萧条之后必然到来的沉闷时期再进场交易。回调之后的沉闷期为业余交易者提供了一个大好机会，可以与经验最丰富的专业交易者一起进行交易。

次级运动有一些可以清晰识别的特性，但是另一些次级运动的特征即使是专业的交易者也难以预期。人们对次级运动的普遍认知是它的开始是根本不可能精确预测出来的。任何与主要运动方向相反的日间运动都有可能是次级运动的开始。通常当股票处于惊慌或半恐慌性下跌时，持续增长的交易量可能会终于反弹的开始。但是成交量的顶点，也许是在主要运动终止的最后一天才能达到，不过也可能是在次级运动开始的第一天或者第二天。次级运动有一个确定的特性，即它是与主要运动相反的运动，运动速度总比之前的主要运动快。汉密尔顿注意到，"在熊市中，反弹趋于猛烈及不确定，且反弹的时间总是比下跌的时间短促，而在牛市中的回调也是如此。"持续若干周的主要运动常常只需短短几天就可以完成回调。研习平均价格指数的投资者可以通过检验他们过去几年的平均价格指数图，看出类似的运动，这样也就能使他们精确地辨别出次级运动与主要运动的区别了。在牛市的顶点，当平均价格指数下跌时，通常不会出现剧烈的下跌；但与之相反，熊市中任何从底部发生的反弹，且常被证明是新一轮牛市的开始的市场，往往缓慢上升的同时带有小幅回调，而且下跌中的成交量也明显在下降。

如果铁路和工业平均价格指数连续几天在方向上不能互相确认，那么这通常就预示着次级运动即将开始。但是，这条特性不能被当作规律，因为在大多数牛市的底部和熊市的底部也可明显呈现出这种特性。

汉密尔顿在 1921 年 12 月 30 日的一篇社论中这样写到过次级运动，"华尔街上有一句老话，'绝不在市场沉闷时做空。'熊市中的反弹十分猛烈，但是经验丰富的交易者们会在市场恢复变得沉闷时再明智地卖空股票。牛市中的反向操作确实是正确的，如果市场在次级运动后变得沉闷，交易者们就会买入股票。"

主要的次级运动通常会通过两三个阶段形成某种反向运动的形态，在此期间，工业股票和铁路股票当然会在这些运动中相互确认。为了让大家有更直观的认识，下面反弹和下跌的例子说明了平均价格指数的次级运动。

牛市中关于普通次级运动的典型例子是，1928 年 5 月 14 日前股票价格经历长期上涨之后，在那一天，工业股票平均价格指数是 220.88 点，此前 5 月 9 日，铁路股票平均价格指数达到 147.05 的高点。在 9 日到 14 日之间，两种股票平均价格指数没有得到相互确认。到了 5 月 22 日，工业股票平均价格指数下跌到 211.73 点，而铁路股票平均价格指数则下跌到 142.02 点。随后 6 月 2 日是一次反弹，当工业股票平均价格指数上升到 220.96 点的时候，铁路股票却停在了 144.33 点上。6 月 12 日，工业股票价格定在了 202.65 点，当时铁路股票价格为 134.78 点。在这些下跌后，6 月 14 日发生了一个为期两天的反弹，工业股票交易价为 210.76 点，而铁路股票交易价为 138.10 点。18 日，工业股票在 201.96 点抛售，而此时铁路股票也跌到了 133.51 点，尽管如此，股市成交量仍在持续下降。最低点仅比 100 万股高出一点，而许多月份成交量在 200 万~400 万股也是正常的。这次下跌就这样在普通的次级反应运动的幅度内结束了。

熊市中典型的次级运动发生在 1931 年 6 月和 7 月。从 2 月 24 日开始的长期下跌使工业股票在 6 月 2 日从 194.36 点跌至 121.70 点，并且铁路股票在 6 月 3 日从 11.58 点跌至 66.85 点。在接近低点的时候，成交量却在稳步上升。工业股票在 6 月 4 日反弹到 134.73 点，铁路股票也在随后的一天反弹到 76.17 点。然后，在 6 月 6 日，工业股票再次下跌到 129.91 点，铁路股票下跌到 73.72 点，随后工业股票和铁路股票又分别在 6 月 13 日反弹到 137.03 点和 79.65 点。到了 6 月 19 日，两种股票的价格依次是 130.01 点和 74.71 点。此时，市场发生了最后一次反弹，6 月 27 日达到了高点，工业股票上涨到 156.93 点，铁路股票则上涨到 88.31 点。成交量显示交易在到达顶峰前经过了数天的减少。这次反应共持续了 4 周时间，以 2 月 24 日下跌为基准，工业股票和铁路股票分别反弹了 45% 和 48%。

牛市中的次级运动有一个固有的特点，那就是回调到最低点的时候，一般会伴随着数字庞大的交易量。然后，市场会出现一两天的上涨，这时交易量保持放大或者稍有下跌。接下来又是下跌，但是并没有跌破前期的低点。如果成交量在这次下跌中减少，那么就可以假定次级运动已经完成，牛市趋势即将恢复。假如这次次级运动是在正常波动范围内进行，其回调范围应该是前期重大次级回调后主要运动范围的 33%~66%。

关于次级运动的波动幅度分析将在本章后面的部分为大家说明。

这里应该特别强调一点，每位交易者在观察次级运动时，都务必要考虑交易量。成交量并不像其他特征那样具有统一性，但是当你尝试寻找在牛市中安全购入股票的时机，或者在熊市下跌时卖出股票的时机的时候，上述提到的考虑就变得十分有价值了。

每当熊市中价格创出新低或者牛市价格创出新高时，人们往往会肯

定地假设主要趋势还会持续很久。但是每位交易者都应该记得，这样的
市场价格的新高和新低或许会速度惊人地发生次级运动。稍后会对次级
运动的范围有所展示，次级运动的发生无可避免，其持续时间是可以被
定义出来的。次级运动一般需要 3 周到 3 个月完成，这是保证金交易者最
焦虑的一段时间了。在此期间，市场会出现人们常说的"双重顶"和
"双重底"。只要价格在主要趋势定义的范围内波动，同时还在次要运动
的波动幅度之内，那么交易者不管不顾也没什么不可。也就是在这段期
间，"线态窄幅盘整"最容易出现。

次级运动相对来说比较容易描述，但是若想精确定义就比较难了。
有时它与"线态窄幅盘整"一起出现，有时又并非如此。如果主要运动
进行缓慢，次级运动可能就会十分剧烈，且伴随"线态窄幅盘整"出现，
这对于每个超过 8 周的次级运动来说，二者的特征是一致的。

多年来，汉密尔顿多次谈论过次级运动的持续时间和波动幅度。关
注他发表过的所有社论文章的读者就会发现汉密尔顿的许多评论都是基
于典型的次级运动特征，以下摘录就反映出了他在这一主题上的典型
思想。

许多年前，汉密尔顿写道："次级运动趋于自我过度反应，正如过去
的 25 年显示的那样，通常回升会在下跌的 60% 时发生。在这次回升中，
那些支撑市场的强大利益集团，派发出他们被强迫买入的股票以帮助弱
势的持股者。随后市场的发展取决于对这些股票的吸收能力。在自动反
弹之后，接下来是半恐慌的暴跌，股票通常会被再次卖出，慢慢地，一
天又一天，抛售股票推动市场接近前期的低点。这样的低点不一定是主

要运动结束的标志，但是有时也会在这段时间发生。"（1926 年 4 月 4 日）

"在经历一次真正的股市惶恐之后，不同于暴跌的是，平均价格指数总是会有一次规律性的反弹运动，大约反弹到下跌幅度的 40% ~ 60%。然后，随着对那些出于保护市场目的而买进的股票的抛售，股票再次下跌。"（1907 年 12 月 25 日）

"人们发现，市场在暴跌之后，紧接着会出现 40% 的反弹，甚至更多。随后会出现一个较慢的回调反应，以及向任意一个方向的微小波动。像是摆钟，达到力的平衡才会渐渐停止。这是市场在恐慌性崩溃后常见的现象。"（1910 年 9 月 20 日）

"经过多年的测试，平均价格指数显示出，长期上升后的下跌通常会跌至上涨幅度的一半左右，并且市场就在前期低点和新驱动力产生的点之间来回运动。"（1906 年 4 月 16 日）

上述观点都是汉密尔顿多年研究次级运动所得到的灵感，而且毫无疑问地证明了其观察的正确性。这项研究基于对这样一个事实的认识，任何人想尝试用精确的数学计算道氏理论中次级运动的持续时间及波动幅度，都不会成功。之前我们提到过，道氏理论是一门实践科学，不能仅被定义为数学计算。但是，就像气象局多年的记录会对预测天气大有帮助一样，将观察次级市场反应的持续时间和波动幅度的结果制成表格可以对研究市场的未来发展有所帮助。

根据道琼斯公司记录的 35 年间铁路和工业股票平均价格指数波动的重大次级反应，大概没有任何人会在筛选标准上达成一致。本书作者曾尝试使用多种方法将次级反应分类，每种方法都耗费了数周时间进行繁冗的工作，但是仍然没有一种方法可以达到使人完全满意的结果。有一个实验是把所有不足 15 天的次级运动都忽略不计，结果证明许多重大的运动被排除了，但那些无关紧要的运动却被保留了下来。之后用时间来划分的方法就不再被考虑了，而是排除所有导致平均价格指数运动低于 5% 的反应。然后百分比就被抬升到了 7.5%，之后又再次被提高到 10%，但是使用每一种方法总会导致一些真正重大的运动被忽略，而许多微小的运动却被保留下来。最终，一种选取方法被开发了出来——这种方法解释起来实在是太困难了——用这种方法似乎可以排除不重要的运动，从而保留那些真正重大的运动。35 年间的反弹与下跌被制成表格，反映在表 1 中；价格和数据的变化可以参见表 2 和表 3，从表中可以看出牛市与熊市中主要运动和次要运动的细节。将这些数据整合与平均以后，得出了以下结论。

在熊市中，主要运动的平均持续时间是 95.6 天，而次级运动的平均持续时间是 66.5 天，或是前期主要运动的 69.6%。在牛市中，主要运动平均持续 103.5 天，而次级运动平均持续 42.2 天，或是主要运动间隔的 40.8%。

汉密尔顿频繁指出，次级运动常持续 3 周到数月不等。在验证这一规律时，他发现熊市中次级反应的 65.5% 通常结束于 20～100 天，平均 47.3 天，全部次级反应的 45% 在 22～55 天的反向运动中就达到了极点。牛市中相应的数字显示，在次级运动中，出现较小的百分比，即次级反应的 60.5% 在 20～100 天结束，平均持续 42.8 天，占持续 22～55 天反应总数的 44.2%。

汉密尔顿还常表明他相信次级运动通常会从前期主要运动的价格变化中回调40%～60%。在检验这一理念时他发现牛市中所有的次级运动平均回调到前期下跌的55.8%，占所有回调的72.5%，反弹不少于前期主要运动的1/3或者多于2/3。所有反弹平均回升到前次主要运动的49.5%。

牛市相应数字如下，所有次级下跌量为前期主要反弹的58.9%，但是只有下跌的50%在回升前期反弹的1/3～2/3后结束。对于这样结束的次级运动，约会回升54.9%。

看起来熊市及牛市中次级运动的特征十分相似，所以可以把它们作为一个整体考虑，而不是将它们的特征严格地区分开来。按这种方法统计就会发现，所有的主要运动在被重要的次级运动打断前平均持续110.1个交易日。所有的次级运动平均持续52.2天，平均回升幅度为前期主要运动的57.6%。

如果我们说次级运动绝大多数在回升57%时停止的话，那么投机就会变得十分容易了。不幸的是，经过悉心研究发现，所有反应的7.1%都在前期主要运动回撤10%～25%后停止；有18.8%是在回撤40%～55%后终止；26.7%在回撤55%～70%后结束；另有8.5%是在回撤70%～85%后停止；所有次级运动中会有14%超过回升的85%。

在思考次级运动时，时间是十分有用的因素，所有次级运动中结束时间少于55个交易日的超过73%。研究发现，60%的次级反应在25～55天结束。

表1 道琼斯平均工业指数主要与次级价格运动

涨跌	日期	价格
下跌	Apr. 19, '97	38.49
上涨	Sept. 10, '97	55.82
下跌	Nov. 8, '97	45.65
上涨	Feb. 5, '98	50.28
下跌	Mch. 25, '98	42.00
上涨	June 2, '98	53.36
下跌	June 15, '98	50.87
上涨	Aug. 26, '98	60.97
下跌	Oct. 19, '98	51.56
上涨	Apr. 25, '99	77.28
下跌	May 31, '99	67.51
上涨	Sept. 5, '99	77.61
下跌	Dec. 18, '99	58.27
上涨	Feb. 5, '00	68.36
下跌	Aug. 15, '00	53.68
上涨	Sept. 24, '00	58.90
下跌	Nov. 20, '00	52.96
上涨	Dec. 8, '00	69.07
下跌	Dec. 27, '00	63.98
上涨	May 1, '01	71.04
下跌	May 9, '01	64.77
上涨	June 17, '01	75.93
下跌	Aug. 6, '01	67.38
上涨	Aug. 26, '01	69.05
下跌	Dec. 12, '01	61.61
上涨	Apr. 24, '02	68.44
下跌	Dec. 15, '02	59.57
上涨	Feb. 16, '03	67.70
下跌	Aug. 8, '03	47.38
上涨	Aug. 17, '03	53.88
下跌	Oct. 15, '03	42.25
上涨	Jan. 27, '04	50.50
下跌	Mch. 12, '04	46.41
上涨	Dec. 5, '04	73.23
下跌	Apr. 14, '05	65.77
上涨	May 22, '05	88.75
下跌	Jan. 19, '06	71.87
上涨	July 13, '06	108.00
下跌	Oct. 9, '06	85.18
上涨	Mch. 25, '07	96.75
下跌	May 6, '07	75.39
上涨	Aug. 21, '07	85.02
下跌	Sept. 6, '07	69.26
上涨	Nov. 22, '07	73.89
下跌	Jan. 14, '08	53.08
上涨	May 10, '08	65.84
下跌	May 18, '08	58.80
上涨	June 23, '08	75.12
下跌	Aug. 10, '08	71.70
上涨	Sept. 22, '08	85.40
下跌	Nov. 13, '08	77.07
上涨	Feb. 23, '09	88.38
下跌	Aug. 14, '09	79.91
上涨	Nov. 29, '09	95.89
下跌	Dec. 29, '09	99.28
上涨	Feb. 8, '10	85.03
下跌	Mch. 8, '10	94.56
上涨	July 26, '10	73.62
下跌	Oct. 18, '10	86.02
上涨	Dec. 6, '10	79.68
下跌	June 19, '11	87.06
上涨	Sept. 25, '11	72.94
下跌	Apr. 26, '12	90.93
上涨	July 12, '12	87.97
下跌	Sept. 30, '12	94.15
上涨	Mch. 20, '13	78.25
下跌	Apr. 4, '13	88.19
上涨	June 11, '13	72.11
下跌	Feb. 8, '14	83.19
上涨	Dec. 24, '14	53.17
下跌	Jan. 23, '15	58.52
上涨	Feb. 24, '15	54.22
下跌	Apr. 30, '15	71.78
上涨	May 14, '15	60.38
下跌	Oct. 22, '15	96.46
上涨	Apr. 22, '16	84.96
下跌	Nov. 21, '16	110.15
上涨	Feb. 2, '17	87.01
下跌	June 9, '17	99.08
上涨	Dec. 19, '17	65.95
下跌	Feb. 19, '18	82.08
上涨	Apr. 11, '18	75.58
下跌	May 15, '18	84.04
上涨	June 1, '18	77.98
下跌	Sept. 8, '18	83.84
上涨	Sept. 11, '18	80.46
下跌	Oct. 18, '18	89.07
上涨	Feb. 8, '19	79.15
下跌	July 14, '19	112.23
上涨	Aug. 20, '19	93.46
下跌	Nov. 3, '19	119.62
上涨	Nov. 29, '19	103.60
下跌	Jan. 3, '20	109.88
上涨	Feb. 25, '20	89.98
下跌	Apr. 8, '20	105.65
上涨	May 19, '20	87.36
下跌	July 8, '20	94.51
上涨	Aug. 10, '20	83.20
下跌	Sept. 17, '20	89.95
上涨	Dec. 21, '20	66.75
下跌	May 5, '21	80.03
上涨	June 20, '21	64.90
下跌	Aug. 2, '21	69.95
上涨	Aug. 24, '21	68.90
下跌	Sept. 10, '21	71.92
上涨	Oct. 17, '21	69.46
下跌	Dec. 15, '21	81.50
上涨	Jan. 10, '22	78.59
下跌	May 29, '22	96.41
上涨	June 12, '22	90.73
下跌	Sept. 11, '22	102.05
上涨	Sept. 30, '22	96.30
下跌	Oct. 14, '22	103.43
上涨	Nov. 27, '22	92.03
下跌	Mch. 20, '23	105.88
上涨	May 21, '23	92.77
下跌	May 29, '23	97.66
上涨	July 31, '23	86.91
下跌	Aug. 29, '23	93.70
上涨	Oct. 27, '23	85.76
下跌	Feb. 6, '24	101.81
上涨	Aug. 20, '24	105.57
下跌	Oct. 14, '24	99.18
上涨	Mch. 30, '25	115.00
下跌	Mch. 30, '26	123.60
上涨	Feb. 13, '26	162.08
下跌	Aug. 14, '26	135.20
上涨	Oct. 19, '26	166.64
下跌	May 31, '27	145.66
上涨	Oct. 3, '27	172.96
下跌	Oct. 22, '27	165.73
上涨	Jan. 3, '28	199.78
下跌	Feb. 20, '28	179.78
上涨	June 2, '28	203.35
下跌	June 18, '28	201.96
上涨	Sept. 7, '28	241.72
下跌	Sept. 27, '28	236.87
上涨	Nov. 28, '28	295.62
下跌	Dec. 8, '28	257.33
上涨	Feb. 5, '29	322.06
下跌	Mch. 25, '29	297.50
上涨	May 4, '29	327.08
下跌	May 27, '29	293.42
上涨	Sept. 3, '29	381.17
下跌	Nov. 13, '29	198.69
上涨	Apr. 17, '30	294.07
下跌	June 24, '30	211.84
上涨	Sept. 10, '30	245.09
下跌	Dec. 16, '30	157.51
上涨	Feb. 24, '31	194.86
下跌	June 2, '31	121.70
上涨	June 27, '31	156.93
下跌	Oct. 5, '31	86.48
上涨	Nov. 9, '31	116.79

注：12~20支股票的平均价格指数变化调整，降低了工业平均价格指数。

表 2　牛市：道琼斯工业指数

主要波动				次级波动			指数变化百分比
起始日期	截止日期	天数	变化点数	完成日期	天数	回应点数	
Apr. 19 97	Sept. 10 97	144	17.33	Nov. 8 97	59	10.17	58.6
Nov. 8 97	Feb. 5 98	89	4.58	Mch. 25 98	48	8.23	179.5
Mch. 25 98	June 2 98	69	11.36	June 15 98	13	2.49	21.9
June. 15 98	Aug. 26 98	72	10.10	Oct. 19 98	54	9.41	93.2
Oct. 19 98	Apr. 25 99	188	25.72	May 31 99	36	9.77	38.0
May 31 99	Sept. 5 99	97	10.10				
Sept. 24 00	Nov. 20 00	57	16.11	Dce. 8 00	18	5.09	31.5
Dec. 8 00	Dec. 27 00	19	7.06	Jan. 19 01	23	6.27	88.8
Jan. 19 01	May 1 01	102	11.16	May 9 01	8	8.56	76.5
May 9 01	June 17 01	89	10.88				
Oct. 15 03	June 27 04	104	8.25	Mch. 12 04	44	4.09	49.6
Mch. 12 04	Dec. 5 04	268	26.82	Dec. 12 04	7	7.46	27.8
Dec. 12 04	Apr. 14 05	123	17.98	May 22 05	38	12.38	69.0
May 22 05	Jan. 19 06	242	31.63				
Nov. 22 07	Jan. 14 08	53	12.76	Feb. 10 08	27	7.04	55.4
Feb. 10 08	May 18 08	97	16.32	June 23 08	36	3.42	20.9
June 23 08	Aug. 10 08	48	13.70	Sept. 22 08	43	8.33	60.8
Sept. 22 08	Nov. 13 08	52	11.31	Feb. 23 09	102	8.47	74.9
Feb. 23 09	Aug. 14 09	172	19.35				
Sept. 25 11	Apr. 26 12	213	17.99	July 12 12	77	2.96	16.5
July 12 12	Sept. 30 12	80	6.18				
Dec. 24 14	Jan. 23 15	30	5.35	Feb. 24 15	32	4.30	80.4
Feb. 24 15	Apr. 30 15	65	17.56	May 14. 15	14	11.40	64.9
May 14 15	Oct. 22 15	161	36.08	Apr. 22 16	182	11.50	31.8
Apr. 22 16	Nov. 21 16	213	25.19				
Dec. 19 17	Feb. 19 18	62	16.13	Apr. 11 18	51	6.50	40.3
Apr. 11 18	May 15 18	34	8.46	June 1 18	17	6.11	72.3
June 1 18	Sept. 3 18	94	5.91	Spet. 11 18	8	3.38	57.2
Sept. 11 18	Oct. 18 18	37	8.61	Feb. 8 19	113	9.92	115.1
Feb. 8 19	July 14 19	156	33.08	Aug. 20 19	37	13.77	41.6
Aug. 20 19	Nov. 3 19	75	21.16				
Aug. 24 21	Sept. 10 21	17	8.02	Oct. 17 21	37	2.46	30.7
Oct. 17 21	Dec. 15 21	59	12.04	Jan. 10 22	26	2.91	24.2
Jan. 10 22	May 29 22	139	17.82	June 12 22	14	5.68	31.8
June 12 22	Sept. 11 22	91	11.32	Sept. 30 22	19	5.75	50.7
Srpt. 30 22	Oct. 14 22	14	7.13	Nov. 27 22	44	11.40	160.0
Nov. 27 22	Mch. 20 23	113	13.35				
Oct. 27 23	Feb. 6 24	102	15.55	May 20 24	103	12.98	83.4
May 20 24	Aug. 20 24	92	17.24	Oct. 14 24	55	6.39	37.1
Oct. 14 24	Jan. 22 25	100	24.42	Mch. 30 25	67	8.60	35.2
Mch. 25 25	Feb. 13 26	320	47.08	Mch. 30 26	45	26.88	56.3
Mch. 30 26	Aug. 14 26	137	31.44	Oct. 19 26	66	20.98	66.6
Oct. 19 26	May 31 27	224	27.30	June 27 27	27	7.23	26.4
Jan. 27 27	Oct. 3 27	98	34.05	Oct. 22 27	19	20.00	58.6
Oct. 22 27	Jan. 3 28	73	23.57	Feb. 20 28	48	12.02	51.2
Feb. 20 28	June 2 28	102	29.63	June 18 28	16	19.00	64.1
June 18 28	Sept. 7 28	81	39.76	Sept. 27 28	20	4.85	12.4
Sept. 27 28	Nov. 28 28	62	58.75	Dec. 8 28	10	38.29	65.4
Dec. 8 28	Feb. 5 29	59	64.73	Mch. 25 29	48	24.56	37.9
Mch. 25 29	May 4 29	40	29.58	May 27 29	23	33.66	114.0
May 27 29	Sept. 3 29	99	87.75				

表3　熊市：道琼斯工业指数

	主要波动				次级波动		
起始日期	截止日期	天数	变化点数	完成日期	天数	回应点数	指数变化百分比
Sept. 5 99	Dec. 18 99	104	19.34	Feb. 5 00	49	10.09	51.7
Feb. 5 00	June 23 00	138	14.68	Aug. 15 00	53	5.22	35.6
Aug. 15 00	Sept. 24 00	40	5.94				
June 17 01	Aug. 6 01	50	9.21	Aug. 26 01	20	4.78	51.9
Aug. 26 01	Dec. 12. 01	108	12.22	Apr. 24 02	183	6.83	55.9
Apr. 24 02	Dec. 15 02	235	8.77	Feb. 16 03	63	8.13	92.7
Feb. 16 03	Aug. 8 03	173	20.32	Aug. 17 03	9	6.50	31.5
Aug. 17 03	Oct. 15 03	59	11.63				
Jan. 19 06	July13 06	175	17.82	Oct. 9 06	88	11.57	64.9
Oct. 9 06	Mch. 25 07	167	21.36	May3 07	39	9.63	45.2
May 3. 07	Aug. 21 07	110	15.77	Sept. 6 07	16	4.64	29.5
Sept. 6 07	Nov. 22 07	77	20.81				
Aug. 14 09	Nov. 29 09	107	3.37	Dect. 29 09	30	3.39	100.6
Dec. 29 09	Feb. 10 10	41	14.25	Mch. 8 10	28	9.53	66.9
Mch. 8 10	July 26 10	140	20.94	Oct. 18 10	84	12.40	58.5
Oct. 18 10	Dec. 6 10	49	6.34	June 19 11	195	7.38	116.5
June19 11	Sept. 25 11	98	14.12				
Sept. 30 12	Mch. 20 13	171	15.90	Apr. 4 13	15	4.94	31.1
Apr. 4 13	June 11. 13	68	11.08	Feb. 3 14	237	11.08	100.0
* Feb. 3 14	Dec. 24 14	324	10.80				
Nov. 21 16	Feb. 2 17	73	23.14	June 9 17	127	12.07	52.2
June 19 17	Dec. 19 17	135	33.13				
Nov. 3 19	Nov. 29 19	26	16.02	Jan. 3 20	35	6.28	39.2
Jan. 3 20	Feb. 25 20	53	19.90	Apr. 8 20	42	15.67	78.7
Apr. 8 20	May 19 20	41	18.29	July8 20	50	7.15	39.1
July 8 20	Aug. 10 20	33	11.31	Sept. 17 20	38	6.75	59.6
Sept. 17 20	Dec. 21 20	95	23.20	May 5 21	135	13.28	56.6
May 5 21	June 20 21	46	15.13	Aug. 2. 21	43	5.05	33.4
Aug. 2 21	Aug. 24 21	22	6.05				
Mch. 20 23	May 21 23	62	12.61	May 29 23	8	4.89	38.8
May 29 23	July 31 23	63	10.75	Aug. 29 23	29	6.79	63.2
Aug. 29 23	Oct. 27 23	59	7.94				
Sept. 3 29	Nov. 13 29	71	182.48	Apr. 17 30	155	95.38	52.3
Apr. 17 30	June 24 30	68	82.23	Sept. 10 30	78	33.25	40.4
Sept. 10 30	Dec. 16 30	97	87.58	Feb. 24 31	70	36.85	42.1
Feb. 24 31	June 2 31	98	72.66	June 27 31	25	35.23	48.5
June 27 31	Oct. 5 31	100	70.45	Nov. 9 31	35	30.31	43.0
Nov. 9 31	Jan. 5 32	57	45.55				

注：* 12～20 支股票的平均指数变化调整，降低了工业平均指数 19.84 点。

67

第 11 章

日间波动

仅根据一天的平均价格指数运动来进行推论，几乎都会得出误导性的结论。只有在市场形成了"线态窄幅盘整"时，推论才会存在一些价值。不管怎样，大家都应该记录并研究平均价格指数的每日走势，因为一系列的日间运动走势图最终通常都会发展为具有预测价值又易于识别的形态。

只看某一天的平均价格指数和成交量的意义不大，但是那一天的价格并不能被忽略，因为只有在日间波动本身形成具有特定的预测价值形态时，才能研究并理解价格结构的整体形态。一段钢材虽不能搭建起整座桥，但是每位工程师都知道它确实是完整的结构中必不可少的一部分。

当"线态窄幅盘整"形成相当长一段时间时，日间波动就变得意义重大了，或许这与道氏理论应用有直接的关系，但是我们在后面的篇章中会有详细的论述。除这种情况外，从日间波动中推断出来的结论，几乎都具有误导性。交易者尝试用这种方法得出结论，只能靠猜测，这并非恰当地应用道氏理论，尽管人们通常都会把失败的原因归咎于道氏理论。汉密尔顿频繁声称，"股票市场的日间波动并没有逻辑。"（1929 年 7 月 29 日）然而，有许多人仍坚持使用日间波动，他们或许从汉密尔顿的笔下得到了一些鼓励，"市场的日间波动偶尔会相当有用。"（1910 年 8 月 30 日）尽管如此，他还是告诉了我们道氏理论大体上忽略了一天的价格波动。

专业解析

第 6 章到第 11 章这六个章节的内容有时也被其研究者称为道氏理论的"五个定理"，其核心观点的确成为之后发展出来的各种技术分析理论的基础。

无论是在股票市场，还是外汇、期货等其他投资市场，我们普遍认为趋势可以分为三类：长期主要趋势、持续时间较短的震荡调整趋势以及几乎不用考虑的每日趋势。

首先，道氏理论讨论了三种趋势：可以持续数年的主要趋势；持续三个星期或数月、具有欺骗性的次级修正走势；最不重要的走势——平均价格指数的日间波动。很多人喜欢用道氏理论来判断即日走势，或用来做中短线，这明显有问题。事实上，中短期投资与其用道氏理论，不如用波浪理论更为可靠。读雷亚的这本《道氏理论》，你会发现貌似投资者只能用该理论做长线或超长线，一年中仅需几次交易就够了。如果非要用道氏理论做短线，那就必须要结合其他工具。投资者要明确道氏理论的适用范围，了解其局限性，这一点很容易被忽视，但恰恰是最重要的。

其次，关注一年以内或数年的主要走势。道氏理论最核心的知识就是用来判断主要走势的。如果依据道氏理论投资，做主要趋势应该是投资者首先考虑的目标，其次才是中期走势。做短期走势不建议参考道氏理论。因此严格按道氏理论交易，恐怕在我国投资市场中你将会成为少数人。

最后，判断折返走势是短期回调还是次级回调，要参考它的回调幅度。次级折返走势是一种重要的中期走势，它是逆于主要趋势的重大折返走势。在基本运动产生初期把它诊断出来是可能的，然而次级运动却永远不可捉摸。如果说判断基本牛市或熊市的转折点是困难的，那么判断次级运动的终点则更加困难，这也是应用道氏理论最微妙最困难的一环。能在次级运动中获利的投资者，不是经验老到的场内交易者，就是幸运儿。这里不建议投资新手参与次级运动。

第 12 章

两种平均价格指数必须相互确认

投资者始终要将铁路与工业股票平均价指数的运动一并考虑，只有在一种平均价格指数被另一种确认后，才可以得出可靠的结论。基于一种平均指数波动得出的结论，如果没有被另一种平均指数确认过，那么这样的结论肯定会对投资者产生误导。

道氏理论最有用的部分，甚至一天都不能忘记的部分就是，只有当两种平均价格指数得到相互确认后才有考虑它的价值。许多声称自己理解道氏理论的人，在交易工业股票时，却只考虑工业股票的平均价格指数。有些新手只标出一种平均价格指数，就宣称自己可以正确解读价格运动。有时候，这样做确实可以得出正确的结论，但是经过长时间检验后，这种程序无可避免地会造成灾难。

有些学者认为，公用事业平均价格指数应该比铁路平均价格指数更有意义，原因是前者的股票交易更加活跃。我们在此并不想就这一话题进行讨论，但是这一问题可能会不断被问到——为什么不用铜矿平均价格指数，或者一组汽车股票平均价格指数？对于那些认为应该用公用事业平均价格指数的人来说，最好的答案就是，经过试验证明，运用工业股票和公用事业股票平均价格指数分析相关运动时，道氏理论起不到有效的作用①。道氏理论是专门论述铁路股票及工业股票平均价格指数运动的理论，并且其他任何方法都不是汉密尔顿所论述的道氏理论。

要想理解道氏理论没有尽力说明两种平均价格指数必须得到相互确认的原因非常难。理论基于观察，也就是说两种平均价格指数的运动如果之后被证明是真实的，那么它们就一定被相互确认过。当汉密尔顿撰写他的著作《股市晴雨表》时，他也忽略了解释为什么铁路股票的平均价格指数必须与工业股票平均价格指数相互确认。既然如此，我就冒昧地以简单的逻辑推理，做出以下说明。

让我们来思考以下经济增长的循环。在一段萧条时期后，工厂仍处于停摆状态，失业与艰苦随处可见。尽管商品库存量非常低，购买力也不断下降；但是人们仍旧得吃饭穿衣，而且有更多的孩子出生，机器在慢慢地生锈，劳动成本被极大地削减。最终，这一天到来了，当钢铁公司的销售经理回顾业务报告时发现，尽管目前没有订单，但是建造桥梁和住房，这所有的一切都需要钢铁，所以要为将来的市场需要做出一些考虑。销售经理向总裁报告并且谈论到目前的状况。总裁接着就问生产主管如果经济复苏，工厂需要多长时间重新运转。生产主管坚称只有在经济发展前，更换高炉才能使工厂恢复运作。总裁立即向董事会提出申请，要求重置高炉并开始修复工作。砖、石灰和沙子通过铁路被运送到工厂，而且工厂开始雇用工人更换高炉。铁路公司的运输经理告诉其总经理这次向钢铁公司的运输安排，并且建议他，如果钢铁公司开始投入

---

① 一个不使用公共事业平均价格指数的实际原因，是在公共事业领域，各个领先的公司间存在着连锁关系，使得整个平均价格指数会受到一两支股票的直接影响。

资金，那么就代表经济形势开始有所好转。铁路总经理接着就和生产主管讨论目前的情况。他们决定检修矿石运输车，为把矿石运往高炉做准备，这也就意味着需要购买更多涂料并雇用更多工人。修复高炉和矿石运输车增加了工人的工资，这些人就有了一些购买力可以置办鞋子一类的生活用品，不过此时零售商的存货就快被耗尽了。这意味着什么呢？以皮鞋为例，商店从工厂订购一批新鞋，工厂就需要更多的皮革和制革工人，以此类推，对兽皮的需求也会增大。接下来，建造桥梁和住房就需要购买钢铁，结果高炉点火，矿石开始运输。或许类似的进展在其他经济产业中也在发生。

现在钢铁公司除了因为一些宣布生产好转的公告而引起了小范围的公众关注外，实质上并没有赚到什么钱。或许是因为订单过小，即使以吨位来填写的报告，这单也可以忽略不计。尽管如此，铁路公司已经因为运输砖头和矿石而赚了钱，所以增加的生产活动会立即被反映到装车数和铁路收入上。如果这条思路听起来合理的话，那么从逻辑上讲，铁路股票如果没在工业股票变化之前变化，那么也应该随着工业股票变化而变化。购买的原材料必须依靠运输业才能被运送到工厂，尽管不同的运输形式间的竞争十分激烈，但是铁路还是占很大的优势。

要想有效地应用道氏理论，就必须完全理解两种平均价格指数需要得到相互确认的必要性。由于这点极其重要，所以我们最好引用汉密尔顿针对这一话题做出的论述，即使这会使文章变得繁冗，也是非常有必要的。下面就是从汉密尔顿多年的社论中摘取的一些片段。

"……道氏理论……规定两种平均价格指数之间必须相互确认。这在主要运动的初期市场发生，但是当市场转向次级运动时，却不会如此了。这是由于股市晴雨表一贯保守，就像其宣扬的那样谨慎好过张扬。"
（1926年4月6日）

"工业股票的次级运动（与铁路股票分离）似乎会比铁路股票运动的次级运动更加剧烈，或许铁路股票更能体现次级运动的特点。而且很明显，20支活跃的铁路股票和20支活跃的工业股票一起运动，步调一定不会一致，即使在主要运动中也是如此。"（《股市晴雨表》）

"查尔斯·道总是忽略一种平均价格指数与另一种相互确认的运动，自他辞世后，市场经验已经证明，两种平均价格指数相互确认是检验理论的明智之举。他的理论是关于次级运动的下跌趋势，当两种平均价格指数的新低点在前期次级运动的低点以下时，或许最终就会建立起主要运动。"（1928年6月25日）

"操纵两种平均价格指数并非易事，并且一种平均价格指数在没被另一种价格指数确认以前，基本上是被忽略的。"（1928年7月30日）

"有一点结论是十分明确的，那就是在一次运动中，如果平均价格指数没有相互确认，那么经济前景就仍不确定……"（1924年5月24日）

"在基于道氏理论的平均价格指数运动的讨论中，已经反复强调过，单依据一种平均价格指数得出的结论，尽管也意义重大，但是很容易被误导；两种平均价格指数相互确认后得出的结论，通常具有高度的预测价值。"

"所以两周前，当铁路平均价格指数独创新高的时候，可以说这是一个牛市到来的强有力的信号，如果这时工业平均价格指数也随之有相似的上升走势，那就更加可以确定上升趋势将继续。"（1922年7月24日）

"……平均价格指数在相互不能确认的时候，其指示总会给人以假象。"（1922 年 11 月 3 日）

"阅读平均价格指数有一条消极却十分保险的规则。那就是两种平均价格指数若只判断其中的一个指示，还不如不判断。另一种平均价格指数必须与其相互确认。"（1928 年 7 月 27 日）

"两种平均价格指数必须相互确认一直是可靠的经验，这也是为什么选择了 20 支不同的股票，而不是选择 40 支同组股票的原因。"（1925 年 5 月 25 日）

"一种平均价格指数创造出一个新低点或者一个新高点，却没被另一种平均价格指数确认，这几乎是假象。原因并不难猜，一组有价证券的表现影响着另一组有价证券；当铁路股票被抛售完毕，如果市面上仍供应着大量的工业股票，那么就不能使所有的股票价格都上涨。"（1913 年 6 月 4 日）

"这些独立的运动，根据之前的经验，通常都是假象，但是当两种平均价格指数一起上升或下降时，对市场一致运动的指示就相当准确了。"（1913 年 9 月 8 日）

"……当一种平均价格指数单独打破以前的低点，或当一种平均价格指数的短期波动创出新高，而没有得到另一种平均价格指数的支持时，所得出的结论大多不可靠。"（1915 年 2 月 10 日）

"……从一种平均价格指数中得出的结论，若没有得到另一种平均价格指数的确认，有时会给投资者造成误导，所以应该时时注意……"（1925 年 6 月 26 日）

"值得再一次强调的是两种平均价格指数的运动除非同步，否则这一运动就是具有欺骗性的。"（1915年6月9日）

"在对于价格运动的研究中，根据道氏理论……不断发现，20支铁路股票和20支工业股票的平均价格指数必须得到相互确认，这样才可以给出权威的预测。"（1922年7月8日）

"确实可以这样说，如果一种平均价格指数创造出新高或者新低，却没被另一种平均价格指数确认的话，结论往往就有极大的误导性。从两种平均价格指数被建立开始，在每一个主要运动发生之前，它们总是会同时出现新高或新低。"（1921年5月10日）

"当工业股票和铁路股票差不多在同一时间创造出一个新的高度时，市场信号总是会更强烈一些……"（1919年7月16日）

"当一组股票突破线态窄幅盘整，而另一组没有突破的时候，常常会发出误导的信号。然而，如果两种平均价格指数同步完成，那么大量的经验都表明，这对市场具有指示作用。"（1914年4月16日）

"承认一种平均价格指数，却没有得到另一种平均价格指数的确认，是最容易犯的错误之一。"（《股市晴雨表》）

"经验表明，主要运动的低点或高点，绝对没有必要由两种平均价格指数在同一天创造出顶部或底部。假如两种平均价格指数已经相互确认，那么我们就可以假定市场已经发生转变，即使随后一种平均价格指数创造了一个新高或者新低，而没有得到另一种平均价格指数的确认，也无妨。两种平均价格指数之前创造出的低点或高点，或许已经很好地展现出市场的转变了。"（《股市晴雨表》）

"这个例子可以强调一个事实，两种平均价格指数在力度上可能会有所不同，但是在方向上却不会有本质上的差别，特别是在主要运动中。两种平均价格指数在这些年中被证明是完全可靠的。这不仅适用于主要运动，而且对次级运动及反弹也是如此。不过，这条规律对日间波动并不适用，而且应用到个股中，也许会出现严重的误导。"（《股市晴雨表》）

研究平均价格指数的学者们会发现，经过一段时间的间隔，铁路和工业平均价格指数会停止相互确认。这是由于美国参战后，铁路由联邦政府操控，有了固定收益。这种情况减少了人们在铁路股票上的投机活动，因为有了固定收益，它的波动就与债券一样了。出于这个原因，学者们在研究平均价格指数时会发现，把这段时期排除在外是极其明智的。

专业解析

　　两种平均价格指数必须互相确认是一个非常重要的原则，也是道氏理论中最有争议、最难以统一的地方，然而这一条原则的确经受住了时间的考验。任何仔细研究过市场记录的人都不会忽视这一原则所起到的作用；而那些在实际操作中将这一原则弃之不顾的交易者总是要后悔的。

　　对于现在的交易者来说，这条原则可能是最有用的，因为它意味着，切不可只依据一种指数单独发出的信号就采取行动。我国股市并没有铁路和工业平均价格指数这两种指数，那么道氏理论的指数互相验证理论在我国股市要如何应用呢？例如，一些经验老到的投资者会把上证指数和中小板指数叠加在一起看，当观察到两者之间出现背离时，就一定会对未来走势提高警惕。

第 13 章

判断趋势

连续的价格回升超过前期的高点，伴随接下来的下跌能在前期低点上结束，这就是牛市的信号；反之，如果价格的回升没能超越前期的高点，并且随后下跌的低点比先前的低点更低，那么这就是熊市。这样的推论十分有助于评估次级运动，也是预测市场主要运动恢复、继续或变化的重中之重。为了便于讨论，价格的恢复或下跌被定义为：一个或多个交易日导致任意一种平均价格指数超过3%的净逆转。这类运动，只有在两种平均价格指数互相确认下，才有权威。不过，这一确认不必非要在同一天发生。

汉密尔顿对牛市中次级运动所具有的意义曾做出如下的解释："……在对平均价格指数的解读中，有一条规则通过了良好的检验，只要次级运动出现反弹，两种平均价格指数创出新高，不必在同一天，或者甚至不在同一周，只要二者互相确认，就可以判断主要上涨运动还将继续。"（1921 年 12 月 30 日）

大家永远都要记住，一种平均价格指数创造出新高或新低，却没有被另一种平均价格指数确认的话，都是具有欺骗性的。这样的运动有时也会被证明意义重大，但是常常只是表明一些次要的变化。

互相确认过的新高和新低，它们所具有的权威有效，这一效力会一直持续到被之后明确确认的行为所抵销为止。比如说，如果牛市中创造出新高，那么就可依此做出牛市会持续相当长一段时间的预测。此外，如果一种平均价格指数之后发生了调整，回调到之前高点以下，甚至低于前期的低点，却没有得到另一种平均价格指数的确认，那么我们就可以推断，前期牛市的信号依然有效。汉密尔顿就此问题做出了如下解释："股市晴雨表并不会针对每时每日的变化给出指示；根据查尔斯·道的理论，这一信号将会持续到被另一种平均价格指数抵销为止，或以其他的方式增强。例如，当工业平均价格指数确认了铁路平均价格指数，或者反之亦然。"（1929 年 9 月 23 日）

如果牛市在剧烈的次级运动后，不能在一个合理的时间内创造新高，且还进一步猛烈地下跌，跌落到前期次级运动的低点以下，这样就可以比较肯定地假设主要趋势已经从牛市变为熊市了。相反，当一段时间的下跌使两种平均价格指数在熊市中创造出新低点时，重大的次级运动就已经发生了，而且下一阶段的下跌不能使两种中任意一种平均价格指数创造新低，而接下来的反弹能使两种平均价格指数都在上次重大反弹的高点之上，或许就可以推断主要趋势已经从熊市向牛市转变了。检验过去 35 年的平均价格指数走势图，我们就会发现这条规则还是包含一些例外的。

许多交易者尝试将这条规则应用到规模较小的反应中，却忘了正常的次级运动通常会持续 3 ~ 12 周时间，并且从上次发生的重大次级运动起，波动幅度往往是主要运动波动幅度的 1/3 ~ 2/3。投资者要想完全掌握小的反弹和下跌的意义，最好的方法就是根据平均价格指数的全部记录，研究长期走势图。

根据汉密尔顿所述，"查尔斯·道总是忽略两种平均价格指数的运动没有相互确认。不过从他过世后以来，实践经验证明用这种方法来检验平均价格指数的准确性是非常明智的。他的理论是次级运动的下跌运动，或许最终会成为主要趋势，当两种平均价格指数都下跌到前期次级运动的低点以下时，才具有重要意义。"（1928 年 6 月 25 日）

因为解释反弹和下跌的意义总是十分困难，所以恰当地理解价格的上涨和下跌与比较前期相似运动至关重要。这里或许还需要再次重复引用汉密尔顿的论述："如果日间波动的一系列的反弹与下跌，总是会得到铁路平均价格指数和工业平均价格指数互相确认，而且反弹总是高于前期的高点，而下跌也没能跌破近期的低点，那么这就是市场即将上涨的重要信号，但这并不代表牛市一定会到来。"

在牛市中，如果两种平均价格指数的一系列反弹和下跌冲破了前期高点，我们通常可以比较有把握地推论说牛市还会持续相当长的一段时间。反之，连续的上升和下跌都没能突破前期的高点，随后的下跌又跌破了前期的低点，那么这就是市场即将下跌的信号，尽管这并不意味着主要趋势就是熊市。另外，当一系列的回升和下跌突破了熊市价格的最低点，一般合理的推论是价格有变得更低的可能性。当牛市的下跌跌到了上次主要次级运动的最低点以下时，这就可以被假定为主要趋势已经从牛市转变为熊市了；相反，这种方法通常也可以来预测何时熊市转为牛市。

尽管我们偶尔会发现一些例外，也可以承认其合理性，但是这些规则都无法成为击败市场的方法。如果真的可以，市场或许就会快速在世间消失了。

专业解析

只有当反转信号明确显示出来，才意味着一轮趋势的结束。这一原则建立在实践基础上，具有一定的可行性。

对于急躁的交易者，这无疑是一种警告，告诫交易者不要过快或过于频繁地改变立场。当然这并不是说当趋势改变的信号已出现时还要做不必要的拖延，而是说明了一种经验，那就是与那些过早买入或卖出的交易者相比，机会永远留在懂得忍耐和等待的人身边，这些人只有等到自己有足够的把握时才会采取行动。不存在永远上涨的牛市，也不存在跌无止境的熊市，当一轮新的基本趋势首先被各种指数的变化表现出来时，不论近期有任何回调或反弹，其持续发展的可能性都很大。但随着这一轮基本趋势的发展，其继续延伸的可能性就越来越小了。

第 14 章

线态窄幅盘整

所谓线态窄幅盘整，是指一个价格运动超过两三周，甚至更长的时间。在此期间，两种平均价格指数的价格波动大约在5%的范围内。这样的运动代表市场不是正在吸筹，就是正在派发。如果两种平均价格指数在线态窄幅盘整的限度上同时上涨，则表明市场处于吸筹阶段，并且预示着价格会变得更高；相反，如果在线态窄幅盘整的限度下同时下跌，价格则必定会继续下跌。如果一种平均价格指数还没得到另一种的确认就妄下结论，那么这一结论通常也是不正确的。

道氏理论中关于线态窄幅盘整的部分已被证明是相当可靠的，甚至可以称其为真理，而不是原理了。但是，线态窄幅盘整并不会时常出现以满足大部分交易者，结果是许多人努力看到的线态窄幅盘整，其实并不存在。此外，仍有许多交易者在一种平均价格指数没有被另一种确认的情况下，从中得出线态窄幅盘整的结论——这是一种十分危险的操作。有些人看到线态窄幅盘整的形态，尝试猜测平均价格指数将要突破的方向，不顾他们对平均价格指数运动的判断可能有误这一事实，而抛售手中的股票。"事实上，在线态窄幅盘整形成的过程中，这时候若想判断其实质是买入还是卖出，是世界上最难的事。吸筹和派发同时进行，没人

能断说哪个方面最终影响更大。"（1922 年 5 月 22 日）

有些人坚持尝试用精确的数字解释线态窄幅盘整的持续时间及幅度，但是这难以成功的。价格变动的范围必须与前期投机活动联系在一起考虑，还要与前期波动的剧烈程度进行比较。这就是为什么成功运用道氏理论必须将艺术与科学相结合的原因。任何一位想要尝试用确切数字解释道氏理论的人，就像要切除病人阑尾的外科医生一样，不管病人的年龄、性别、身高和体形，一律在脚背向上 38 英寸，2 英寸深的地方进行切除手术。

汉密尔顿说过，我们总是可以将线态窄幅盘整的突破作为市场方向改变的指示，至少是次级运动的改变，有时甚至可以看出主要趋势的改变。

对于线态整幅盘整的讨论，以下摘录可以较为精确地定义其波动幅度。大家应该记住，以下评论写于多年前，当时的平均价格指数大体还在 100 以下。本章后面引用的汉密尔顿关于线态整幅盘整的评论，有部分是在平均价格指数已远远高于早些年水平时撰写的。

下面是对于线态窄幅盘整这一话题早期的典型评论。

"详细审查平均价格指数就会发现，数周的波动在一定时期是在窄幅波动。例如，工业平均价格指数在 70～74 点波动，铁路平均价格指数在 70～73 点波动。技术上可称其为线态窄幅盘整，经验表明，这代表着市场这段时间在吸筹或抛售。当两种平均价格指数上升到线态整幅盘整的高点以上时，就意味着市场有强烈的上升趋势。这或许代表着熊市中的次级反弹；而在 1921 年，它的出现则意味着牛市将延续到 1922 年。"

"但是如果两种平均价格指数都向下跌破窄幅横盘形态，这明显表明股票市场已经达到了气象学家所说的临界状态。随之产生的下跌行情，可能是牛市的次级回调反应，或者主要下跌运动的开始，就像 1919 年 10 月发生的那样。"（《股市晴雨表》）

几年前，线态窄幅盘整被描述如下，"根据股票市场的多年经验及查尔斯·道的理论对股市运动的检验，学者们已经了解了线态整幅盘整在平均价格指数中的重大意义。为了实现真实的价值，要求也十分严格。工业及铁路平均价格指数应该相互确认，并且有足够长的时间对成交量形成真正的检验。期间的日间波动应在窄幅范围内进行，这样交易量就能被限定在 4 个点以内。只有满足这些条件，才能做出重要的推论。"（1922 年 5 月 8 日）

还有如下的另一种解释，"我们可以发现一些例子比较令人满意，也就是在一段时期内，交易在范围很窄的幅度中波动，也就是我们所谓的线态窄幅盘整——随着时间的推移，其意义也与日俱增，它意味着市场在进行吸筹或派发，且随后的价格运动会显示出市场内的股票是变得稀缺，还是变得无人问津。"（《股市晴雨表》）

1909 年 3 月 7 日，汉密尔顿说过，"3 月 3 日到 3 月 13 日期间的市场波动幅度，不超过 1% 的 3/8。这样拉锯式的运动非常少见，常常是整体市场波动巨大的前兆。"此次，当两种平均价格指数突破线态窄幅盘整的顶端时，市价有了 29% 的上涨。

有时，从波动较小的价格运动中，也可以得到有用的推论，就像汉密尔顿指出的那样，"当股票平均价格只显示出微不足道的波动时，我们

依然可以从市场状况中得出有用的结论。这样的情况的确比较适合那些驻足等待的人们。"（1910年9月20日）

汉密尔顿针对线态窄幅盘整预测值的有效期限，曾做出以下表述："先前的经验告诉我们，在市场顶部的线态窄幅盘整向下突破以后，无论是工业股票还是铁路股票，在我们设想平均价格指数中出现上涨信号前，都需要先到达上一次的高点。"（1911年3月6日）

关于线态窄幅盘整的一个完美的实例是，在1911年5月4日至7月31日期间，当线态窄幅盘整底部被击穿后，随后是猛烈的下跌，这次下跌被证明是熊市的结束。在这个线态窄幅盘整形成时，汉密尔顿这样写道："一段长期的线态窄幅盘整，就像平均价格指数在过去的6个月中所表现出的那样，甚至随着有限的成交量，会有这样一两种信号指示。两种股票中的任意一种，已经成功地在新高点上被成功分配了，或者股票吸筹已经在进行当中，买进的数量如此巨大，足以让人们确信股价一定会上升这一观点的正确性。"（1911年7月14日）

1912年1月17日，在一个线态窄幅盘整形成后，随之产生的是数月来几乎没有间断的上涨。汉密尔顿写道："值得注意的是，这段期间20支活跃的铁路股票的平均价格指数向下没有触及115点，向上没有达到过118点；工业股票价格在同一时期的最高点为82.48点，最低点为79.19点。这样明显的持续状态，被称之为吸筹或派发的线态窄幅盘整，这样的状态建立在我们关于价格运动的讨论发表前的一个星期。像这样的窄幅波动，对于研究平均价格指数比较有经验的投资者来说，其意义重大程度就像市场向任何一个方向的猛烈运动一样。为了股票价格不上涨就积累股票，价格运动产生了长期的停滞，当两种平均价格指数向上突破线态窄幅盘整的界限时，其结果应该很快就会显现出来。请注意，我们这里提到的线态窄幅盘整一词仅在市场分析中使用，并没有严格意义上的'有长度，没幅度'。它的意思是有一定的长度，但是宽幅波动很小——在铁路股票中少于 3 点，且在工业股票中也仅 3 个点多一点而已。"

因为线态窄幅盘整有时令人迷惑，所以汉密尔顿在 1913 年 9 月 8 日写下的评论十分有用，"就两个平均价格指数而言，在将近一个月的时间，价格差不多都在 2 点多一点的幅度内波动。8 月 28 日，工业股票平均价格指数上涨超过了这个线态窄幅盘整，但是铁路股票并未对其进行确认。9 月 3 日，铁路股票平均价格指数突破低端，但是工业股票平均价格指数却保持不变。对于研究平均价格指数的读者来说，这构成了一个平衡，特别是两种平均价格指数现在都很好地保持在原有的波动范围内。两种平均价格指数均向任意一个方向同时运动，特别是向下运动，基于以前的经验，会给以后的运动起到非常重要的指引作用。"（1913 年 9 月 8 日）

汉密尔顿在 1914 年撰写了大量关于线态窄幅盘整的文章。虽然线态窄幅盘整坚持显示股市处于派发状态，但是他还是明显感觉到牛市应该会持续。在随后的几年里，他总是坚称这些线态窄幅盘整代表着德国人在为战争做准备而派发美国证券。下面是汉密尔顿在 1914 年 4 月 16 日撰写的一篇社论，这篇文章十分具有代表性："4 月 14 日前的 70 个交易日里，12 种工业股票的平均价格没有超过 84 点，也没有低于 81 点。在此

日期前的 20 个交易日中，20 支活跃的铁路股票的平均价格也没有高于
106 点或低于 103 点。对照《华尔街日报》的记录，这两种平均价格指数
都在 3 个点的范围内波动，并且它们在 4 月 14 日，同时向下突破了线态
窄幅盘整。"

"根据先前对于平均价格指数的经验，行情下跌的信号如此强烈，以
至于我们可以认为 1912 年 10 月初开始的熊市又将恢复。"

汉密尔顿告诫投资者们单独一个平均价格指数的线态窄幅盘整是没
有预测价值的，他这样写道："通过对平均价格指数的经验可以看出，除
非工业股票和铁路股票同时创造出线态窄幅盘整，否则就应对其持怀疑
态度。"（1916 年 3 月 20 日）

1926 年平均价格指数正处于高位时期，汉密尔顿认识到应该放宽对
线态窄幅盘整界限的范围，并宣称："应该说，鉴于平均价格指数点位比
较高，特别是工业股票的平均价格指数，我们应当放宽线态窄幅盘整的
限定范围，让其有更大的自由空间。"（1926 年 10 月 18 日）

从 1929 年 7 月 1 日汉密尔顿有关价格的文章中可以看出，他把 1929
年春天的市场看做是一个线态窄幅盘整："我们将会明显地看到，激烈且
幅度较大的波动，特别是在工业股票平均价格指数中，目前市场已经进
入了分配股票的时期，这与平均价格指数产生线态窄幅盘整时在较低点
发生的市场运动完全不同。这样的一个线态窄幅盘整可能意味着吸筹，
也可能意味着派发。过去的记录表明，无论是向上突破还是向下突破，
都会对市场有显著的意义。在这些高位上，我们可以预见到市场的派发
期波动于更宽阔的区间内。两种平均价格指数上涨到这个区域之上，可

以清楚地体现出大量的股票不但被派发了出去，并且被有效地吸收了进来。这可能是因为投资者在买入，又或者是那些实力强大的人在融资。"（1929 年 7 月 1 日）

对投资者们来说，查看这一时期的日间价格运动会极其有趣。1929年 9 月，就在牛市后期到达高点之后，那时只有少数的交易者预料到股市的崩盘会震惊整个世界。当铁路和工业股票平均价格指数处于顶峰价格的 10% 以内时，汉密尔顿发现了一个线态窄幅盘整。他在 1929 年 9 月23 日的《巴伦周刊》中写了这点，其中一部分是这样的表述的"尽管道氏理论的原则没有被扰乱，但是由于工业股票平均价格指数高于 300 点，一个更宽广的波动性是可以预期的。在那个时候，平均价格指数可以产生线态窄幅盘整，并且其向上或向下的波动都是几周内处在 3 个点的范围内……但是依据工业股票当前的高点，我们可以较为准确地推测这一区域的吸筹或派发的范围或许更大。"

我认为，研究线态窄幅盘整的宽度与成交量之间的关系，既有趣又有用，或许还可以利用运行中的报价机所提供的数据更好地找到它们之间的联系。股票的总成交量代表着股市的主体力量，力量越大，由此产生的行动和反应也就越大。我们已经注意到线态窄幅盘整的趋势接近了牛市顶峰的线态窄幅盘整，其波动范围会变宽，成交量也会随之增加。相反，线态窄幅盘整在接近底部或在非常沉闷的时期形成时，其线态窄幅盘整的幅度也会相应变窄。

第 15 章

量价关系

一个处于超买状态的市场，就会在上升中表现迟缓，而在下跌中表现活跃；相反，当市场超卖时，下跌的趋势就会变得迟缓，而上升则表现为活跃。牛市通常在过度活跃的时期终止，并且开始相对缓和的交易。

关于市场活动与价格运动的关系这一话题，汉密尔顿的许多论述都自相矛盾。他不断地告诉读者们要忽略除了平均价格指数运动以外的一切事情，并且强调这一运动甚至可以消融过去及评估当下的市场活动。尽管如此，汉密尔顿似乎多年来还是使用着交易量这一指标，特别是他通过判断交易活跃度所做出的结论，看起来都是经过深思熟虑且十分有效的。

尽管读者们可能会产生疑惑，但是这里最好还是引用一下汉密尔顿否认成交量重要性的言论；然后会向大家展示他不断使用成交量这一数据总结他的问题，再得出结论的事实。

下面是关于汉密尔顿反对考虑市场交易量活跃度的文章摘录。

"……可以说，平均价格指数就其本质而言，能够反映一切。市场交易沉闷和不活跃只是一种征兆，就平均价格指数的允许范围来说，与市场活动相同，意外消息、股利分红及其他一切都对市场价格波动有影响。

这是交易量在这些研究中被忽略的原因。在道琼斯公司 25 年间关于平均价格指数运动的记录中，几乎察觉不到交易量与价格趋势之间的关系。"（1913 年 6 月 4 日）

"平均价格指数看起来已经有了将要上涨的趋势，尽管有些读者会争辩称，小额的交易量有损于这类变化的重要性。然而，现在已经明显地呈现出牛市的趋势了。到目前为止，我们还是选择在这些研究中忽略对交易量的考虑，这样做的理由就像其他的考虑因素一样，会在关于大型价格运动的长期讨论中被排除。"（1911 年 4 月 5 日）

1911 年 1 月 5 日，汉密尔顿写道："我们更倾向于在这些研究中忽略交易量及交易特点，并且相信平均价格指数本身就可以公正地考量这些因素，包括事故事件、交易环境、资金市场的态度、投机公众的情绪，甚至是投资需求的特征等。"但就在 1910 年 10 月 18 日，汉密尔顿这样说过："这次上升的一个强有力的特征就是伴随每日价格连续上涨而不断增加的交易量。这样的运动很容易产生一两天显著的巨额放量使交易到达顶峰，但是对于平均价格指数分析，其本质是平均价格指数已经反映了这些因素及其他所有因素。"后面的这一论述是一个很有趣的矛盾说法，虽然汉密尔顿声称平均价格指数反映着市场活动的重大意义，但是同时他的确很明显地受到了交易量的影响。

作者大胆猜想汉密尔顿在如此重大的问题上持有这样态度的原因之一是，他一直没有数据可以研究市场交易量与价格运动之间的关系。根据以下摘自于汉密尔顿 1910 年的社论来看，这种推断似乎还是十分合理的："我们知道同时考虑交易量和平均价格指数的运动是一个很好的论

点，但是这种方法却存在着实际的缺陷。为了给这种比较赋予某些价值，
就需要持续关注25 年间每天的交易量，那么我们或许就会发现平均价格
*指数本身迟早会把这一因素及其他因素都考虑进去。"*① 关于这一点，大
家会在汉密尔顿的《股市晴雨表》中发现一张很有意思的图表，图中包
含每月的价格变化范围和每月的日平均交易量。如果汉密尔顿真认为投
资者们应该忽略交易量，那为什么交易量会出现在他的表格中呢？②

　　当作者筹备本书时，初衷是不偏离汉密尔顿解读的道氏理论，但是
交易量对于熟练掌握预测市场趋势技巧来说，已经被证明了其实用性，
所以这里必须强调，所有学者都应该专心研究成交量与价格运动之间的
关系。提出这一建议的理由是，汉密尔顿偶尔成功地利用市场活动与价
格运动的关系得出过结论。

　　有一次，当牛市接近尾声的时候，汉密尔顿注意到交易量的增加，
并且对这一事实加以评论称市场这样过度的活动并不是在提升价格。他
用自己最喜爱的运动机原理对这一情况进行了比喻说明："经济蒸汽容
量，是每天 100 吨煤，相当于让一艘 2000 吨的蒸汽船达到 12 节的速度。
要达到 13 节的速度，每天大概需要耗煤 130 吨。在风的阻力下，想达到

---

① 指上述斜体字部分。
② 笔者通过日交易量的经验获得了很大的启示，或许能解释为什么汉密尔顿没能将这一因素运
　　用到对平均价格指数的市场分析中。为了个人研究和出版平均价格指数图做准备，需要 35
　　年的完整数据。要想从大型统计机构、报纸，甚至是纽约证券交易所的办公室得到数据，更
　　需要付出极大的努力。可是似乎没有人能掌握每日的数据，这就证明我们需要研究每天的
　　《华尔街日报》，这个方法是获得完整记录最可行的方法。除了日交易总额外，所有信息都
　　可以通过交易量获得；比如，我们可以获得日交易平均量、月交易总额等，但就是日交易总
　　额不行。因为上述平均价格指数图的出版，笔者几乎每周都会收到来自华尔街的统计学家或
　　机构希望得到日成交量数据表的请求。

15 节的速度，每天可能得需要 200 吨煤……当已经达到'经济蒸汽容量'的状态时，至少有些工程师会为了微小地增加速度，而消耗大量的燃料，如一个自然规律一般。"（1909 年 1 月 21 日）

长期观察平均价格指数日间运动图与交易量会发现，在牛市或熊市中，当市场出现新高或新低时，交易量总是有增加的趋势，而且交易量会持续增加，直到显示有类似暂时的次级运动等拐点出现为止。汉密尔顿辨别出这种现象，并且在他 1908 年 7 月 21 日的一篇社论中这样写道："这次跨越前期高点，在股市的牛市波动中意义重大。还有一点也应该注意，就是市场目前的点位与 5 月 18 日的点位比，交易量更加活跃。"

毋庸置疑，汉密尔顿认识到交易量在解读平均价格指数的运动中是十分重要的因素。下面的段落摘自于他的社论，正好可以证明这个结论。

"从这样的市场记录中可以发现，投资者忽略了外部因素，如关税调整、工业条件等，也是一个好信号，那就是交易量正在稳步随着价格上涨而提高。这通常是一个好兆头，因为市场中没有那么多股票可以出售。处于超买的市场很明显地表现出，在小幅反弹时，市场会变得十分沉闷；而在下跌时，市场则变得极其活跃。"（1909 年 3 月 30 日）这部分内容摘自于一篇汉密尔顿对牛市做出精确预测的文章。

1909 年春天，经历了 3 个月的上涨以后，接下来发生了一次次级回调，汉密尔顿在 5 月 21 日写道："正在回调的市场已经变得沉闷，波动幅度也越来越窄。"他认为前面所指的下跌幅度低于 2%，而且交易量显示市场有重新上升的趋势，随后被证明事实的确如此。

在大牛市接近尾声的时候，每个小的回调都可能被看作是熊市的开始。假如发生了一个相当大的下跌，此时成交量会直接下跌 50%。汉密尔顿警告读者们不要因为市场衰退，交易量锐减而卖空股票。他宣称，"交易量减少可能包含多种含义。华尔街中常引用的一句话大体的意思就是绝不要在沉闷的市场中做空。这个建议大部分时候可能都是正确的，但是在较长的熊市中，常常是不正确的。在这样的波动趋势中，市场常常会在反弹时变得沉闷，而在下跌时变得活跃。"①（1909 年 5 月 21 日）

一次，当牛市创造出一组新高点时，汉密尔顿认为这是一次特别有参考意义的运动，因为"周一和周二的时候，市场运动创下了新高纪录。同时，巨大的交易量足以赋予运动重要性。"（1909 年 4 月 22 日）

1910 年 9 月，当许多人呼吁牛市已经开始的时候，汉密尔顿却认为此时只是市场次级反弹运动顶部的转折点。当时，平均价格指数没有显示出弱势，但是下降的交易量使得汉密尔顿写出如下论述，"在目前的熊市中，平均价格指数的价格迅速反弹到 8 月 17 日的水平，但是次级反应或向上波动都已被耗尽，市场运动及交易量的力量都已被蒸发了，我们从此处于毫无希望的市场萧条期。"（1910 年 9 月 20 日）

汉密尔顿还解释专业人士如何以怀疑的态度看待熊市中突然增加的交易量所推动的剧烈反弹，"如果市场在反弹前的很长一段时间里，一直在接近低点处处于沉闷和不活跃的状态，那么专业的交易者们就会更关注目前的反弹。"（1910 年 7 月 29 日）

---

① 在 30 年的预测记录中，汉密尔顿显然会时常给读者一些"忠告"。人们可以想象出他希望展现自己的技巧并由此为大家带来利益，但是他所处位置的尊严却限制了他这样做。他不断地说他的报纸不会贬低身价与"小道报刊"去竞争。

下面的社论给出了一些好建议："在上涨过程中，股票似乎被大量分配出去，但是股市的技术走势显示，这类股票已经被很好地吸收了。市场在小幅回调中变得沉闷，在任何重新开始的上升中变得活跃。任何一位专业人士都知道，这就是买方力量依旧强大的证明。"（1911 年 2 月 6 日）

1911 年，汉密尔顿明确指出市场活动对价格运动的重要性，他这样写道："在对价格运动的研究中，市场的惰性与活跃性有相同的价值，并且常常会对未来的重要变化给出一个更加彻底的指示。"（1911 年 7 月 14 日）

在一次剧烈下跌的两天前，汉密尔顿的一篇文章中出现了以下论述："回调时的交易显示出了停滞的趋势，而且市场只在下跌的时候才变得活跃。对于专业人士来说，这是熊市继续的明确指示。"（1911 年 9 月 19 日）

1921 年熊市的低点分别在 6 月和 8 月产生，汉密尔顿所说的转折与真正的底部只相差 4 个点。在随后的 12 月 30 日，他注意到市场在下跌时变得沉闷，所以对进一步做空的投资者发出不经意地警告："华尔街中有句老话是这样说的，'绝不在沉闷的市场中做空。'熊市中的反弹十分猛烈，但是有经验的交易者会在市场回升后再次变得沉闷时，明智地做空。同理可证，在牛市中也是一样，如果市场回调变得沉闷，交易者们会买入股票。"

我们通过系统研究平均价格指数走势图及每日的交易图表就会发现，牛市中的交易量比熊市中的交易量要大；并且在牛市出现次级回调，价格下跌而成交量减少的时候，我们一般可以很有把握地假设，市场至少暂时处于超卖状态，这常常预示着反弹似乎即将来临。另外，当熊市中发生次级反弹时，市场活动在上升中消失，这时可以很合理地推断说市场处于超买状态；并且如果随后下跌时交易量明显增加，那么进一步的下跌趋势也就近在眼前了。

汉密尔顿从未提及过类似的交易量顶峰，任何研究图表的投资者都可以看出来，次级运动的重要转折点，通常伴有交易量急剧增加的信号。

尽管本章强调了交易量的重要性，但其与工业和铁路股票平均价格指数并非同等重要。工业和铁路股票平均价格指数的走势永远是首要的，而交易量是第二重要的，但是在研究价格运动时，绝不能小看交易量的重要性。

专业解析

交易量跟随趋势，这一点比较难以理解，无论是查尔斯·道、汉密尔顿，还是雷亚以及他们的后人，对这条的解释都不够清晰，毕竟从走势图上看，人们有时会得到相反的结论。

其实我们可以这样理解，如果主要趋势中价格上涨，那么交易活动也会随之活跃。牛市中，当价格上涨时交易量随之增长；熊市中，当价格反弹时，交易量也会增长。所以从某种程度上讲，这一原则也适用于次级折返趋势，尤其是熊市中的次级反弹运动。交易行为可能在短暂弹升中显示出上升趋势，或在短暂回撤中显示出下降趋势。但这一原则存在例外，短期情况具有欺骗性，只有较长一段时间内全方位的交易情况才有助于我们做出有效的判断。

无论是查尔斯·道，还是汉密尔顿，都只是间接讨论过交易量。可以确定的是，道氏理论有关市场趋势的结论是在对价格运动进行最终分析后才产生的。交易量只是提供了一些相关的信息，有助于分析一些令人困惑的市场行情而已。

第 16 章

双重顶和双重底

双重顶和双重底对预测价格运动的价值并不大，并且时常会使人迷惑。

汉密尔顿曾不止一次指出，从双重顶和双重底中得出的结论，意义不大。但是，一件有趣的事是，也不知道是谁最先说服了大众双重顶与双重底是道氏理论不可分割的一部分。如今这一观点竟然成了人们的共识。

每当市场运动接近前期高点或低点时，如果出现了双重顶和双重底，就会冒出许多结论，那么我们一定会读到大量无用的投机评论。这样的评论常常以这样的论述开头，"根据道氏理论，如果工业平均价格指数形成双重顶"，等等。每位研究道氏理论的人都应该知道没有一种恰当的推论是单从一种平均价格指数的运动中得出的，而且两种平均价格指数同时形成双重顶或双重底几乎从未发生过。另外，即使这种情况发生了，或许也只是一个巧合而已。如果细数 35 年来那些重要的次级运动，我们就会发现只有极少的次级运动是以双重顶或双重底作为结束标志的。

当平均价格指数接近前期的高点或低点这一关键时刻时，研究道氏理论的人最好不要去寻找双重顶和双重底来作为趋势可能改变的线索，而是需要记住两种平均价格指数如果没能突破前期高点，就意味着市场会走低；如果没能跌破前期低点，价格紧接着就会走高；如果一种平均价格指数冲破前期高点或低点，但另一种平均价格指数没有确认这一运动，那么从中得出的任何一种推论都会被证明是错误的。顺便提一下，对照年度标准统计有限公司（Annalist and Standard Statistics Company, Inc.）的运动走势图，会发现股票平均价格指数偶尔会在一种平均价格指数中出现双重顶和双重底，却没有明显地显示在另一种平均价格指数中。汉密尔顿曾经在1926年利用过双重顶理论，结果得出了牛市已经结束的错误结论。事实上，他当时太渴望证明自己的观点了，甚至单独使用了工业平均价格指数的双重顶作为理论依据。

许多在熊市末期出现的双重底，实际上并没有什么价值，汉密尔顿显然也没有把这样的现象当成是重要的转折。

看一下第8章的图1，这张图显示了道琼斯平均价格指数的9个熊市结束状态，其中的3个只有一种平均价格指数出现了双重底；还有3个在两种平均价格指数中都出现了双重底；另外3个完全没出现过双重底的信号。

在1899年和1909年，两种平均价格指数都在牛市中形成了双重顶，但是在其他7个牛市顶部，却没有出现这种形态。不过，许多重要的次级运动都是以双重顶或双重底结束。例如，1898年秋天，牛市中的一次大型回调，是以两种平均价格指数的双重底结束的，随后产生了强有力的上升。另外，在1898年的春天和夏天，一组完美的双重顶却给出了错误的引导，市场很快就冲破了高点继续向上，对于基于双重顶而卖空股票的交易者来说，这简直就是一场灾难。1900年初期，工业股票平均价格指数在熊市中出现了双重顶，却没有得到铁路平均价格指数的确认，而随后被证明这是一个重要的次级反弹的结束。在1902年的熊市中，两种平均价格指数均形成了双重底，这让该理论的支持者们将这一现象解读为一种上涨趋势，但是这些底部很快就被突破了，并且发生了一次剧烈的下跌，这次下跌也是记载中最猛烈的下跌之一。

1906 年铁路股票的平均价格指数在高点形成了一组完美的双重顶，随后发生了严重的下跌。1907 年的春天和夏天，在一个次级运动中均出现了双重顶和双重底；虽然顶部没有被突破，但是底部在几周后被一次下跌跌破了，工业股票平均价格指数因此下跌了 30% 之多。1911 年的春天和夏天，两种平均价格指数中都产生了双重顶，随之发生的是工业股票平均价格指数的重大下跌，以及铁路股票平均价格指数的小幅下跌。在第一次世界大战前的熊市中，两种平均价格指数都在市场底部 12% 的波动范围内产生了双重顶。交易者们就此做空的话很可能会导致损失，而谨慎的交易者或许会等到下跌几个点后，才把双重顶看作是卖出股票的明确信号。

平均价格指数有许许多多类似的表现，但是，投资者们仔细分析研究这一问题就会发现，通过双重顶或双重底得出的结论，往往并没有太大帮助，反而有极大的误导性。

1930 年 7 月和 8 月，在规模极大的熊市中，两种平均价格指数都出现了完美的双重底。这股力量对下跌趋势产生了阻力，同时被许多金融领域的评论家抓住，宣布了熊市的结束。不过没过几周，主要的下跌趋势再次恢复，工业平均价格指数在 90 天内损失了 60%。1931 年至 1932 年的冬天，在工业和铁路的平均价格指数中都出现了三重顶，但是没过多久市场又以不确定的方式恢复了下跌趋势。

总而言之，双重顶和双重底的出现十之八九给不出什么重要意义。

第 17 章

论个股

美国大企业所有活跃且发行广泛的股票，一般都会随平均价格指数上涨及下跌。但是，股票种类多种多样，任意一支个股反映出来的情况，都可能会与平均价格指数大相径庭。

价值投资者或许知道某些公司的价值及盈利能力，但是如果他不理解市场趋势，就会变成一位失败的投机者。之所以这样断言，是因为稳定的股票，无论其固有价值或盈利能力如何，通常都会在牛市中上涨，在熊市中下跌。尽管个体状况会导致其股票上涨和下跌的幅度与一些典型个股组合相比，多少会有些不同。

每一位经纪人都清楚他们有多少客户会坚持在熊市中买入股票，这些客户是根据自己的股票红利记录、市盈率及资金实力等因素做出判断的。买入股票以后，持续抛售的压力使股票不断下跌，直到让购买股票的人感到厌倦而售出股票为止。到这个时候，他们已经忘记了自己当初买入股票的原因，转而责怪熊市带给他们损失。但是，这并不是熊市的责任，他们反而应该责怪自己。因为如果他们购买股票的确是基于股票本身的可靠价值的话，那么股票的价格波动并没有消减投资者持有公司权益的份额，这一点无论股票报价如何都不会改变。但是，如果投资者渴望以高效的方式进行投资的话，那么他必须像理解公司负债资产表一样去理解市场的趋势。

有一位失败的投机者，他既不懂资产负债表，也不想弄懂它。此外，他对市场趋势也一无所知，并且十分懒惰去学习这些知识。他之所以买股票，是因为突然发现目前股票的价格比朋友们告诉他的"最佳买入时机"还要低。但是，过了一段时间以后，对这位投机者来说，亏损是无可避免的。

让我们回到最基本的主题，当道琼斯平均价格指数下跌的时候，个股却在上涨，并在持续上涨，这种情况确实极少发生。相反，当平均价格指数上涨的时候，也极少看到任何股票的下跌。任何一个投机方面的新手只要把平均价格指数的日间波动与任意的 12 支股票的价格波动相比较，就能证实这一论述的准确性。

第 18 章

论投机

结婚，就像奔赴战场或给自己的儿子买一张大学文凭一样，都是在冒险。父母把赌注压在自己儿子将来的职业发展与气质修养同样出色上，就像商人根据天气和顾客的购买能力做出判断，从而为秋季的销售活动冒险购入大衣一样。我们会批判这样的冒险吗？不会，因为明智的投机活动是被允许的。具有才能的投机者绝不能同那些在交易所里把自己的交易当做游戏的害虫们相提并论。不务正业的交易者必定会赔钱，这一说法几乎成为了公理。机智的投机者即使没有成功，至少也会把自己的损失限制在可以承受的范围之内。

《巴伦周刊》曾引用过杰西·利弗莫尔的一句话："所有的市场运动都有合理的原因。除非一个人可以神机妙算，否则他成功投机的能力是十分有限的。投机是一种商业行为。它既不是猜测，也不是赌博。它是一份需要做出大量艰苦努力的工作。"

投机既是一门艺术，也是一门科学。其道德性经常受到质疑，但是不管是对是错，投机活动对于任何文明国家的经济发展进程都是必不可少的。没有投机，我们横贯大陆的铁路线就永远无法建成，电力、电话、收音机以及飞机都无法使用。大部分购买过收音机及飞机制造类相关股票的人，都有过亏损的痛苦记忆。但是那些认购了最终倒闭的上市公司的股票的人，都直接或间接地为该产业的进步贡献了一份力量。

即使是暴涨暴跌的投机行为，也有其价值。因为当价格以惊人的速度盘旋飙升的时候，新兴企业就比较容易筹措资金了。辽阔的西部各州得到的开发，在很大程度上就是这种投机活动的结果。汉密尔顿认为投机活动与良好的经济是一脉相承的好兄弟，就像他在以下摘录中说过的："股票投机本身创造着信心，这种信心刺激着总体经济的扩张。这的确是从另一个角度来描述，股票市场是一个晴雨表。股市的运作不是根据当天的新闻运作，而是基于经济世界的综合智慧所做出的预测。近期对整体经济较好的预测是十分积极且可以信赖的。"（1922年5月22日）

投机和赌博的区别很难界定，因为投机需要像赌博那样冒一些风险，就像一些赌博的形式包含投机的因素一样。《韦氏词典》建议，投机就是利用价格涨落，期盼盈利进行买卖；或者为了有机会获得超乎寻常的高额利润，从事有风险的商业交易。这一定义完全适用于股市的保证金交易。在同一本词典中，对于赌博做出了这样的定义：赌博是为了获取金钱或其他赌注而进行的游戏，或者是对某些事情冒险一试的行为。根据这一逻辑严谨的定义，可能使投机者购买100支钢铁股票，然后在成交价格之上的2个点的位置设置止盈点，而在成交价格以下的2个点的位置设置止损点，这也可被看做是一种赌博行为。当然，很多交易者认为这样的交易是赌博，而不是投机。股市中的经纪人在解释两者不同时说，当一个人在赛马中押了一匹马，他下的赌注对马的速度根本产生不了任何影响；因此，当他在纽约证券交易所买入或卖出100支钢铁股票时，不管他是否认为这是一种赌博交易，他买入或卖出的这 100 股肯定会对这支股票产生影响。一场突袭钢铁股票而精心策划的计划，也许就会使钢铁股票收到打压，而这也算是一次成功的投机活动，而不是赌博。我国法律普遍支持投机，谴责赌博。

股市里没有成功投机的万用数学公式，也没有任何固定规则，只要交易者遵循就能在股市盈利赚钱。不过，某些规律和理论，例如道氏理论，的确能为投机者提供帮助。本书的目的就是基于道氏理论概括出一种判断价格运动趋势的方法。投机者必须有无限的耐心和自律去实践，不然道氏理论也难以阻止他在股市中亏损。任何一位交易者在应用道氏理论时，都需要独立思考，并且必须始终根据自己的结论行动，当然还要小心不要让自己的愿望影响判断。有时投资者能在自己的结论上犯一些错误更好，因为这样就可以学到为什么会犯这样的错误，而不是胡乱猜测。独立自主和努力工作是成功投机的基础，但是 20 个人中，也就只有 1 个人会成功。

几乎每本投机方面的书都会教授一些关系到成功的重要原则，所有的这些原则都是经过深思熟虑的，但是往往只有少数杰出的人才能从他人的忠告中受益。奉劝别人不要使用金字塔式交易法有时是毫无用处的，因为也许暴利的诱惑会促使交易者尝试金字塔式交易法，并且只有实际操作后的痛苦经历才能说服他们认识到其中的危险所在。

汉密尔顿相信，在价格上升之后加仓，比在下跌后再买进以平均买入价格要好得多，这是一个值得大家牢记的建议。除非交易者相信一支股票会有上涨趋势否则绝不应该买入这支股票。当然，有些人会在下跌的市场中买入股票，并且放在一边作为永久性的投资。这样的市场操作也是无可非议的。

交易者必须要学习的第一件事是，应该始终严格遵守自己的止损原则。一位年轻的投机者曾向一位交易老手抱怨，投机活动一直困扰着自己，以至于彻夜难眠。这位交易老手给出的建议是："减少你的仓位，直到你可以睡着为止。"

汉密尔顿常说，华尔街上大部分的意见中，正确的很少。假设他这句话是对的，如果市场行情指示交易者做空是一个明智之举，那么了解道氏理论的交易者就应该毫不犹豫地照着去做，无论华尔街中上涨情绪多么高涨，都应如此。有很多次，当华尔街弥漫着上涨情绪的时候，汉密尔顿则评论说这种看涨的情绪太过头；而当大众都认为股市下跌严重的时候，他则会警告读者不必过分看跌，道琼斯平均价格指数告诉大家，市场也许已经处于超卖状态了。汉密尔顿似乎可以通过对道氏理论的理解来衡量股市，并且预测随后的行动，这就像好的医生在检查病人的体温、脉搏和呼吸的记录后，来判断他的恢复情况。

然而，即使最有能力的投机者也会偶尔遭遇一连串的意外，把缜密的计划毁掉。显然，没有一种系统或理论能够预见旧金山大地震，也没有任何一种理论能预测出芝加哥的那场大火。

统计当然很有价值，但是这些统计数字必须从属于平均价格指数可以反映出市场的这一观点，因为那些自称可以指导市场的统计学家们，从没被证实过是真正的预言家。马克·吐温好像曾说过："谎言、该死的谎言，还有统计数字。"

任何一位想一直待在市场里的人，几乎注定会赔钱。很多时候，甚至一些经验丰富的交易者也会疑惑接下来会发生什么。一条很好的股市名言是这样说的："如果你心存疑惑，就什么也不要做。"另外，如果一位交易者在判断市场趋势时犯了一个很严重的错误，并且已经意识到自己遭受了重大的损失，那么他就应该彻底从市场中抽离，暂时留在场外，直到恢复理智。

恐怕只有场内交易员才能在每个市场不断的上升和下跌中，进行成功地投机。尤其在次级运动中，这样的交易者占据着绝对优势。利用这些转折是他分内的事。早在华尔街上的交易者看到市场变化的很久以前，场内交易者就已经可以评估市场状态，并感受市场情绪的细微变化了。汉密尔顿常评论说："从长期角度出发，投机就像其他事情一样，专业人士总是比业余人士更常盈利。"

无论是在纽约，还是在西部，投机者在阅读市场报价时，有时可以意识到交易所内似乎正在对市场进行情绪测试。在这个时候，应该注意，一些权重股会被推高，稍后则会遭受打压。场外交易者并不能理解这项测试的结果，但是创造这项测试的人们可以知道公众是否会在股票上升的时候买进，或股票下跌的时候卖出。用这样的测试方法，专业人员就能判断市场在特定的时间是否有上涨或下跌的空间。

交易佣金、交易税、少于 100 股的交易罚金以及差价等，这些费用加在一起，就已经使那些沉溺于"快进快出"的交易者们很难有盈利的机会了，但是许多人都有充足资金、勇气和警觉性，再加上他们有能力通过对市场趋势及资产负债表进行不断的研究以掌握第一手资料，这样就可以战胜那些不利因素①。几乎没有交易者会不辞辛劳地计算投机微乎其微的盈利概率。唯一可以战胜这些不利因素的方法就是，理解市场趋势及其价值，并且遵循汉密尔顿的建议：交易者们应该学会快速承担损失并赢得利益。他相信和其他单一因素比起来，固执己见是造成损失的主要原因。

回溯到 1901 年，查尔斯·道在撰写一篇关于投机的文章中说道："如果人们拥有大额或小额的资金，应该尝试通过股票交易获得每年 12%的资本收益，而不是每周 50%，这样出来的结果会比长远结果要好得多。每个人都知道这一点对个体经营来说非常合适，但是精明谨慎经验店铺、工厂或不动产的人，似乎在交易股票的方法上有完全不同的见解。事实其实并非如此。"

没人能对一个明显的事实给出令人满意的解释，那就是许多成功的商人、制造商或酒店拥有者冒着资产流失的风险，在自己一无所知的股票上投机。这些人几乎都认为股票交易根本就不需要掌握任何知识，也不需要研究。虽然他们拓展自己的生意时，在没有详细讨论各种后果前，绝对不会冒任何风险进行大规模的投资；尽管他们也接受一些咨询服务机构的建议，但还是更加依赖小道消息。但是，如果对咨询服务机构的人提供服务的能力以及其对过去多年市场预测的准确度进行一番彻底的调查，你会发现真正听从他们意见的人寥寥无几。很显然，如果咨询服务机构所给出的建议真的像他们所说的那么好的话，他们还不如自己直

---

① 1932 年投票通过的"增加联邦和纽约州股票买卖交易税收法案"，很大程度上增加了交易者们在税收上的不利条件。

接在市场中进行大量投资更好。

那些在市场中倒下的投机者，通常没有像对待自己的生意那样，花费相等的时间去研究投机的知识。这些人很少会承认自己的无知导致了自己的损失。他们更愿意将损失归罪于"华尔街"和"熊市"以一些神秘的方式欺骗了他们。这些人没有认识到成功的投机活动比任何事情都更加要求人们具备勤奋、才智、耐心和纪律性。

如果业余交易者能了解专业人士所能达到的实际战绩，那么他们可能会少损失一些钱。一个合理的假设是，一个场内交易员以 1 百万美元作为资本投机，经过若干年后，每年净赚 20% 算是正常。事实上是否有许多人可以做得这么好，实在令人怀疑。但是有的人只是以 2500 美元作为资本交易，却不满意于这样的增长。他冒险进入了一个他一无所知的游戏，且自信地期待更好的结果。许多投机行家——那些在华尔街中积累了大量财富的人——认为经过几年的时间，12% 是比较合理的增长。以这样的增长率增长，资金会在未来的 6 年内翻倍。然而，对于肤浅的业余选手来说，即使经过很长的一段时间，他们对这样的战绩也是望尘莫及。

第 19 章

股市哲学

汉密尔顿有一个诀窍，可以用多年对华尔街股市交易的观察所积累的市场智慧，辅以简练的评论，使技术分析变得十分有趣。这些评论与道氏理论的关系不大，甚至完全没有关系，但是每位读过他作品的人都不得不为他的洞察力折服。他一直在试着反复强调那些他认为对读者们有益的东西直到他们理解为止；在某些场合，对某些无知的编辑编写的考虑不周的文章，他会委婉地表示轻视。偶尔，他会收到一些订阅者们愚蠢的来信，这时他或许会用人们通俗易懂的比喻来回复。无论如何，以下具有典型性的摘录，是随机从汉密尔顿的文章中选取的，极具阅读价值。

在熊市中，某些编辑会把一个典型的次级反弹宣称为牛市启动的第一阶段。汉密尔顿不同意这一观点，所以写道："一燕飞来不成夏，仅仅一次反弹并不足以筑成牛市。"（1908 年 7 月 8 日）

另一次，当一些提供所谓的内部消息的服务机构预测鼓吹在牛市的最后阶段仍会有大行情到来的时候，《华尔街日报》警告读者，"没有树木可以长到与天齐高。"（1908 年 12 月 23 日）

"听到某些知名的证券经纪公司成了股市借贷群体的房贷大户时，我会觉得既有趣，又受到了启发，这可能意味着一个相应的卖空行情。但是，这绝不意味着那些借贷的人们，如果选择股票就不能转让股票。事实上，如果他们想要卖出更多同类的股票，就应该想办法制造一个脆弱的空头账户，以取得优势。经验丰富的华尔街人士对这种信号抱有怀疑的态度。"（1921 年 8 月 25 日）这些内容是写在某些研究者根据一条华丽的放空广告，就自信十足地做出市场上涨的预测的时候。这段话包含了极强的市场逻辑。

当股票离 1921 年低点不到 3 个点的时候，汉密尔顿就做出了以下的评论："大量聪慧的格言及现代的例证都说明，投资者极少在底部买入股票，也绝不会在顶部卖出股票。廉价的股票从来都不具有吸引力。这并非自相矛盾的观点，而是对市场的事实记录。如果廉价的股票具有吸引力，那今天就应该有一个活跃的市场，以及感兴趣甚至极其兴奋的公众……目前市场中没有足够的顾客。"（1921 年 3 月 30 日）

当论及那些自认以价值和盈利而买入股票的投资者的态度时，汉密尔顿写道："他可能有资金购买股票，并认为每天早上都必须阅读股票价格。当他看到股票下跌了几个点时，他说他要止损，并从中吸取教训。他对自己应该吸取的教训有彻头彻尾的误解，因为他真正应该忘记的不是自己的损失，而是当初为什么买入这支股票。"（1921 年 3 月 30 日）

下述论点值得大家牢记，因为它向我们解释了为什么绩优股会时常出现这种反常的下跌："在多头不断平仓而造成不稳定的市场中，有一点很容易被忘记，那就是绩优股常常比垃圾股更脆弱。对绩优股来说，市场是真实的；而对垃圾股来说，市场是有名无实的……需要还贷的人们会以一定的价格售出股票，因为他们持有的其他东西，什么价格都脱不了手。"（1921 年 3 月 30 日）当然，汉密尔顿在这里说的是交易高手们为了还贷而对绩优股进行变现。毫无疑问，卖掉手中的垃圾股更显英明，但这是不可能实现的，因为市场十分清淡。

汉密尔顿在评论自己的文章和为道氏理论辩护的时候写道："当对价格运动的研究背离道氏理论可靠且科学的规律时，大部分都是错误的。"（1919 年 8 月 8 日）

他的文章常鼓励读者在剧烈的刺激反应发生时买入股票。有一次，他写道："最糟糕的情况发生时……这次的回调也不过就像那句法国谚语说的'后退是为了更好地前进'，以进为退。"（1911 年 7 月 14 日）汉密尔顿有非凡的能力能评估次级运动，对于相信他这方面能力的人来说，只要看到这句谚语反复出现，就是股票有上涨趋势的建议。

1924 年至 1929 年期间，汉密尔顿在投机和投资的扩张方面发表过多次评论。他注意到股票的发行范围逐年扩大，不只是行业领先公司的股票持有人数量在增加，而是整个国家都在参与投机活动，不过这些活动以前大部分都局限于几个重要的金融中心。他如果不是唯一一个能预测到市场套现可能会出现的人，也是为数不多的几个人里的一位。下面的摘录是他写在 1925 年对读者的警告，相同的观点在同一年及 1929 年股市崩盘时，曾多次出现："我们应该时刻记住市场的技术特征……如果有什么不可预期的事情扰乱公众的信心，整个国家就会大量地卖出股票，华尔街也不能像以往那样精确地计算出仓位信息了，原因是以前的持股仓位大多是在纽约。"（1925 年 3 月 9 日）那些在 1929 年股灾后不幸被套牢的人们，一定会认识到这个预测所蕴含的智慧。

一些喜欢给《华尔街日报》编辑写长信的读者会提出一些他们从自己的投机分析体系中得出的毋庸置疑的推论。汉密尔顿对此以编辑的身份回应道："有一句话常说，武断且教条地理解图表、系统和一般规律，必定会毁灭前进的道路。"（1909 年 3 月 17 日）图表对于应用道氏理论的人来说，就像明细账目对银行一样必不可少，但研究者们必须要克制自己，以免过于教条化或者过于精细地得出对市场的解释。我们都知道市场极少如预期那般表现，因此汉密尔顿声称："市场如果按预期那样发展，将是一件十分可怕的事情。"（1906 年 5 月 19 日）

一次，市场处于牛市亢奋期，处处弥漫着繁荣的气息，汉密尔顿警告读者："据大家说，当公众打算在顶部买入股票的时候，我们将在未来的 6 个月内迎来大牛市。目前明智派发的诱饵，还没有吸引到大量的鱼上钩。"（1909 年 12 月 20 日）有趣的是，这段话仅写在牛市顶峰的几天前。汉密尔顿清楚地看到鱼（容易上当的笨蛋）已经吞下了超过他们消化能力的诱饵。

另一次，汉密尔顿写道："……股票市场的长期经验表明，所谓的最佳购买时机的信号总数披着出色的伪装。情况相同，臭名昭著的'内部抛售'更是在制造一个牛市的论据。事实上，手中握有大量股票要派发的人，通常不会大张旗鼓地行动。"（1923 年 1 月 16 日）这是在警告我们市场新闻常常具有欺骗性。汉密尔顿如果在动荡的 1930 年至 1931 年期间还在世的话，他可能会警告我们中的一些人不要在那时随意吞食那些"水中的诱饵"。当实力强大的机构要派发手中所持有的股票时，他们处心积虑抬高股价就是无可避免的。

1923 年 4 月 27 日，汉密尔顿指出："……我们曾被要求倾听的那些学院派经济学家们……"可能会扰乱道氏理论的含义。

"……道琼斯平均价格指数……有着所有预言都不具备的判断力，它不是一直在给出预测结论。"（1925 年 12 月 17 日）这是给那些收取高昂费用的咨询服务机构提出的建议。

"每位资深的华尔街交易者都知道，操盘手应该站在正确的市场方向进出。但是在 100 点的上涨中，如果根据利润增加筹码，那么无需大幅的价格下跌，就会让他处于一个比一开始还不利的位置。他通常会发现，在顶部进行金字塔式交易，结果只因一个相对较小的价格下跌，就会使他出局。"（1928 年 12 月 12 日）

"牛市中没有新闻可谓是老生常谈了。事实上，股票上涨原因的发表，就意味着上涨趋势的终止。"（1912 年 4 月 1 日）

在一次熊市中，当政治家评判华尔街扰乱秩序时，愤怒的汉密尔顿写道："看在上帝的份上，我们为何不能开辟出一种真正的美国精神，允许我们自我反省一下？从股票的历史来看，纽约股票市场总会提前察觉到危险的到来，并且安全地自我清算。"（1924 年 11 月 12 日）

汉密尔顿在《股市晴雨表》中写道："我可以列举出无数个投资者在华尔街赔钱的例子，因为他们正确得太早了。"

"从来不存在所谓正常的市场。"（1911 年 5 月 4 日）

"如今，每个人都在投机，根据多年的经验，不是所有人的判断都像专业人士那样好。"（1928 年 12 月 8 日）

1929 年牛市结束前夕，汉密尔顿写出这样的一段话："活跃于股票市场的那些人，按一般的方式持有金字塔式的投机仓位，他们中的大多数都会不可避免地被微不足道个人事务缠身。"（1928 年 12 月 8 日）

尽管许多报纸都热衷于给出股市的年度预测，但是《华尔街日报》明智地避免了这种随意给出的预测。在对这种做法进行评论时，汉密尔顿写道："作为一条规则，回顾好于预测。新的一年还没过完一周，人们就已经忘记了上一年度的股市预测。"（1929 年 1 月 1 日）

1922 年 5 月，市场四处弥漫着牛市的气息；公众被告知股票操纵集团正在出货，股票价格已经急速上涨，等等。《华尔街日报》从没参与过这样的行为，并且希望可以保护他们的读者，所以汉密尔顿在文章中发出了这样的警告，"……人们所说的'利益操纵集团'……通常不会大张旗鼓地出售派发的股票。"（1922 年 5 月 22 日）有趣的是，股票价格在随后 5 个月左右的时间里，持续上涨，期间竟然连一次重大回调都没有。

"一个人为了投机选错了股票，或者选错了买入时机时，总是会将自己的错误判断怪罪于其他人。他从没有把股票市场作为国家经济的晴雨表。他相信自己可以先通过阅读晴雨表挣钱，然后再了解经济，或者根本不需要研究晴雨表，就能挣钱。他应该将整个研究过程颠倒过来，这是一个无望的工作吗？这一点最近被威尔兹利·希尔斯证明：尝试同时做两件事情会导致无法解决的混乱。"（1923 年 7 月 30 日）

"投机者……不能寄希望于任何股票，除了在极特殊的情况下，背离目前股票市场的总体趋势而上涨盈利。"

关于投机活动的道德性，汉密尔顿写下了对这一主题所做出的观点，

"……我相信投机活动根本不存在所谓的道德问题，投机不至于堕落到用别人的钱去赌博的地步。"

很明显汉密尔顿已经厌倦了读者们频繁要求给出市场建议的来信，所以他在很长一段时间里不再给出建议，并列出了如下原因："我无意与巴布森先生竞争，或是与那些不入流的预言家一决高下。抛弃在《华尔街日报》上关于价格运动的讨论，是因为它们已经被人们当作股票交易的内部情报了。"

如果可以知道有多少汉密尔顿的读者是根据他去世前几周做出的最后一次预测而采取行动的就好了。他在1929年10月26日写道："到目前为止，从道琼斯平均价格指数的晴雨表来看，自上周三（10月23日）起趋势已非常明显地转为下跌了。"这段话是对汉密尔顿极具价值的职业生涯的最佳墓志铭，我们应当记住股票市场中绝大多数的预言家们脑海中依旧是强烈的"股市新时代"的想法。

THE DOW THEORY

02

下篇

有关道氏理论的

评述文章

第 20 章

原载于《华尔街日报》和《巴伦周刊》的专栏

考虑到这段时期美国财富的惊人增长，铁路里程增长率低于净利润率的增长率，以及净利润增长中的可分配的股利一直高于股票价格的上涨，且目前显示出市场价格高于自繁荣时

期起的任何时候。这样一来，人们就会提出这样一个问题，股票下跌是否还未到达顶峰？至少目前有些证据可以支持我们对这个问题得出肯定回答。

一周走势

12 月 5 日的前一周，市场保持强势势头，没有任何衰退迹象，随着交易量的增加，价格也发生了幅度相当大的上涨。20 支活跃的铁路股票在 11 月 28 日收盘时的平均价格为 93.15 点。到 12 月 4 日星期五的时候，平均价格持续上涨到 95.79 点，到那一周结束的时候，价格为 95.16 点。这是近三个月中平均价格指数所达到过的最高点。铁路股票中最活跃的一些股票是，发行了 500 000 股的宾夕法尼亚铁路公司（占半数）的股票，每股价格上涨 4.5 个点；发行了

230 000 股的联合太平洋铁路公司的股票，价格上涨 3.5 个点；发行了将近 200 000 股的岩岛铁路公司的股票，上涨 3 个点；发行了 150 000 股的艾奇逊－托皮卡－圣菲铁路公司的股票，上涨 2.5 个点；发行了 250 000 股的布鲁克林运输公司的股票，上涨 10 个点；发行了 125 000 股的圣保罗铁路公司的股票，上涨 2.5 个点；发行了 135 000 股的伊利铁路公司的股票，上涨超过了 1 个点；110 000 股的密苏里太平洋铁路公司，上涨 4 个点；170 000 股的雷丁铁路

公司，上涨 5 个点；100 000 股的南太平洋铁路公司，上涨 1.5 个点。在工业股票中，450 000 支钢铁优先股上涨了 6.5 个点；240 000 股的汞合铜上涨 4.5 个点；100 000 股糖股上涨 5 点。另外，在铁路股票和工业股票中，大量不太活跃的股票也发生了急速增长。在工业股票方面，前一周受到打击的优先股得到了反弹。

毋庸置疑，上升的主要动力来自于对数额巨大的短期利益的迷惑，这种对短期利益的追求大大超过了华尔街的预期。数月间，做空成为了一种时尚，并且迎合这种市场的人显然比

预期要多。一周中，反弹在持续进行，特别是 9 月下旬开始的那一周，这一现象根本不值得注意。不知从什么时候起，市场已经不能将压力带给大量的股票了。这一情况的重要性在于，实际上这是第一次长期反弹，在时间点上，市场从 14 个月前的大幅下跌开始就已经出现了这样的反弹。大量的证据趋向于价格的下跌在秋天开始的时候就已经达到了顶点。我们必须牢记一个事实，价值在铁路净利润中仍在增长，这一点十分明确。可以确切地说，大量的推测支持市场已经达到了投资者们认为安全的水平。

《华尔街日报》 1904 年 9 月 17 日

价格在上涨还是在下跌

我们常说，市场在同一时间点，一次会发生三种运动：第一种是主要由交易者操作而引起的日间运动，或许可以称为第三级运动；第二种运动通常持续 20 到 60 天，反映着投机情绪的涨落，可被称为次级运动；第三种就是主要运动，持续时间通常会超过 1 年，是由股票价格向其内在价值回归所引起的，常被称为基本趋势。判断基本趋势会向哪个方向发展是一件非常重要的事情，因为这与利润相关。目前没有什么问题比基本趋势中价格是在上涨还是在下跌更让人感兴趣的了。

1903 年 12 月 5 日，我们发表了一篇关于价格的文章，部分内容如下。

"考虑到这段时期美国财富的惊人增长，铁路里程增长率低于净利润率的增长率，以及净利润增长中的可分配的股利一直高于股票价格的上涨，且目前显示出市场价格高于自繁荣时期起的任何时候。这样一来，人们就会提出这样一个问题，股票下跌是否还未到达顶峰？至少目前有些证据可以支持我们对这个问题得出肯定回答。"

前面 9 个月的结果使我们清楚地看到上述文章中所做的判断是正确的。通过 20 支活跃股票的平均价格指数来衡量，股票价格已经发生了大幅的增长。在这里，我们需要强调一件至关重要的事情。我们所使用的 20 支活跃

股票的平均价格指数，在 1902 年 9 月市场繁荣时期达到了顶峰，价格为 134.52 点。最高的平均价格指数在繁荣时期收盘价格为 129.36 点。1903 年，这些股票在下跌时，最低价格平均为 86.68 点。1903 年最低平均价格指数收盘价为 88.80 点。从平均高点到平均低点下跌了 47.85 个点。从 1902 年最高的平均收盘价格与 1903 年最低的收盘价格之间相差 40.56 个点。

市场从去年 9 月开始反弹，也就是从 1903 年 9 月 28 日收盘价为 88.80 点开始反弹（从现在可以看出那时已是下跌的低点）。市场持续上升，直到 1904 年 1 月 23 日被打断，当天平均收盘价格为 99.78 点，上涨了 10.98 点，持续了 117 天。随后平均收盘价格在 3 月 14 日下跌至 91.31 点。这次下跌幅度总计 8.74 个点，持续时间为 51 天。接下来，4 月 11 日价格反弹至 97.58 点，反弹幅度为 6.27 个点，持续了 28 天。随后市场再次出现下跌，5 月 16 日下跌到 93.55 点，幅度为 25 天内下跌 4.03 个点。

从 5 月 16 日开始，市场一直呈上涨趋势，甚至没有遭遇过超过 3 个点的下跌。到了 9 月 10 日，平均收盘价格为 108.12 点。运动中，价格高点的平均价格指数达到了 110.45 点，超过了 5 月 16 日的平均收盘价格 16.90 个点，比 1903 年最低的收盘价格高出 21.65 个点。基于这样的增长，市场从 1902 年的最高价格到 1903 年的最低价格的整体下跌中恢复了一半。截止 9 月 10

日，市场上涨了 117 天。

主要运动，或称之为基本趋势的特征是，主要运动与次级运动的方向相同，但比其更慢一些。在 1903 年的大幅下跌中，向下运动的次级波动平均持续了 32 天，同一时间，反弹时间平均为 12 天。从 9 月 28 日开始，上次下跌时间平均仅为 42 天，上升时间平均为 87 天。因为，这也表明主要运动中发生了一些变化，显然下跌运动只持续到 1 年以前。事实上，有证据表明主要运动目前处于向上的趋势。

进一步说，铁路收益相当稳定，且银行票据结算也比较稳定。这说明，大量的交易在持续进行，对外贸易数据也极其稳固，尽管出口余额略有下降。所有这些都表明，证券价格下跌后，总体经济的萧条并没有随之出现，目前没有特定的因素可以构成经济衰退。成熟的玉米及棉花等农作物市场没有出现大幅缩减，这不得不让人相信铁路股票在总体经济中的具有极高的价值，随着时间的流逝，这一观点会不断得到证实。当然这很大程度上更依赖于冬天的来临，那时将给出价值整体趋势的明确指示。从长远的角度来看价值决定价格，比较保险地说，如果维持目前的价值，现在的价格还远不足以达到平均价格指数的高点。

大家需要进一步记住，黄金产量的持续增长是最有力的因素。这一点不可被忽视，在未来有利于提高证券价格，固定收益类证券除外。

原载于《华尔街日报》和《巴伦周刊》的专栏

《华尔街日报》 1904 年 10 月 20 日

市场位置

星期二的晚上，20 支活跃股票的平均收盘价格几乎超过了 5 月 15 日收盘价格 20 个点。换句话说，股票市场就平均价格指数而言，至少上升了 20 个点。就市场本身来说，这是一个很重要的事实，上升期间没有碰到任何重要中断或回调。由于股市上升，目前市场整体处于 1901 年秋天的水平，当时股市受到了麦金莱总统遇刺身亡事件的刺激。1902 年最高的平均收盘价格为 129 点，而 1903 年最低平均收盘价格低于 89 点，下跌了 40 个点。下跌的这 40 个点以整数计算，已经恢复了 25 点，占整体下跌的 60%。

当然，以这样的方式来看，这是一个重要的恢复。但是，1903 年价格大幅下跌实际上发生在铁路股票收益增长的时候，所有铁路股票的净收益早在 1904 年 6 月 30 日就已经是美国历史上最高的了。因此，在 1903 年的长期下跌期间，股票价值在许多事例中的上涨伴随着价格的下跌，并且考虑到上涨的资本总额等因素，整体价值并没有下跌得那样明显。尽管事实上 1903 年的铁路收益没有下降，但是目前的收益大幅超过了去年，且有明确指示表明这一财年的铁路股票净收益额将超过去年的，还将会高于美国历史纪录中的最高额。

如果我们判断 1901 年的价格没有当年价值或随后一年的价值那么不合理，那就可以清楚地知道目前的价格并不比价值高。此时公司价值水平即使考虑到增长的资本总额，也要高于任何时候。今年秋天，价格水平与价值水平间的差距毫无疑问是巨大的，同时目前也是相当大的。很大程度上，至少过去 5 个月的运动很明显地可以被看作是价格回归价值的调整过程，至于从表面的迹象来看，价值似乎会在接下来的一年中呈向上的趋势。无论价格将会呈现怎样的趋势，都要由时间来决定。从长远的角度来看，消除短期回调和目前的投机情绪，价值创造价格。

《华尔街日报》 1906 年 4 月 16 日

价格运动

在过去的一周中，活跃股票的价格运动有相当有趣的发展。20 支活跃的铁路股票在 1906 年 3 月 5 日碰到了最低点，当时的平均价格是 128.54 点。4 月 2 日发生了一次不规则的反弹，使股票价格被推升到了 133.13 点，低于平均价格指数纪录 5 个点，根据 1 月 22 日记录，同年最高点是 138.36 点。

本周股价平均值下跌到了 130.07 点，或者在 3 月 5 日低点的 1.5 个点之内徘徊。20 支股票价格跌破了前期平均价格指数的经验值，这一运动表明市场不仅是一次适度的回调，更意味着新的下跌趋势。

实际上，价格已经回升到了 4 月 2 日最高价格的 1 个点之内。如果目前的运动能突破这个数据，那么就有充分的证据表明市场将会出现独立向上的新趋势。经过多年对于平均价格指数的测试证明，长期上涨后发生的下跌通常会回升一半，并且市场之后会在之前的低点与那个点位间徘徊，直到产生新的动力。这里所暗示的是市场的技术位置，主要是基于超卖条件下产生的反弹，正在将自己调整到与其他事情相等的位置，它给予新的买卖双方以平等的机会开始独立的新行情。

鉴于外部影响因素的变化，这个点位十分有趣。一个有力的证据表明，货币量趋紧的趋势已经得到了明显的改善。其影响因素包括：海外黄金交易的参与、阻止货币外流的措施、养老投资回报、被高利率吸引的货币以及全世界货币量普遍宽松等。唯一不确定的因素是悬而未决的俄国贷款，由于英格兰银行最近的举措，以及伦敦黄金市场上巴黎的出价没有高于我们这些迹象来看，这项决定已经在筹备中了。

《华尔街日报》 1906 年 5 月 2 日

市场运动

4 月 18 日星期三，从旧金山发生地震和火灾的那天到 4 月 28 日星期六，在这 11 个交易日中，20 支活跃的铁路股票平均价格从 132.66 点下跌到 121.89 点，总计出现了 10.77 个点的下跌。星期一的时候出现了 2.17 个点的反弹，随后星期二是 3.35 个点的新一轮下跌，自地震起共造成了 11.96 个点的损失。短时间内发生如此大的下跌是不正常的。即使在恐慌时期，平均价格指数的下降幅度也没有这么剧烈，当然，那一时期的个股会有更大幅度的下跌。然而从某种程度上来看，股价的下跌相应地达到了一定的幅度，这或许会对之后市场行情的发展有益。

股价走势与去年同一时间相比有惊人的相似之处。1905 年 4 月 7 日，20 支活跃的铁路股票价格为 126.39 点，在复活节假期的 10 个交易日内，价格下跌了 8.58 个点。这是我们在平均价格指数中找到的最为相似之处。股票价格最低点纪录出现于 4 月 29 日。到 5 月 2 日，市场反弹到 120.63 点，反弹了 3 个点。之后股票被大量抛售，价格又一次跌破了过去的低点。市场直到 5 月 22 日以后才从下跌趋势中恢复过来，当时价格是 114.52 个点。从这一数据我们可以看出 1905 年出现了最重要的上涨，到 8 月 29 日价格已经涨到了 132.19 点，增长了 17.67 个点。

至于平均价格指数，恐慌性下跌并不如它们在当时看起来那么严重。在 1901 年 5 月 1 日到 5 月 9 日期间，20 支铁路股票的平均价格指数已经下跌了 14.49 个点，但是我们应该观察到其中只有小部分下跌是发生在实际的恐慌日当天。我们在实践中发现，价格在快速剧烈下跌后迅速回升，在那个时候，回升的速度过快，以至于很多损失在下午就被补回来了。

我们通过每个例子都可以观察到，在短期大幅下跌后，大约 40% 的下跌可

以恢复回来，这在很大程度上是做空者的平仓行为所引起的，当然有一部分也是投资买入所致。随后市场会发生循序渐进的、更缓慢的下跌运动，将平均价格带到之前的低点，甚至低于那个低点。以去年 4 月为例，市场低点出现于 4 月 29 日，在上升了 4 个点的短暂反弹以后，平均指数再次下跌到 114.52 点。

有一个例子发生在 1899 年 12 月的恐慌时期，9 月 5 日到 9 月 22 日期间股市发生了超过 13 点的下跌后，平均价格指数仅小幅反弹了 6 个多点。除此以外，再没有碰触新的低点。1899 年的高点直到第二年末都未被超越。

《华尔街日报》 1906 年 5 月 19 日

价格运动

如果股票市场完全按照人们期望的那样运行，那几乎是一件相当可怕的事情。20 支活跃的铁路股票的平均价格指数运动已经显示出惊人的一致性，使得那些利用平均价格指数这种方法来测量市场波动幅度和强度的人印象深刻。事实上，就平均价格指数而言，通过多年的分析，人们会期盼市场有相似的运动。

到 1 月 22 日，市场经历了很长一段时间才看到其顶部，当时 20 支活跃的铁路股票的平均价格指数是 138.36 点。旧金山大灾难造成的股市大幅下跌十分严重又很突然。我们可以清楚地看到资金市场的状况、低迷的债券

需求、不动产和其他工业企业的自由资本被禁锢，以及其他一些因素都是由较低的价格造成的。股市下跌明显比预期来得快。在这样的下跌中，通常会产生 40% ~ 50% 的反弹，速度往往也会比较快，这已经成为了一个相当有效的经验。平均价格指数，到 5 月 3 日为止从 138.36 点这一高价下跌到 120.30 点，下跌了 18.06 个点。5 月 11 日股市收盘的时候，平均价格指数是 128.16 点，反弹了 8.10 个点，或者说反弹了前期跌幅的 45%。

可以看出，回升是严格按照计划表发展的。急速反弹之后，市场开始缓慢下跌，这与之前反弹后大幅下跌

基本一样。市场以每天 1.12 个点持续回升了 7 天；而下跌则一直不太规律，其中伴随个股的反弹。在经过 6 个交易日后，根据收盘价格 126.90 点来看，市场并没有距反弹的顶点下跌太多。

剧烈的下跌、从 5 月 3 日开始的反弹以及过去 6 天极其不规律的下跌趋势都是市场受到巨大震动之后出现的典型反应。随着 1896 年的恐慌、1899 年12 月的恐慌以及 1902 年 9 月的急速下跌，市场以非常相近的方式反弹，继而抛售并逐渐陷入超卖。个股尚具活力，直到市场回落到前期低点附近，交易者市场便开始在一个狭窄的价格幅度之内发展，直到新的动力指明新的趋势方向。华尔街总比其他地方更常出现突发事件，但是这些典型事例带给我们的经验还是十分值得研究的。

华尔街晴雨表

《华尔街日报》 1906 年 6 月 29 日

投机不仅是股票市场的基础，在其他市场中也相当重要。有些人往往可以抓住机会。当零售商在柜台售出一磅咖啡的利润增加或减少时，是他正确判断整个销售市场的依据。每个市场都要调整自己适应当下情况以及将来的情况。在这一方面，股票与其他商品相同，但是股票涵盖的利益范围更广，以至于一段普通的走势经常能反映出整个经济环境的变化。

在这一点上，华尔街市场是一个合理的晴雨表。在华尔街流传着这样一种说法：运动在消息传出来的时候，就已经结束了。股东和精明的投机者们不以路人皆知的消息作为参考，而是依据只有他们自己掌握的情报或基于对未来的判断行事。人们通常会看到一个现象，商业出现不景气情形的 6 个月之后，市场普遍下跌；或者在工业状况改善并不明显的同时，市场出现超乎预期的整体上升。

华尔街的主要业务是向公众出售证券。华尔街预测当经济改善如预期般成熟时，公众会踊跃购入股票，这是牛市建立的过程。华尔街内部的有利条件和外部的行动相互影响，直到促进股票繁荣的必要动力形成为止。1904 年夏天，当经验不足的经济观察者声称，麦金莱繁荣时期已经结束且工业正处于低谷的时候，专业的华尔街交易者们正在买入股票，他们正确地预估了国家经济强大的复苏能力。20 支活跃的铁路股票的平均价格指数同年上涨了近 30 个点，并在 5 月末到12 月初持续上涨。

我们必须时刻记得股票市场中有一个主要运动，还有不计其数的直流、漩涡和逆流，其中的任何一个都可能在一天的时间、一周的时间，甚至是更长的时间里被误读为主要运动。股票市场是一个晴雨表，这就意味着有些事情在运动发生很久以后才可能显现出来，而更常发生的情况是这些事情永远都不可能被知道，不过有句话说得对，只有研究者对每个运动所包含的所有知识有完整的认识，这个运动才是可预判的。

晴雨表所需要的正是专业的解读。在目前的股票市场，今年 1 月 22 日股票曾达到过最高点，并已经发生了一次不规律的反应。这次下跌趋势使 20 支活跃的铁路股票下跌了超过 18 个点；同时也造成了 12 支活跃的工业股票发生相应的下跌。尽管现在已出现大量的反弹，但是与去年 4 月的回升点位相比，市场依然惨淡，甚至比当月最好报价还低 6 个点。从表面上看，农作物前景、工业状况以及金融市场一如既往地十分乐观。这对熟知股市晴雨表的读者来说，是一个绝好的机会。市场可不可以反映基本条件的一些变化，并根据这些变化判断 6 个月后的股票价格？

《华尔街日报》 1906 年 7 月 6 日

价格运动

如果 7 月 2 日工业股票和铁路股票的平均价格指数都收在了下跌行情的低点上，那么市场现在就处于一个十分有趣的点位了。这与过去运动的经验相当一致，如果历史可以重演，那么我们或许就可以做出合理的推测。从 1 月 22 日由 20 支铁路股票创出的最高价 138.36 点以及 12 支工业股票在 1 月 19 日创出的最高价 103.00 点来看，前者已经下跌到 120.30 点，后者也下跌到了 86.45 点，两者均在 5 月 3 日跌落到旧金山大地震所引起的最低点上。从那时起，工业股票价格已经创出了新低，同时活跃的铁路股票也以下跌 1.5 个点之内的价格继续抛售。当平均价格指数维持多年波动，我们就可以得到一些相同的经验，那就是恐慌性下跌以后，时常会出现 40% ~ 60% 的

剧烈反弹，之后市场会再次出现没有规律的下跌，直到回到前期的历史低点。认识这一点，似乎可以帮助那些脆弱的持股人度过恐慌。我们很难说旧金山大灾难引起的下跌会达到真正的恐慌级别，铁路股票在这种情况下反弹回升了 131.05%，仅比地震引起的下跌开始时低 1.61 个点。这一反弹确实回升了自 1 月 22 日起下跌的 60% 左右，并且市场的表现与我们所观察的恐慌后的反弹不尽相同。

我们似乎可以清楚地推断，在恐慌发生之后出现市场抛售是合情合理的。值得我们注意的是，一些合伙制私营公司的股价相对下降较少，而另一些具有真正价值的股票却损失惨重。从另一个角度来讲，人们被迫卖出了那些本来很有市场的股票，在某些情况下可能是为

了保护那些根本卖不出去的股票。恐慌中出现的第一次下跌是出于害怕，而第二次更缓慢的下跌则证明公众的信心已经普遍遭到了打击。我们可以就此给出一个合理的判断，股市自6月11日以来的下跌，反映出公众的信心备受打击，这是否会把价格带回到前期的低点或那个低点的附近呢？

同理我们还可以得出另一个推断，那就是市场会在前期的低点或低点稍高一点的位置上等待一个新动力。这个新动力可能来自于农作物的丰收、宽松的货币量，或是已经繁荣复苏的确凿证据，亦或是令人沮丧的自然状况，不过以目前的状况来看，还很难下定论。逻辑上，如果一种新的动力已经被大众所知晓，那么价格波动应该已经开始了，并且股市也没有需要解决的问题了。目前至少可以说，股票的价格水平处于其价值水平之下，而且现在所有的迹象都指明未来一片光明。

《华尔街日报》 1906年8月4日

价格运动

这些年来股票的价格波动，与不久前相比并没有什么特别之处。通过对本报运用多年的20支活跃铁路股票的平均价格指数作比较，可以看出它的上涨很有规律性。由于4月18日旧金山大地震，平均价格指数在5月3日跌至前期最低点，市场获得了一种新的推动力，到7月2日的时候，市场已经反弹了近9个点。

这与市场受到打击后通常出现的表现极其一致，即反弹后再次抛售一空。这是一轮正常的波动，同时每一段市场波动都在一定程度上遵循着一个几乎不变的规律，那就是在第二次下挫的狂热反弹之后，市场会在狭小的波动幅度内寻找平衡，以等待一个新动力出现。对价格走势分析，几乎不能展现出新动力究竟是什么，但是在过去一个月中，特别是最近两周内，市场出现了一个强有力的上涨趋势，并且该上涨趋势具有极大的独立性，只受自身影响的控制。

平均价格指数在今年的1月22日达到最高点138.36点，在5月3日创下了本年最低点120.30点。从最低点之后，市场展开了反弹；到6月11日，市场已经反弹到当前支配价格之上。如果目前价格超过了6月11日的纪录，那么市场正在进行的上升波动将会大受支持且十分有权威。

就平均价格指数而言，排除外部因素，目前市场高于1月22日，上涨了8个点，力证了年初时已经终结的牛市现在又开始复苏了。

《华尔街日报》 1906 年 8 月 21 日

这是牛市波动吗

自从平均价格指数运动在这些专栏中讨论过之后，错综复杂的市场出现了惊人的变化。20 支活跃的铁路股票在 9 个工作日之内上涨了将近 7 个点。至此，我们有必要回溯到去年 5 月，找到那段普遍而又规模巨大的市场运动。更值得注意的是，这一运动的绝大部分仅在 3 天内就完成了。

今年 7 月 2 日，市场在转向并变得错综复杂以后，这些专栏指出一个独立的价格运动正在到来，而且市场正在等待的新动力可能已经被发现了。其依据是基于 1 月 22 日的股票运动，20 支活跃铁路股票价格在旧金山大地震所引发的下跌运动之后上涨到了 138.36 点的新高点。自 1 月以来，市场大致处于下降趋势，但地震确实大幅加速了这次下跌。

正如其他同类突发事件引起的严重下跌一样，市场价格在快速反弹超过 50% 之后，出现了不同寻常的缓慢下跌。直到 7 月 2 日，已经跌到了121.76 点，或仅比 5 月 3 日地震前创造的 120.30 这一低点高出 1.46 个点。我们应该指出的是，市场已经完成了通常意义上的钟摆式震荡。现在的情况是，平衡点已经近在眼前，在一个全新的走势产生之前，人们会感觉到一股新的推动力正在市场上暗潮涌动。

此时，这个新影响力看起来像是一个下跌的信号。市场正在先前的低点附近徘徊，如果平均价格指数跌破了这一低点，那么市场看上去一定会十分令人沮丧。没有任何指向表明更大的经济利益会为了保护价格而忍受巨大的亏损，而就普通公众而言，他们的信念极其渺小，他们的希望也一再被搁浅。显然，目前有必要出现一个 16 点的上涨，把平均价格指数拉过之前 1 月的高点；而少于 2 个点，则会跌破地震引发的低点。

从 7 月初开始，市场中开始了一个显著的独立价格运动。经过反复考量，此次运动在这段时间确实没有刺激交易量大幅增长。但是，市场正在凝聚力量，并且清楚地显示这段价格运动背后一定有其形成的原因。直到首次谈论到联合太平洋公司和南太平洋铁路公司的股利，这一运动才可能有一些意义。

甚至在一周前，估价就已经超过了旧金山地震后市场反弹的最高点，而此时只有极少拥有特权的人知道哈里曼宣布发放股利的规模。我们现在可以明确地知道，这段价格运动背后的影响就是铁路股票上市公司宣告的新股利政策，这是明智的预测。自从股利信息公开之后，股票市场也有所显示，即平均价格指数出现了超过 4 个点的上涨。目前达到的数字是 136.98 点，平均价格指数与 1 月的市场高点的差距已经在 2 个点之内了。如果现在大体看起来是下跌的趋势，并且可能跌破大地震之后的价格低点，那么我们就有充足的理由相信，股价上涨并产生新的高点已经近在眼前了。

鼓励政策被宣布后，市场上交易量明显出现了放大，人们对这一点的争论多于对人为操纵的讨论。有人认为，在周六两个小时的交易时间里，某种利益集团有可能操纵 1 600 000 支股票，这种观点非常荒谬。唯一可能的推断是，公众终于在某种程度上得到了控制。在星期一抛售股票从而获取巨大利润的诱惑下，很显然许多新买家正在进入市场。因此，如果以这样的交易量买入，把平均价格指数推升到 138.43 点以上，那么我们就能够推断，1 月 22 日到 7 月 2 日这段时间的长期下跌，在某种程度上说只不过是牛市之中出现的下跌震荡而已，牛市终将恢复。

《华尔街日报》　1906 年 9 月 6 日

一次不规律的运动

在 8 月 25 日星期六那天，20 支活跃铁路股票的平均价格指数触碰到了 137.06 点，这是自今年 1 月 22 日以来的最高数字。从那以后，一些个股出现了显著的波动，并且一个奇怪的不稳定价格波动值得分析。

由于旧金山大地震导致的价格调整所引发的股市剧烈波动，市场在 7 月 2 日发生了转变。那天 20 支活跃铁路股票的平均价格指数跌至 121.76 点，仅比震后下跌到的最低点高出 1 个点。市场在 7 月初到 8 月 25 日期间出现了持续的上涨，虽然偶尔被打断，但最终达到了仅比平均价格指数碰到过的最高点低 1.30 个点的位置。

在 8 月 25 日市场达到高点后的 8 个交易日内，与个股的运动相比，平均价格指数的极端波动一直出人意外得微小。以联合太平洋铁路公司的股票为例，在那段时间上涨了 7 个点，又下跌了 5 个点；同期其他许多股票也发生了规模相当的波动。然而，该段时间内平均价格指数的最大振幅只有 2.02 个点。即使是现在，市场也仅比前一个最高点低不到 1 个点。市场在周二发生剧烈震荡，当联合太平洋铁路公司的股票上涨了 5 个点，又下跌了 4 个点时，圣保罗公司也同样一反常态，他们的总变动是 0.01 个百分点。

值得大家注意的是，从哈里曼宣布发放股利后紧接着的巨额交易日起，成交量已经在逐渐减少。甚至人们抛售股票时，价格运动也变得迟缓起来。这是发布一条特殊新闻后，股票市场的正常反应。就像哈里曼宣布发放 40% 现金股利一样，这种规律已经多次被发展趋势验证，绝不可以忽视。事实上，股票在下跌与上涨之间反复波动并趋于均衡，同时交易量也逐渐变小。目前的状况是，货币供应量的调整有其必要性及可能性，而股市涨跌也因此有所调整。现在还不能说价格运动实际仅意味着不寻常的调整，但从技术角度看还是很易于理解的。

《华尔街日报》 1906 年 12 月 15 日

价格运动

当人们对市场未来可能的进展只抱着非常有限的信任时，发表在报纸专栏文章中的 20 支活跃铁路股票的平均价格指数，目前就十分值得人们认真研究了。在刚过去的一段时间，市场出现了一段很容易识别的价格波动，这段价格波动对于市场交易的最终走向稍起到提示作用。从上个月的这个时候起，就有一个超过 3 个点的小幅极端波动，其中 11 月 15 日记录了最低点 134.35 点，且 12 月 1 日产生了 137.56 点的最高点。在这些幅度狭小的波动范围内，尽管除了希尔公司和圣保罗公司外，其他个股的波动并不十分剧烈，但交易量却相当可观。

尽管市场一年来曾不止一次接近过 1 月 22 日创下的前期最高点 138.36 点，然而平均价格指数却从没超越过这一高点。前期最低点出现在旧金山大地震爆发时，市场从来没有如此接近过那个价格。尽管市场在反弹以后，总会紧接着出现半恐慌式的下跌，最近这一两天的股票价格运动却看起来是试图要突破那个价格。当然，这样的发展是一个强烈的下跌信号。相反，如果平均价格指数超越了今年 1 月 22 日的最高点，那么很明显，上涨趋势即将来临。

这里有一个非常实用的规律，那就是当一支股票在一个非常狭窄的价格波动幅度内发生了大量的交易时，这支股票不是正被吸筹，就是正被派发，价格被操纵着以推动这一进程。以此类推，20 支活跃铁路股票的平均价格指数也能够给出类似的暗示，而且可以经常给出这样的提示。上个月出现的 3 个点的小幅价格波动，就恰如其分地说明了这一点。快到周四的时候，价格似乎要突破 11 月 15 日的上一个低点，然而到了 11 月 26 日时，市场几乎又达到了相同的价格水平。如果随后的股票卖出价超过了 12 月 11 日的高点，那么这毫无疑问是股市即将上涨的信号，而上涨若超越了 1 月 22 日的高点纪录的话，看涨的信号就会得到加倍的确认。

然而，如果平均价格指数波动下跌到目前价格波动低点以下的数字，这就是股票市场将要下跌的暗示。这并不意味着已经持续了 6 年之久的牛市就要结束了。它只是意味着在一个持续 2 个月或更长时间的牛市中，我们正经历一个阶段性震荡波动时期。实际上，一个超出惯例的波动，会非常明确地显示股票是在被吸筹还是在被派发。

《华尔街日报》 1907年2月2日

价格运动

股市在旧金山发生大地震后而引发严重下跌的一段时间里，报纸专栏曾经多次全面阐述过股票平均价格指数的走势。本专栏曾经指出，市场在那段时间里实际上会呈现出恐慌性下跌的状态。然而，随之而来的价格反弹，恢复了之前全部跌掉的一半。在这样的事实下，局势变得稍微有些复杂，股市在旧金山大地震前就已经处于下跌状态了，而灾难只不过是加快了下跌的速度而已。在1906年1月22日的时候，20支活跃铁路股票的平均价格指数触碰到历史最高点138.36点。到了5月3日，平均价格指数下跌到了120.30点，标志着下跌波动的最低点。

这样剧烈的下跌之后，随之而来就是一个超过前期跌幅一半的反弹。接下来，时常会出现一个渐进式的缓慢下跌，直到价格非常接近它之前的低点。这轮市场波动在7月2日，平均价格指数为121.76点时结束了。此时的价格波动已经基本完结，正在等待某种新的力量找到平衡，重新出发。在谷物丰收和国家工业经济前景一片大好的刺激下，一轮新的价格波动终于到来了，这轮运动在9月17日把平均价格指数推升到137.84点。随后我们看到的第二轮下跌趋势并没有跌回到前期低点，其后的上涨也没能超越1月22日的前期高点。如果平均价格指数超过了前期最高点，那么我们就可以推断市场无可避免地还处于一个大牛市中。

这点在当时十分值得注意，并且在市场停顿后，平均价格指数下跌后又冲到了12月11日的水平，当再次接近前期高点时，平均价格指数也给出了市场未来发展的最好提示。在两轮上涨中，前期顶点一直没有被再次触及。市场在5月3日的价格水平的1.5个点左右的幅度间来回盘旋之后，在星期四的时候略微向上反弹了一点儿；但是到了星期五，市场最终穿过了历史低点。西北航空确实得到股权，自从平均价格首次被制定出来，以及像价格这样扣除平均价格指数本身，使得股权和股利不断被实现。12月11日以来的一个短暂却猛烈的下跌把我们带到了一个新的低点。

如果说在9月或12月初的运动中，股票卖出的价格高于1月的高点是股市上涨的信号，那么我们就可以合理推断，价格跌破大地震时期低点，可以表明熊市已经被建立起来了。

已故的查尔斯·道先生建立了迄今为止唯一一清晰易懂的股市分析体系。他的理论认为，市场上一直在进行三种运动。第一种是日间波动；第二种是短期次级运动，一般持续时间 3 个星期到 3 个月不等，可以被定义为牛市中的回调或是熊市中的反弹；第三种是主要运动，它藏于所有大规模运动的背后，常持续数年之久，实际上与人类社会 10 年左右的经济繁荣与经济衰退循环一致，通常会用它作为经济的记录。

毫无疑问，到去年 1 月 22 日，我们始终处在牛市之中。我们必须提出一个问题，牛市在此之后结束了吗？旧金山大地震使得下跌达到顶峰，而表面看起来只不过是次级运动罢了。9 月和 12 月 11 日平均价格指数再次接近前期高点，看起来是极有可能的。但是，一年多以来，伴随着偶然发生的反弹，市场的确呈现出一个下跌的趋势。问题是，我们是否处在一个规模大、走势缓的熊市运动初期？尽管中间歇性地夹杂着一些像样的反弹，但它标志着大繁荣之后经济的紧缩。一笔好的交易会随着目前下跌自身耗尽后而定。目前市场中的真正反弹十分猛烈，价格往往在几天内就可以恢复数周下跌所造成损失的绝大部分。然而，平均价格指数看起来是股票或多或少呈现着有序下跌的态势。

《华尔街日报》 1907 年 7 月 12 日

价格运动

在华尔街上或许没有任何一家机构能够超过道琼斯公司表格中反映出来的对平均价格指数运动的认识，其股票平均价格指数每天一更新，并且以目前的形式持续了 17 年之久。这些专栏文章尽可能从过去的市场运动中得到宝贵的分析结论。《华尔街日报》通过对市场过去数年的行动指出，正如 20 支活跃铁路股票的平均价格指数反映出来的那样，1905 年的时候牛市并没有达到其顶峰。事实上，直到 1906 年 1 月 22 日平均价格指数才创下了它纪录中的最高值 138.36 点。

1906 年的时候，特别是在旧金山大地震之后，我们可以看出股票的市场价格跌到了 120.30 点。只有过去高点被再次超越，前期的牛市才有可能重建。1906 年初秋的时候，以及 12 月上旬市场被跌破之前，市场出现了近几年以来最为残酷的一次下跌。指数的表现足以让我们判断，市场发出的信号也赞同下跌。市场在 1906 年 9 月 17 日达到的 137.84 点以及 12 月 11 日的 137.56 点，与同年 1 月的历史高点极其接近。

我们应该对这两个高点给予特别关注，它们试图重建已经达到顶峰的牛市运动。要记住 1906 年秋天那次上涨的最大弱点是，价格不论怎样被操纵，都没能得到公众的响应。一些投资者选择了长期持有某些股票。我们可以合理地推断，重要的银行利益集团正在尽可能快速地抛售他们所持有的股票，并且留下了其他一些同样重要但不太睿智的投资群体，从而使股票保持在一个不太可能的价格水平。

在刚刚过去的一段时间里，一个相反方向的价格运动一直在重复着。自1906年12月的第二个星期开始的猛烈下跌创出最低点，这时20支活跃铁路股票的平均价格指数在1907年的3月达到了98.27点，只比3月14日哈里曼恐慌时的99.71点低1.44个点。从6月3日开始，平均价格指数下降到99.50点，这接近于前期低点。市场在上个星期六反弹到107.23点，向上恢复了近3个点。

也许我们可以从市场两次试图超越1906年1月22日前期高点的失败结果中得出一个重要的结论。去年9月和12月，市场曾距离那个最高点相差不到1个点。在最近的下跌中，平均价格指数在6月3日的点位，距3月25日的大熊市运动的最低点只有区区1.23个点。如果市场的抛售使得平均价格指数再次十分接近前期最低点，却没有跌落这一低点，并随之反弹，那么我们就可以合理地推断出，价格上可观的反弹即将到来。市场迄今为止的第二次下跌还不足以使我们得出任何结论。不过，接下来几个星期的交易将帮助我们判断，熊市将走得更远，还是市场将会出现实质性的恢复。

现在给价格运动下定论还为时尚早，但是市场两次都没能成功超越高点这一事实，很大程度上使我们建立起熊市的假说。相反，如果当前市场跌破了3月25日98.27点，那么我们就可以断定市场极可能发生进一步下跌。尽管公司价值、谷物收成、盈利能力和政治状况等基本因素基本保持不变。

《华尔街日报》 1907年8月8日

价格运动

《华尔街日报》在7月2日的专栏中曾经指出，20支活跃铁路股票的平均价格指数从1907年3月25日的98.27这一最低点开始反弹，如果价格再次跌至低点附近，市场就会变得非常有趣。到了7月24日，价格上涨到107.68的高点，恢复了9.41个点。指数一直在那个价位附近徘徊，直到下一周的星期一，第一轮猛烈下跌开始了。在9个交易日中，市场已经从7月27日的107.25点下跌到昨晚的100.90点，跌掉了6.61个点。昨天的下跌是8月发生的下跌中最为猛烈的一个。

目前的平均价格指数，仅位于3月25日突破的最低点上方的将近3个点的位置而已。正如我们在 7 月 12 日的专栏文章中所说，如果低点再次被超越的话，先前所有市场运动的经验都指明，尽管公司价值、谷物收成、盈利能力和政治状况等基本因素基本维持不变，市场还是极有可能展开进一步的下跌的。

可能没有人会否认，从 1906 年 1 月开始，市场已经步入熊市，那时已经达到了记录中平均价格指数的最高点。尽管其中有强烈的反弹，特别是去年 9 月和 12 月上旬的反弹最为显著。但是，市场的长期运动和目前现状已经逆转朝下了，像这样的震荡一般会持续一段时间。熊市中剧烈的反弹通常持续 6 个星期到三四个月。熊市的特征就是，反弹总是十分剧烈，

而下跌往往只是相对比较猛烈。最近 9 天以来剧烈的下跌，则属于例外情况。

从技术上来说，平均价格指数呈现出看跌的行情。市场在 3 月 25 日和 7 月 24 日之间反弹，恢复了失去的 72%。这段下跌与反弹相比更加剧烈，以至于我们只能将其说明为一次偶然的发展。根据历史数据和以往的经验，市场跌破历史低点的概率，和预测 7 月将结束反弹一样大。偶然的下跌往往就出现在这样的时候，因为当市场处于不断上涨的繁荣时期时，人们通常会忽略熊市的影响。

另外，8 月市场普遍呈上涨趋势。或者说，今年 7 月，市场一直处于显著上涨的趋势。

《华尔街日报》 1907 年 10 月 14 日

一周走势

实际上，我们正处于走势或许会反转的重要时刻。随着经济收缩领域的逐步扩散，市场将会不可避免地减少对货币的需求，使得金融条件放宽。《华尔街日报》认为，新一年市场预计会有一个更好的投资环境，贸易及其他产业的条件会大幅放松。华尔街似乎在完成其调整期，而就在这个时候华尔街的外部调整也开始了。后者有力推动财政恢复及达到平衡。因此基于这一点，尽管当下萧条的阴郁情绪笼罩着金融中心，但是我们仍感到前

途清晰可见。

8 月 7 日，20 支活跃铁路股票的平均价格指数仍位于标准以上。《华尔街日报》指出，接下来的一天，市场离 3 月的最低点仅有 3 个点。一旦股价跌到那个数字以下，就可以准确地预测出下跌的走势。现在市场已经跌破了前期低点，并创下了一个新的熊市纪录。尽管这表明我们已经处于熊市的波动中，但必须承认，我们有可能做了错误的分析。当市场猛烈跌破之后，通常会迅速反弹上来，使空头平仓及买入股票的人

们重建一些信心。随后的市场表现才是真正的检验。如果平均价格指数没有低于被突破的低点，根据多年来的经验表明，我们已经可以看到市场最坏的情况了。目前，市场既没有表现出跌破后的特征，也没有出现任何迅速的或者惊人的反弹。在过去的3个星期中，市场已经或多或少地出现了下跌的趋势，而且9月的反弹也不是十分强劲有力。如果

市场创出新低，就意味着熊市来临，这种说法显然是谬论。因为总是需要一定的时间，价格才不会停止继续走低。一段恐慌后的新低点，以及其典型的恢复都属于一种情况；但是不规律的价格变动以后，出现清算市场的新低点是另一种情况。综合上述推论，进一步猛烈的下跌并不意味着会发生与8月相同的走势。

《华尔街日报》 1907年12月25日

价格运动

当20支活跃铁路股票平均价格指数的最低价格已经下降，在9月21日到10月29日这一个多月时间里，从101.03点跌到了83.49点时，这表明是时候反弹了。但如果所谓的恐慌性最低点被再次突破，那么就意味着市场将呈下跌趋势。事实上，价格反弹显然十分无力，到11月11日仅反弹了2.42个点，这时平均价格指数是85.91点。

必须指出的是，严格来说，目前的下跌中并没有出现真正意义上的恐慌。下跌无论多严重，都构不成股市恐慌，除非股票确实彻底失控。在12月24日下午，有那么一刻市场接近实际恐慌，就像历史上曾出现过的那样。下午2点后，联合太平洋铁路公司的股价极速下跌到其票面价值，但是对于摩根基金，仅动用了期货贷款25 000 000美元的10%，在那天唯一能

够阻止下跌的就是关闭市场。

股市恐慌和暴跌的区别是极其重要的。在一个真正的股市恐慌之后，与暴跌不同，平均价格指数总是进行规律的运动，大约会恢复下跌幅度的40%到60%，接下来的情况是，在恐慌中开始出现基于保护市场目的而买进股票的行为。因此，可以说，在10月29日接近恐慌之后，股市这样的走势完全出乎意料。没有人能够准确说出从哪里开始暂时止住下跌，因此既没有表明会有50%的反弹，也没有发生任何这样的反弹。

然而，自9月21日平均价格指数所记录的101.03点以来，出现了一个有趣且对称的走势。10月29日83.49的最低点，在11月15日被超越，直到11月21日到达81.41点，下跌趋势才止住。在这次运动中，总体下跌到本年度的实际最低点，共下跌了19.62个点。

随后价格迅速反弹，到 12 月 6 日，实际恢复了下跌的一半，平均价格指数达到 90.56 点，比最低点高出 9.15 个点，是 9 月 21 日以来下跌的 46%。至 12 月 17 日，价格已经重回到 86.61 点，跌掉了反弹的 43%。截至 12 月 21 日，市场中仍然有短暂的波动，使价格再次上涨到 89.35 点，然而周一又重新回到 88.11 点，正好下跌了前 4 天小反弹的 45%。

接下来发生的是：一个 19.62 点的下跌，跌到了本年实际的最低点，然后是 9.15 点的反弹，3.95 点的下跌，2.74 点的反弹和 1.24 点的下跌。这着实令人震惊，这一运动就像是摆钟的摆动，随着接近平衡点，摆动幅度逐渐减小。这是平均价格指数给我们上了一次比图像更清晰的一课。摆动的范围完全按照规律的比例缩小，摆动的时间也被缩短了，第一波运动发生了 61 天，第二波反弹 15 天，第三波下跌 11 天，第四波反弹 4 天，最后一波下跌持续了 2 天。

市场正如钟摆一样进入了休整期，所有这些都指明，现在是一个无关紧要的波动时期，直到一个全新的推动力出现。我们很有可能已经看到了本年的最低点。就我们观察平均价格指数的方法而言，这个点位不再存在特别的意义。它需要一个剧烈的下跌，将我们带到 11 月 21 日记录的 81.41 点下面。这个下跌本身真实准确地意味着市场正在等待一个新的推动力。这个推动力可能来自周围的任何一个方向。1 月的廉价可能会打开公众的购买力。如果没有这个举动，可能会导致过去一年最黑暗的日子里受到支持和保护的股票清盘。没人告诉我们结果，毕竟每个人的猜测都差不多。平均价格指数告诉我们，事实上，我们必须近距离观察市场，因为在经历了一个超过 12 个多月的持续下跌后，需要把握这个下跌后的第一个间歇期。

恐慌之后的反弹

《华尔街日报》 1908 年 1 月 10 日

与 10 月 21 日的 92.23 点相比，昨晚 20 支活跃的铁路股票平均价格指数为 92.86 点。相比去年 10 月的 60.81 点，昨晚 12 支活跃的工业股票平均价格指数为 63.50 点。因此，股市完全恢复了恐慌时期造成的所有损失。

现在铁路股票平均价格指数仅比 8 月 24 日低 2 个点，并且工业股票平均价格指数只低 6 个点。我们因此可以宣告股市的反弹结束了，人们留下了这样的印象，这是一个急速的波动，紧接着是一个极端的低点，出现在或远或近的永久转折点前。

《华尔街日报》 1908年1月13日

一周走势

上周，股市发生了实质性的改善，活跃铁路股票和工业股票的平均价格指数曾一度高于前一周收盘数据 3.5 个点。这表明在圣诞周尾声，经过一段向下有力的长期波动后，市场进入了平衡状态，一个独立的新推动力已经准备完成。从那时起，市场中时常出现一个超过 7 个点的向上运动，现在的价格大概处在 10 月的水平，是 10 月末半恐慌时期前的水平。

尽管，我们似乎很难立即进入一个长期持续的大牛市，但发展走势还是十分令人满意的。假如我们确实进入了这样一个大牛市，那将是任何股市历史上的首次。

《华尔街日报》 1908年7月8日

价格运动

"一燕飞来不成夏"，仅一次的价格反弹不足以形成牛市。自本周之初，市场中已经有了一些恢复，一些对活跃铁路股票的平均价格指数的研究目前具有一定的指导意义。自从主要的反弹在 5 月 18 日达到最高点 104.45 点以来，20 支活跃铁路股票的平均价格指数再次超越其票面价值，并且在这一数字周围波动后，市场中存在一些不稳定的趋势。

7 周中，市场再也没有反弹到这个高点，即使在 6 月 29 日星期一曾有过短暂的冲高，也不能说目前的反弹与 6 月中旬类似的走势有任何本质的区别。我们可以确定地认为，在经历去年 10 月的恐慌之后，尽管存在或大或小的回调，市场还是转入了一个总体向上的走势，最为明显的是紧随 1 月上涨后的回调。我们可以说，过去的 9 个月或多或少一直是个牛市。有趣的是 5 月 18 日结束的第二波扩幅向上震荡走势是否已经终止。

根据我们对于先前平均价格指数走势的经验，一个持续了 8 个月的整体向上的高涨趋势，或许可以构成一个牛市，无论周期性的回调多么不规律，多么剧烈。熊市成功地从 1905 年 1 月延续到 1907 年 10 月，这形成了任意幅度的长期价格运动。事实上，市场从过分下跌的情况中，自然会有一些恢复，我们仍可以观察到从 10 月低点起 20 个点的反弹，在一定程度上预示了整体经济有些适度的恢复。

股市可以从一个方向或很短的时间内被操，但是不可能设置一个金融组合强大到足以操纵整个股票长期的平均价格指数运动，就如我们现在面对的股市一样。事实上，我们可以十分安全地保证，只有市场的次级运动才容易受人为手段影响而增强或延迟，数年以后，操纵对绝大多数价格的影响基本都可以被忽略。

目前，平均价格指数没有显示出恐慌之后开始的牛市结束了，但它不断反弹到 5 月 18 日高点附近，并且都没有成功超过这个点位，这就需要我们仔细观察了，因为这种发展通常标着大范围波动的结束。然而，公平地说，如果 20 支活跃铁路股票的平均价格指数在目前的市场中超越了 104.45点，这显然预示了市场会有实质性的进一步上涨。

一周走势

《华尔街日报》 1908 年 7 月 20 日

在过去一周中，股票市场呈现了完全一致的趋势。星期二就突破了前一周的最高点。

随着 5 月 18 日创造了本年的高点，目前的价格比低点高出 5 个点。事实上，工业股票比那个数字差不多高出了 2 个点，并且 20 支活跃铁路股票的平均价格指数比那个点低不到半个点。

这是一次重要的运动，如果铁路股票超越目前的上涨，这一运动看起来会更有意义。基于我们先前对市场大幅趋势的经验，市场不会严重受到人为操纵影响，根据华尔街和公众当天表现出来的情绪，表明市场会有一定程度的进一步独立上涨走势。

突破高点

《华尔街日报》 1908 年 7 月 21 日

所有研究平均价格指数运动的学者，都会兴致勃勃地注意到这样一个事实，铁路股票的平均价格指数昨天达到了 105.20 点，这比 5 月 18 日建立起的前一个高点 104.45 点高出了 0.75个点。超过前期高点通常意味着股票市场中存在牛市的波动。我们还应注意，目前市场的水平与 1908 年 5 月 18日相比，交易量更加活跃。

显然，8 月的普遍上涨提前开始了一点。

再次突破高点

《华尔街日报》 1908 年 8 月 1 日

铁路股票平均价格指数果然再一次突破了前期高点。

7 月 20 日，平均价格指数达到 105.25 点，超越了 5 月 18 日创造的 104.45 点这一前期高点。3 天后，市场已经上涨到了 106.24 点。

这在市场昨天达到 106.76 点前，一直都是最高平均价格指数。对于平均价格指数研究者来说，这是一个牛市波动的出现。今年的市场在 7 月就已经开始了往年通常发生在 8 月的上涨。

《华尔街日报》 1908 年 11 月 2 日

在上周中，20 支活跃铁路股票的平均价格指数，在星期二和星期五曾两次接近 9 月 9 日记录的最高价格的 0.25% 以内，随着去年股市活跃以及大萧条后的其他几年的复苏，超过前期高点的上涨通常说明大牛市的持续。经验显示这种反转是真实的。如果先前的高点不止一次被接近，但始终不能被突破，那么随后价格的暴跌就明确意味着主要上涨趋势的终止。目前

的走势是构成牛市趋势的一部分，这个牛市从 12 个多月以前就开始了。本周的净收益并没有加大，但是市场回升的幅度比下跌要更进一步。工业股票的走势绝对不算清楚，也没有给出任何市场可能变化的暗示。市场在周六的时候十分沉重，铁路股票的平均价格指数为 109.57 点，这仅比一周前略高一点儿。

价格运动

《华尔街日报》 1908 年 11 月 28 日

总统大选前 3 天，我们在这些专栏中指出，20 支活跃铁路股票的平均价格指数正在迅速接近今年的前期高点，以及 9 月 9 日的上涨运动所达到的高点。因此表明，到目前为止的新高水平意味着市场会有进一步有力的上涨，在预测未来市场运动时，与选举期间有关的任何事情都意义重大。

11 月 2 日，大选前夕，20 支活跃铁路股票的平均价格指数突破了前期高点。市场与前期走势一致，一个强劲有力的上涨开始了，在 11 月 18 日上涨受阻前，这次上涨将平均价格指数推升超过了 7 个点。很少有这样的预测，但是出于需要，依据严格的技术

形态做出的预测如此迅速并彻底地进行了自我调整。如果仅通过两三支活跃股票来判断整个市场局势，那么没有什么比这个更容易让人迷惑了。少数几支股票或许能被一时操纵，并且还可能导致我们对局势做出完全错误的判断。但是，不是所有的股票都能被操纵的，因此20支活跃铁路股票的平均价格指数会显示出举足轻重的变化，这样我们就能从中得到市场发展的推论。

股市的操纵问题，带有某种神秘的色彩，因此弱小的外部投资者总是对这个问题特别着迷。他们相信有限的几个所谓的"内部人"总是在数月前就安排了股市应该如何发展。对于一些大交易商来说，能够有做这样一件事情的名声，毫无疑问是绝对非常有价值的，但是他们的能力被极其荒谬地过度夸大了。1907年，世界所有的操纵都没能挽回这些大交易者巨大的损失。从那次恐慌后，公众根据股票价值，预期公司业务的一些改善而购买股票，并且可以明确地说，市场的上涨可能与完全没有任何操纵时的发展一样。交易中可能发生的改善被大打折扣时的水平，通常是它可以达到顶部的数字。

目前的平均价格指数处在一个非常有趣的条件下，或许不久之后会给出一个有价值的指示。11月17日，当20支活跃铁路股票的平均价格指数达到117.51点，是本年的最高点。从达到这个数字起，市场中有一个将近3个点的回调，但是现在价格回升了，到星期二的时候，离这个高点已经相差不到1个点了。如果市场中的这一高点被超越，就会是最强有力的证据证明牛市离结束还差得很远，除非先前的经验毫无作用。另外，如果市场再次靠近这个高点，但始终未能突破，并且紧接着是一个三四个点的暴跌，那么自恐慌以后开始的主要波动目前就要结束了。

《华尔街日报》 1908年11月30日

在过去的一周里，股票市场呈现出一些不规律运动，但总体是一个向上的趋势。20支活跃铁路股票的平均价格指数在11月21日跌到114.77点，在11月17日记录的本年高点下方近3个点。市场现在再次接近这个前期高点，这个表现适时地激起了公众在市场中的兴趣。不过，公众并没有盲目地购买股票，不加鉴别就购买股票曾是选举结束后直接交易的特征。事实上，交易是以这种刺激因素的重新开始为特征，人们发现在这个夏天发生的长期上涨中，这种刺激因素是很有必要的。

以平均价格指数作为判断，价格是整体向上的，本周的发展并不违背这一理论。

本周的股票市场一直呈现出不规则的上涨趋势。星期一市场波动有点犹豫之后，在星期二迅速上涨，这种不规律的上涨持续到星期五，此时铁路股票和工业股票的平均价格指数出现了徘徊不定的回调。大规模的投机交易在华尔街中被优雅地称为"猫狗

《华尔街日报》 1908年12月14日

大战"。证券经纪公司的客户所持有的股票总量有明确的增长，由于这段时期的投机，抵押贷款出现了恶化。

总体来看，尽管在1908年贯穿整年的上涨中，牛市让做多的理由无可争辩，但是股票的平均价格指数还是如以前一样强壮得可怕。

《华尔街日报》 1908年12月21日

从平均价格指数运动的表现来看，市场似乎在有条理地派发股票。自11月23日起，平均价格指数既没有低于116点，也没有高于118.18点。这意味着，22个交易日，每日平均抛售与100万股相差不是很远。突破前期高点的反弹将会改变整个市场的技术形态，但是，我必须承认长期以来平均价格指数首次呈现下跌趋势。

一周前，20支活跃铁路股票的平均价格指数为118.18点，是本年的高点。在某种程度上，市场始终表现一致，今年，前期高点被突破的三四天前，通常是市场进一步上涨的预示。然而，在周一，市场的发展极其犹豫。市场仅在星期三出现了有力的反弹，而下跌总量却十分可观，使得平均价格指数大幅低于11月17日的前期高点。

《华尔街日报》 1908年12月23日

价格运动

根据上周六的收盘价，我们在这些专栏中指出，很长一段时间以来，本报的股票平均价格指数走势第一次看跌。12月9日星期三，20支活跃铁路股票的平均价格指数超越了11月17日117.51点的前期高点，并且在随后的4天里，市场在这一水平之上表现得十分有力。本年中，市场每经历一段时期不规则的波动、休整或回调之后，

超越前期高点，都会出现实质性的上涨。然而，这次在超过前期高点时，市场表现并不像往年那样好。

在12月15日，平均价格指数回调到11月的高点以下，尽管在随后的一天，市场再次突破了11月高点，但是股价已经有了一个急剧的下挫。20支活跃铁路股票的平均价格指数现在低于本年高点1个点，并且低于自12月

23 日以来的低点。用于比较为目的的 12 支工业股票的平均价格指数，现在低于总统选举日后一天的水平。树长得再高，也不会与天齐高，我们在这里可以看到，自 1907 年恐慌时期以来，从平均价格指数运动得出的做多点位一致表现良好，最终被股票平均价格指数自身收回。

从 11 月 24 日到 12 月 20 日的 22 个交易日，20 支活跃铁路股票的平均价格指数上涨没有超过 118.18 点，下跌也没有跌破 116.01 点。从 11 月 24 日到 12 月 16 日，12 支工业股票的平均价格指数没有售出高于 87.63 点，或低于 85.15 点。可以看到，无论是工业股票还是铁路股票，当股票抛售在股票销售中达到每天 100 万股时，它们的波动幅度都没有超过 2.5 个点。这是一个非常惊人的表现，对于大多数市场观察者来说，这表明在这段时期，市场坚强地支撑着，以方便股票的派发，特别是当铁路股票和工业股票已经突破窄幅盘整的低端点位。

指出这个大牛市的结束，是一项非常艰巨的工作。如果股票平均价格指数确确实实创造了本年的新高点，那就意味着铁路股票的平均价格指数需要上涨 1 个点，并且 12 支工业股票需要上涨 0.25 个点。市场充满了牛市说，似乎每天都有许多做多的理由。尽管不是非比寻常的大幅上涨，或者甚至是接近今年的一些上涨波动，平均价格指数还是有必要出现实质性的上涨，记住所有的在列股票必须一同上涨，比如联合太平洋公司上涨 20 个点，这仅相当于平均价格指数 1 个点的上涨。

就目前的点位而言，股票平均价格指数明确预示了一个重要的上涨趋势可能结束，并且也可能预示持续了 14 个月的牛市的结束。这纯粹只是猜测，或许需要指出的是，这种分析仅基于平均价格指数的运动是推测，并不表示其中考虑了综合条件。

《华尔街日报》 1908 年 12 月 30 日

价格运动

当 20 支活跃铁路股票的平均价格指数已经跌到 115.20 点，或者说比前期高点 118.18 点低 3 个点的时候，我们在这些专栏中指出，自 1907 年 10 月恐慌中的恢复以来，这是第一次出现明确下跌的指示。事实上，在通过 11 月 17 日的前期高点时，市场再一次正确地给多了做多点，就像整个长期上涨中所做的那样。到目前为止，这样的上涨意味着上涨运动积极地重新开始，但是交易的发展却表现出明显的变化。

市场的确突破了 11 月的高点，但是股票表现并不活跃，即使是在圣诞前的周四，当市场几乎要达到 12 月 12

日的点位时，在 26 个交易日期间，市场的波动幅度少于 3 个点。市场仍然看起来更像是在派发，特别是在 1908 年 12 月 21 日价格跌破窄幅盘整的时候。因此，更值得注意的是，圣诞节后首日交易的上涨，抵销了下跌的预示，同 1908 年间每一个前期高点被突破一样，给出前期做多点的信号都会特别强烈。遗憾的是，工业股票并没有给出任何像这样明确的指示，但是其价格在一周的时间内，已经恢复了 3.5 个点，目前距本年高点不到 1.5 个点。

《华尔街日报》用于比较的 20 支活跃铁路股票，在 1906 年 1 月 22 日触及历史最高点，当时的纪录是 138.36 点。1907 年 10 月恐慌之后，在 11 月 22 日创造了 81.49 点的最低点，这表明从前一年高点下跌了 56.87 个点。由于现在的平均价格指数为 119.80 点，我们可以看到，从 1908 年这次下跌中已经恢复超过了 38 个点。下跌实际上持续了近 24 个月，到目前为止，反弹已经足足 14 个月了。在恐慌的萧条后，商业的正常恢复十分惊人。

目前的价格运动是那些市场大波动中一个显著的例子，它的持续时间远超过一年，并且我们必然会发现其迟早将受到阻碍。股市出现了一次回报，相比当时公众正在迅速吸收有希望的低价证券，现在华尔街中可能有更多的股票。1906 年 20 支活跃铁路股

事实上，保守的人会说，商业复苏的能力远被低估了。

然而，值得记住的是，无论如何，1907 年很大程度上是富人的恐慌，因此下跌可能比这种环境下通常的下跌更严重。这个时候铁路公司有很长一段时间不能以过去的条件借到款，并且在这段期间，他们正在改善其盈利能力，这是在没有机会融资来改善情况的条件下进行的。所以恐慌之后他们的力量变得如此之大，以至于是时候出现一个实质性的上涨了，即使那个时候铁路的利润呈现严重下滑也无妨。铁路公司已经忍无可忍，就好像骆驼在饥饿时期以驼峰为生，所以在商业繁荣时期的节俭及明智的开支，使铁路公司度过了荒年。

从目前铁路股票平均价格指数来看，一周前的下跌预示好像已经被收回了，并且建立起一个在很大程度上有利于 1 月某些上涨的位置。如果工业股票平均价格指数上涨 1.5 个点，把它带到前期高点之上，那么整个市场的可能性会特别得到强化。

《华尔街日报》 1909 年 1 月 7 日

票的平均价格指数的最高点，与 1907 年 11 月恐慌随后触及的最低点，相差 57 个点，下跌损失超过 41%。从这一低点到上周六，反弹了 39 个点，是下跌的 68%。正如预期，在 1907 年的恐慌中达到夸张的低点后，经济有了相当大的回升。尽管，交易量还没有恢

复到 1906 年的 87% ，但是这一数字是 20 支活跃铁路股票的平均价格指数与

本年高点的比值。

《华尔街日报》 1909 年 1 月 21 日

价格运动

目前股票平均价格指数的波动中出现了一个有趣且有些诱人的问题，特别是自年初以来。我们需要立即指出，20 支活跃铁路股票的平均价格指数和 12 支工业股票都没有给出任何 1 月不会时常暴涨的信号。不但没有发生这种情况，反而铁路股票在 1 月 2 日，以及工业股票在 1 月 7 日，都创下了今年的高点。

铁路板块产生了明确上涨转折并超越了 12 月 28 日的前期高点以来，它的波动范围为 3.30 个点，目前报价处在 1909 年早期的高点与新年一开始短暂暴涨的点位中间。工业股票的表现也同样模糊不清。它们没有接近离 1908 年 11 月 3 日的上一高点 1 个点以内。当 12 月 18 日铁路股票开始上涨时，它们处在这一点位之下，总之出现了令人沮丧的表现。

从这些任何人都可以得到的明确信息中，平均价格指数并没有如预期那样，在新年以后暴涨。它们没有显示出任何大选之后应展示出的生命与活力。交易量达到 100 万股的日子，在那时是常态，而现在却成了例外。趋势也是如此，下跌时表现出一点活力，而反弹时非常乏味迟钝。因为每个板块波动范围大约都是 3 个点，持续了 20 个交易日，从而推测一些派发存在其中是十分合理的，这种派发受到不断变窄的交易市场有限能力的约束。

根据多年对平均价格指数严格的技术研究，我们可以得到一个相当清楚的结论。那就是市场正在等待一个新的推动力，并且就目前的水平来说，这个推动力必须比之前 1908 年长期上涨中的那些推动力更强大。经济蒸汽容量是，每天 100 吨煤炭，通常可以让一艘 2000 吨的蒸汽船速度达到 12 节；要使其速度达到 13 节，每天则需要 130 吨煤炭；而要想在考虑风速阻力之下达到 15 节的速度，可能相应需要 200 吨煤炭。

这与股市运动的相似性是显而易见的。在一个上涨的市场中，所有的股票看起来都呈上涨趋势，并且无视先前所有的经验，赚钱的交易者看不到价格应该下降的原因。甚至当运动开始变得辛苦的时候，他仍确信这个停顿只是为了聚集新鲜力量。这一观点持续到 1907—1908 年长期上涨中出现偶尔回调之后。当市场达到"经济蒸汽容量"，至少一些工程师正在大量增加燃料消耗以达到速度上的小幅增

加，这可以认为是一个自然规律。

这些天工业股票平均价格指数上涨了4个点左右，铁路股票大约上涨了2个点，市场看起来像是出现了进一步重新恢复上涨的活力。然而，做多点位无论如何绝不像1908年的那些机会那么令人信服。仅有一次在非常靠近年末时，以这种方式给出的做多点位被平均价格指数中紧张的回调收回，这次回调自新年发生以来，给出不太确定的交易指示。我们不能说平均价格指数清楚地预示下跌，但是它们可能因此出现一个非常温和的经济萧条，同时为了使平均价格指数在整个市场上涨这一话题中创造出一个好的论点，股票中显著增加的活跃性和力量是必不可少的。

《华尔街日报》 1909年2月12日

市场趋势

自20支活跃铁路股票在1月2日触及今年的最高价格以来，市场的走势一直在激怒交易者，但是应该给研究者上了聪明的一课。自那天起，我们经历的34个交易日，期间平均价格指数最大波动幅度为3.94个点，或者说在116.93点到119.97点之间波动。在长期的不确定之后，我们仍然在这两点间徘徊。

12支工业股票直到1月7日才达到今年的高点，但是它们的波动非常小，仅局限于2.84个点的范围之间，高点为86.95点，低点为84.09点。工业板块目前的价格仍然差不多在这两个点之间。

目前很显然是一段休整期。尽管如此，市场仍然看上去足够健康，除非发生严重的且不可知的困难、长时间的迟钝，特别是在年初的时候，这在过去通常会发展成一个趋势向上、幅度显著且相当健康的市场。

《华尔街日报》 1909年2月26日

股票价格运动

2月23日周二，《华尔街日报》用于比较的20支活跃铁路股票的平均价格指数突然跌破了完美界定的支撑线，这条线向前延伸到1908年11月24日。在71个交易日中，平均价格指数仅有一次例外，基本上没有低于116点，也没有高于121点。大选之后，指数共上涨了大约6个点，或者说从110点到116点，实际上，上涨结束于11月24日。

在这三个月间，市场中极其明显地发生了大量的股票交易。事实上，每日售出的股票从没低于380 000股，有时还会超过1 500 000股。现在，市场好像在暗示紧随这段长期休整后的运动，且市场易于发生一个根本性的改变。在这些专栏中，我们常指出在股票价格变化的进程中通常会有三种趋势。它们分别是主要运动，不论向上或向下，可能持续数年，至少极少短于一年；接着是次级运动，可能持续 1 个月到 3 个月不等；这两种趋势同时运行，显然，可能方向是相反的。它们还会被第三种运动日间波动进一步复杂化，这与航海员在复杂水域航行时需要考虑的情况相似。

任何人都会承认，尽管人为操纵在市场运动的日间波动中是可能的，并且短期波动也可能在有限的程度上受到这种行为的影响，而主要运动凌驾于全世界所有财团的人为操纵之上。没有联合体能成功影响市场，例如 1907 年 10 月半恐慌时到今年 1 月 2 日触及高点这段时期的市场。这段时期过长，以至于很难受到人为影响，而且独立上涨的原因也非常明显。

同样，任何发生在 1906 年 12 月高点到第二年 11 月所记录低点的下跌，都不可能被人为操纵。此外，尽管活跃的铁路股票曾在 1906 年 1 月触及最高点，这次运动有个显著的事实就是主要下跌趋势持续不到 1 年。这个最高点是 1 月 12 日产生的 138.36 点，但在

1906 年 9 月 17 日平均价格指数为 137.84 点，并且在经过一个 6 个点的回调之后，同年 12 月 11 日，触及 137.56 点。因此，公平地说，主要下跌趋势是从后一个数字开始的。

股票平均价格指数常常在捕捉一个运动时，给出最好的指示，而不是在上涨或者猛烈下跌中。实际的预示是一段时期的派发，派发中时常使股票平衡浮动以找到新的所有者。例如，我们可以轻易地想象到，许多人认为从恐慌开始的反弹已经走得足够远了。对这一点提出反抗，很可能会被归为无敌的美国乐观主义，这种精神使许多人相信股票价格将出现进一步的上涨，并且反映出这片大陆无尽可能的潜力。股票中新的牛市显然没有资本或者积累先前的收益，因此正如周二下跌所显示的那样，通常更容易受到恐吓而抛售股票。

目前的价格运动好像明确地预示，在一个相当长期的派发暂停以后，新的状况迫使股票新的持有者出售股票。表面上，平均价格指数的预示趋势是或多或少的下跌，但是迅速暴涨很容易改变它们。

《华尔街日报》 1909 年 3 月 17 日

价格运动

过去 10 天的数据显示，20 支活跃铁路股票的平均价格指数出现一个有趣的波动。事实上，股价每天在下跌和上涨中交替变动，就像钟摆般有规律。那段时间，最大的日间波动幅度是 0.55 个点，最小的波动是 0.19 个

点。从 3 月 3 日到 3 月 13 日，包括这两天，市场总波动幅度不到 1% 的 3/8。

市场这种奇怪的跷跷板式的上下摆动，只会偶尔发生，并且往往发生在总体市场趋势出现大幅改变之前。也许在经历了规律的日间上下波动后，其中暗示了一些重要的意义，这一系列的上下波动，被 3 月 15 日进一步的小幅下跌打断了。然而，这个运动本身由于大小，无法从中得到广泛的结论。

武断且教条地理解图表、系统和一般规律必然带来灾难性的后果，这句话时常被人们提起。基于任何这类基础的交易都是赌博，它与合理的投机不同。与史前时代相比，当人类第一次学会计算超过手指和脚趾个数的数字时，在无数方法中选择一种引诱脆弱的人类，输光所有赌资的企图，这种方法不会更具有防御性。

依此为前提，可以说新年初始，股票平均价格指数的表现显然让投机者对股票上涨感到沮丧。市场在一个狭窄的界限内波动，就像精确界定的窄幅盘整，在 117 点至 121 点之间，2 月 23 日，市场突然向下跌破了 3 个多

点。不久以后，部分下跌得到了恢复，但是反弹却没有很好地维持住，并且股票在反弹时被抛售。

毫无疑问，一点很小的波动都会改变市场的整体趋势。小幅的快速反弹将给总体价格带来完全不同的局面。公众喜欢在上涨的市场中买入。事实上，在上涨的价格这一基础上，小投机者投入市场所造成的影响是微乎其微的，实际上，市场并不需要他，没有他市场也可以良好地运作，但是每次发生这样的事情以后，他总是要抱怨华尔街的恶毒。

在这样一个牛市中，平均价格指数目前的表现，很可能发生在夏天或早秋。据此，我们可以认为，证券经纪公司借入的钱是他们去年这个时候借入的 2～3 倍，去年这时候市场非常明确地呈现出向上的趋势。在一个沉闷的市场中，总体来说，这并不是一个好信号。它表明了一个陈旧的多头账户，并且诱惑着专业人士做回调操作。就目前股票平均价格指数的表现而言，市场所处的位置，与好消息相比，更容易对坏消息做出反应。

《华尔街日报》 1909 年 3 月 30 日

股票平均价格指数趋势

不久之前，20 支活跃铁路股票的平均价格指数和 12 支活跃工业股票的平均价格指数，即那些在过去 25 年被记录下来用于比较为目的的数据，其

表现比现在更为有希望。但是在 1 月 2 日本年高点被触及后，市场失去了力量和方向，并且在 2 月底明确发出市场看跌的指示。

市场真正的改变在过去的 7 个交易日中产生了。3 月 22 日周一，市场出现了快速上涨，并且活跃的铁路股票创造了最有力的上涨，走出了自年初开始的惯例。目前的走势看起来让人充满希望，但是第二天，市场回撤了，技术上的做多点被一定程度的收回了。然而，在接下来的那天，市场再次发挥出了真正的力量，现在，市场的平均价格指数正在以比年初以来任何时候都高的价格出售，且超过了 2 月中旬主导的高水平。

在经历了一段时期非常狭窄范围的波动之后，市场表现为明确突破上端的波动范围。仅从市场运动的数学角度分析，平均价格指数上涨的程度超出了人为操纵的可能性，华尔街对工业问题新闻的传播持无关紧要的态度被特别强调。3 月 15 日这天，平均

价格指数看上去呈下跌趋势，但是被快速反弹了，尽管从技术形态看，下跌的几率相当大，然而，股市渐渐地聚集着力量，现在平均价格指数比两周前高出了 5 个点。

对于市场研究者，从这样的记录中，忽视例如关税调整和工业状况等既定的外在因素，是一个极好的信号，即在上涨中交易量也稳步提升。这通常是一个好兆头，因为市场中显然没有太多的股票。在一个超买的市场中，有一个非常明显的表现，市场在小幅反弹时变得迟钝；而下跌时，市场趋于活跃。

从周一晚上的收盘数字来看，预示好像指向会有一些持续的活跃上涨。如果在目前的上涨中，平均价格指数突破铁路股票本年 120.93 点的高点，这种预示将会被特别强调。

价格运动

《华尔街日报》 1909 年 4 月 22 日

3 月 31 日，20 支活跃铁路股票的平均价格指数超越 1 月 2 日的高点时，根据所有先前关于平均价格指数的经验，我们指出市场给出了进一步大幅上涨的预示。现在面临的事实是，市场从 2 月的低点已经恢复了 6 个点左右。这个结论必然是合理的。在周一和周二，这次运动创下了新高纪录。与此同时，交易量已经大到足以对运动起到举足轻重的影响了。

据以往的经验，因 3 月末的上涨所给出的看多预示被前期经验加强了。我们记得从 1907 年 11 月市场开始反弹起，每次连续超越前期高点，接下来都是一次温和的回调，为向上的波动增加了力量。这一运动到底获得了多大力量，我们可以从 1906 年 12 月到 1907 年 11 月的实际情况中得到，20 支活跃铁路股票的平均价格指数下跌了 55 个点，或者说从 136 点下跌到

了 81 点。自从平均价格指数达到这一低点，面对整体经济的不景气，市场已经恢复了不少于 42 个点。

华尔街中好像没有太多的股票。毫无疑问，一些大的交易商正在支撑相当沉重的线态窄幅盘整，但是他们获得了最廉价的低息资金的支出，且没有受到任何公众抛售不可控制数量的股票的妨碍。在恐慌后数月中购买股票的投资者已经获得了较大的收益，但是，不能说他完全像是在急于抛售股票。事实上，这类股票已经离开了市场，并且没有再回来。

目前的价格距它们曾触及过的最高点已经不远了。铁路股票平均价格指数上涨 14 个点将会超越 1906 年 1 月的高点，那是纪录中最好的价格。经济得到了相应程度的改善，这一点很难争辩，但是我们必须记住，股市看的是前方很长的一段路。

股票平均价格指数的表现预示着市场将有进一步上涨，并且很可能在一定程度上成为通胀性质的市场，这是受到了巨大的黄金产量、低息资金、流通货币过剩以及缺乏一定的商业企业吸收过剩的金融资金等因素的推动。

《华尔街日报》 1909 年 5 月 21 日

价格运动

当 20 支活跃铁路股票的平均价格指数在 3 月 31 日突破 1 月 2 日建立的前期高点时，我们在这些栏目中指出，根据所有股票平均价格指数运动先前的历史，这预示着市场将会出现相当重要的进一步上涨，尽管 2 月 23 日，市场那时总反弹已经达到了 7.74 个点。这个结论已被证实完全正确，自 3 月 31 日以来，市场建立了 126.13 点的新高点，同时，目前的价格距这一点位并不远。市场在回调中变得迟钝，且波动幅度也更窄了。

股市成交量的减少存在着多重含义。在华尔街，人们最常引用的一句老话就是，绝不在沉闷的市场中做空。这个建议也许在大多数情况下都是对

多错少。但是，在熊市里，这句话就是大错特错了。在熊市的运动中，市场往往反弹时显得沉闷，而下跌时变得活跃。没有人比得了证券交易所中的专业人士，对于市场趋势的判断更精明了。1907 年一整年，他们在每次反弹时都站在市场的做空方，并且没有抛弃这一立场，直到市场开始真正的恢复。

1906 年 1 月 22 日，铁路股票平均价格指数曾达到 138.36 点的最高点。事实上，在那年，市场曾两次非常接近这一高点。一次是在 9 月 17 日，市场离这一高点不到 1 个点，另一次是在 12 月 11 日。市场从后一个高点开始了严重的下跌。

这次下跌在将近一年的时间里，致使市场下跌超过了 56 个点，1907 年 11 月 21 日，市场下跌到 81.41 点。我们记得，在 10 月危机后将近 1 个月，市场才开始有了大反弹。可以说，从那时开始，反弹一直在延续。至今，市场差不多已经恢复了 45 个点，是平均价格指数最高点到 1907 年 11 月触及的低点下跌量的 78%。在这次回升的过程中，市场最大的回调发生在 1908 年的 1 月和 2 月，但幅度不到 10 个点。而在这次非常重大的上升趋势中，市场出现了 9 次明确的回调，平均每次回调几乎不到 5 个点。

这些数据非常清晰地表明，到现在为止，上涨趋势还没有给出任何结束的信号。市场技术形态所有迹象表明，平均价格指数可能正处在它们创造新高纪录中，尽管这其中存在着沉闷期和可能的不确定性。实际上，目前铁路股票的平均价格指数距 1906 年的纪录相差不到 13 个点，同时，工业股票的平均价格指数 50 个点的下跌已经恢复超过了 38 个点，现在，它的平均价格指数距 1906 年 1 月的高点相差不到 12 个点。

《华尔街日报》 1909 年 6 月 5 日

价格运动

在 5 月 11 日，12 支活跃工业股票的平均价格指数创造了本年的新高 91.25 点。2 天后，20 支活跃铁路股票的平均价格指数也跟随工业股票的走势，创出了 126.13 点的新高。工业股票很快就超越了 5 月 11 日的新高，而活跃的铁路股票直到 6 月 3 日才创造了 127.14 点的新高。在此期间，它们在不到 1.25 个点的区间内上下波动。

因此，两种平均价格指数都在 6 月 3 日达到了本年的高点。

5 月 20 日我们在这些专栏中指出，创造最近的新高后不久，自 1907 年 11 月以来，价格长期向上的波动一直在运转着，没有任何终止的征兆。现在整体感觉与相同评论不断被重复，大量证券或许正以高于其价值的价格在出售。事实上，12 支工业股票的平均价格指数距 1906 年 1 月 19 日达到的最高点相差不到 9 个点，20 支活跃铁路股票的平均价格指数离它们的纪录不到 11 个点，这个纪录是在工业股票达到最高点两天之后达到的。

《华尔街日报》 1909 年 6 月 24 日

价格运动

自 20 支活跃铁路股票的平均价格指数在 6 月 11 日达到 128.12 点，且三天后 12 支工业股票的平均价格指数达到 94.19 点以来，后者现了 4 个多点的回调，而前者也差不多。市场从 2 月开始的上涨以来，第一次出现了数量可观的回调。从铁路股票 2 月 23 日的 113.90 点和工业股票的 79.91 点这一低点来看，市场一直在上涨，这些日子，它们的平均价格指数，记录的上涨量大致达到 15 个点。

这是一个长期向上的波动，从所有的技术形态来看，市场早该有一个回调了。自从 1907 年 10 月半恐慌随后出现的低点以来，市场出现了 5 次明显的回调。过去 10 天创造了第 6 次回调。根据先例，这次回调应该更进一步，虽然市场正在改变状况，但这可能会阻止聪明的交易者跟随下跌，然而，无论下跌多严重，他都应处于普遍情况。

铁路股票平均价格指数为 128.28 点，距 1906 年 1 月曾达到的最高点仅有 10 个点，同时工业股离其纪录不到 9 个点。毫无疑问，这是高价范围，甚至最乐观的预期是普遍的商业条件可能发生极大的改善，以及本年可以想到最理想的农业丰收结果，都被反映出来了。

无可非议，在全球危机的 18 个月里，股票价格所反映的价值已经非常接近 1906 年的最高水平。不可避免的结论是，由于我们反常的货币体系、邻邦的抵押、货币的贬值和大量黄金的供应，一起导致了价格的飞涨。对于所有种类商品的评论也同样正确，因为各种不同指数确确实实地表现了出来。事实上，伦敦经济学家指出自 1908 年 3 月以来，5 月末达到的是最高点。

所有的这些绝不能明确地证明价格上涨已经结束。股市毫无疑问处于超买状态，公众的兴趣不是随着股市上涨增加，而是消失。然而大量投机者增加了他们的仓位，在顶部采用金字塔式交易，因为在银行迅速增长的贷款报告中表现出了这一切，当这些信贷上周减少了 3700 万美元，且在伦敦类似的缩减已经显示出清算正在进行中，毫无疑问，这样的市场状况更健康。市场每天的运动纯粹是猜测。随着账户充分抛售变现，回升在任何时候都可能开始，如果平均价格指数超越 10 天前的最高点，无论其他所有条件如何，都将是一个上涨的预示。

《华尔街日报》 1909 年 7 月 16 日

价格运动

在目前的市场条件下，对活跃股票平均价格指数的研究富有成效，应该可以给市场可能发生的情况提出建设性的指示。20 支活跃铁路股票的平均价格指数的前一高点是在今年 6 月 11 日创下的 128.28 点。几天前，《华尔街日报》拿工业股票做比较，其平均价格指数触及 94.46 点。由此可以看出，铁路股票的平均价格指数距曾在 1906 年 1 月达到的最高点仅有 10 个点，同时工业股票平均价格指数离曾经的纪录也不到 9 个点。

自 6 月 11 日以来，工业股票和铁路股票都发生了 3 个点到 4 个点间的回调，随后则是一段相当沉闷的时期，尽管如此，这期间市场还是反弹了，虽然一些个股活跃于美国钢铁公司普通的股票中，但这显示的是铁路部门的主要力量。尽管没有突破最近的高点，但是铁路股票的平均价格指数在过去的 5 天已经上升到 128 点或超过了 128 点。市场看起来像是在努力达到一个新的高度。这样的运动与过去的以及平均价格指数的前期经验惊人的相似，这种相似持续超过数年，也意味着一些事情如同法律一样有着非常重要的意义。

20 个月期间，大幅上涨的股市经历了 6 次可观的回调，幅度在 4 个点到 10 个点之间。这是一次非常长的向上运动，或许可以说超过了技术上所谓的"波动"，其实际意义是一场最多持续几个月的运动。我们显然仍在牛市中，或许可以说每一个新高点都意味着市场接下来会有进一步的上涨。

当工业股票指数和铁路股票指数差不多同时创造这样一个新的高点时，指示通常更强烈，目前工业板块远远低于 6 月 5 日的上一高点。

另外，市场不断触及前期高点，在没有明确超越这一点位以前，目前暗示着牛市已经快要结束了。1906 年 9 月和 12 月是一个非常明显的例子，当前期 1 月的高点被接近时，却一直没有被突破。市场随后发生了极其严重的暴跌，这次下跌持续了 11 个月。

从平均价格指数看，我们或许可以说这预示了明确的上涨趋势。很显然，在目前的低息资金市场中没有任何因素会导致 1907 年那样的下跌。一个非常小的上涨都可能创造出新的高点纪录，当最低的低息资金进入股票市场时，这可能导致市场发生实质性的上涨，尽管任何保守的判断都会承认目前的价格范围确实比较高。

《华尔街日报》 1909 年 8 月 21 日

平均价格指数的运动

用于表现日间运动的铁路股票的平均价格指数回到了 7 月 31 日的平均值直到 8 月 2 日，也就是下一个交易日，这两个时间点中间的价格。到目前为止，无论这个月曾上涨过多少，现在都跌掉了。8 月 2 日，铁路股票的平均价格指数达到了 131.55 点。铁路股票平均价格指数在 8 月 4 日周六达到了最大涨幅，为 134.46 点，因此总涨幅 2.91 个点。同时，市场在 4 个交易日中，3 个交易日的下跌总量达到了 3.49 个点，被一个 0.44 个点的上涨抵销了，结果周四前这一段时间净损失为 3.05 个点，使平均价格指数达到 131.41 点。1906 年 1 月记录的前期高点为 138.36 点，因此目前的水平比这个最大值低 6.95 个点。

在工业板块中，12 支工业股票的平均价格指数是 97.71 点，经过两天的下跌以后，仍然略微高于 97.52 点，而 87.52 点是工业板块进入 8 月的水平，工业股票平均价格指数最大的下跌发生在本月的第四个交易日，也就是在 8 月 5 日开盘后，当时记录了 0.93 个点的损失。自 8 月开始，市场出现了 7 天的下跌，净损失 3.55 个点，同时市场还有 8 天上涨，收获了 4.47 个点，另外还有 1 天市场没有变化。这种状况将两个板块带到了从 9 月 1 日起 10 天之内，工业股票平均价格指数距记录中最高点不到 5.27 个点。

回看 1907 年 11 月中旬市场曾达到的低点，当陷入恐慌的价格水平时，20 支铁路股票的平均价格指数已经从 81.41 点向上涨了 50 点，差不多上涨了平均价格指数的 60%。在 1906 年的前期最高点到 1907 年恐慌的价格水平间，铁路股票下跌了 43%。

这些记录似乎预示着平均价格指数的运动还没有到转折点。股市在经历长期低点摆动后，在危机中结束。这一时期已经在上持续向高水平上涨中过去了。当下的问题是，预测出的价格水平是否会沿着目前平均价格指数的点位延伸，或者还在等待进一步向上的推动力。如果过去十年的记录值得信赖，更大的可能性似乎是要求铁路板块的平均价格指数上涨到不低于 140 点的点位。1905 年到 1906 年以及 1906 年到 1907 年的最大值，代表着 7 个不同的月，其平均价格指数在 135 点到 140 点之间。当时，繁荣的价值并不像现在所存在的这般松懈。没有如此充裕的资金及相对应的低利率，也没有如描述目前商业状况般的商品弹性需求。所有这些对证券价值的影响，最终都将导致价格的抬升，除非这些影响被抵销，例如发行大量的新股票，或者没有预见不干预价格的阻碍。当然，黄金供应的增加，影响了价格上涨的趋势，也影响了商品的平均价格指数。

《华尔街日报》 1909 年 8 月 24 日

价格运动的推论

上周，本报为了比较之用而保留了多年的 12 支工业股票和 20 支活跃铁路股票的平均价格指数达到了自 1906 年以来的最高值。两种股票的平均价格指数都距其曾达到的最高点不到 4 个点。铁路股票平均价格指数出现了一次约为 3 个点的暴跌，随后在周六大幅回升。这种情况非常有趣，我们可以从中做出一些有用的推论。

1907 年 11 月开始的长期上涨还没有结束，从铁路股票平均价格指数来看，市场已经出现了 6 次回调，但没有一次回调达到过 10 个点，其中仅有一次大于上周的回调。考虑到上涨幅度，这显然是个极小的回调。一周前，20 支活跃铁路股票已经从 21 个月以前的低点回升了不低于 53 个点。相比市场已经发生的回调，一个更大的回调似乎准备就绪，只是到目前为止，还没有发生。

我们显然仍处于牛市中，忽视平均价格指数仍显示出牛市的指示是没用的，尽管目前价格范围相当高。一年前，看涨的股票，可以预见到在延长的低息资金时期，当时他能够买到明显比其价值更便宜证券。后来，许多建立在他乐观态度之上的有利因素被反映出来了。但是，基于先前所有的经验，如果 20 支活跃铁路股票上涨超过 134.46 点，并且工业股票超过 99.26 点，也就是 8 月 14 日记录的上

一个新高点，那么就预示这市场将发生进一步实质性的上涨。

在这种情况下，公众们保守的顾问一定不允许受欢迎的情绪从他身边跑走。价格过高，甚至膨胀了，考虑到已经明确紧缩的货币市场，在财年的危机时刻，它们可能会成为危险的高点。货币地位毫无疑问地越发坚固，银行声明并没有指出在扩大的投机位置上需要任何猛烈的清算。已经发生的事实是贷款从银行转移到了信托公司，这些银行想在收割时期帮助他们的乡村客户，而信托公司则很乐意以超过 2% 的利率借给任何需要的人。这种性质的贷款迅速得到响应，我们现在已经不像前几年那样依赖国外广阔的资源了。

因此，以保证金形式购买股票的人必须要晓得，他所面临的风险与一年前相比要大得多。更高价格意味着更多的保证金，它们也意味着市场回调具有一定的空间，这可能使得以平均价格计算的保证金账户看起来有些脆弱。永远不要忘记，不管国家多么繁荣，价格的上涨不会永远持续。一个创出新高的市场运动，价格至少在一定程度上已经膨胀了。当顶部承压时，市场会出现暴跌。在不可避免的回调中，这种价格运动易于显现出一些不同寻常的地方。

《华尔街日报》 1909 年 9 月 11 日

价格运动变化

面对周五的巨幅反弹，平均价格指数运动中的一些预示，是不会被保守观察者忽视的。他们应该更小心不受任何人诱惑而相信 E. H. 哈里曼的死应该成为牛市运动重新开始的信号。

从股票平均价格指数的观点来看，价格运动在周四发生了非常重要的变化，这是自 1907 年 11 月开始的大牛市以来就已经发生的。8 月 14 日向上运动达到最高点，这也是本年的最高点，用于比较为目的的 20 支活跃铁路股票的平均价格指数达到了 134.46 点，12 支工业股票达到了 99.26 点，这距它们曾记录的最高点都没有超过 4 个点。从这个高点开始，市场发生了回调，将铁路股票的平均价格指数向下带动了近 6 个点，跌到了 128.71 点。随后市场转向，部分下跌在一周多的时间里得到了回升。

在这次反弹中，我们指出如果上移高点被突破，不考虑其他因素，这将是一个关于牛市的争辩。在过去将近两年的时间里，平均价格指数给了我们这样的一个指示，市场在过去近两年中每次回调后的走势都具有绝对的一致性。因此，市场的新特征是反弹没能持续，且周四的时候，尽管工业股票出现了小幅度的上涨，还是跌破了上一低点 128.71 点。

这样的一段价格运动不能构成熊市，却很容易标志出大牛市运动的结束。近两年的上涨并不是前所未有的，但这足以表明市场重要的基本运动，被称为道氏理论的价格运动。其他的是反方向中的次级运动及日间波动。牛市可能停止了，也可能还未停止，我们已经掌握了任何波动幅度的次级运动，平均价格指数仅有一次超过 6 个点。

1907 年整个大熊市期间，平均价格指数从低点反弹之后，在进一步的回调中，跌破这个低点，这无疑是市场下跌的预示。甚至在 10 月危机以后，情况也是如此。直到 11 月底，反方向的运动才明确开始。平均价格指数在周四的暴跌通常标志着下跌波动的开始。这种指示还不是很有权威，不管我们怎么看待牛市运动的重新开始，"所有的坏消息都已经过去了"，相比过去很长一段时间的表现，平均价格指数与过去长期表现相比，呈现出下跌趋势。

悲观主义者从不遵循本报的方针，但是当市场在顶部时，本报刊登了一条非常诚恳的关于保守主义者的请求。由于没有加重所持仓位，所以什么都没有发生。

《华尔街日报》　1909 年 10 月 28 日

价格运动

自 8 月中旬以来，当 20 支活跃铁路股票的平均价格指数达到本年高点，股票平均价格指数的局面出现了一个有趣的变化，铁路股票在 8 月 14 日达到 134.46 点，离曾在 1906 年 1 月碰触过的最佳数字不到 4 个点，此后再未达到过 8 月的高点。同一天，工业股票也创下了本年的新高，但两个板块随后都开始下跌，铁路股票在 9 月 9 日已经跌到了上一个低点以下，这通常暗示市场可能会走出下跌趋势。

在评论最新价格运动的文章中，我们认识到这样一个事实，必须承认的是，工业股票没有给出同样的做空点，尽管平均价格指数出现了超过 4 个点的回调，接着却在 10 月 1 日创出本年新高 100.36 点，距曾经的最佳数字不到 3 个点。在工业股票创下新高的同时，铁路股票恢复了 7 个点的回调中的 5 个点，平均价格指数达到了 132.64 点，似乎快要超越了前期的高点了。根据前期持续近两年的牛市运动的经验，如果进一步发生这样突破前期高点的上涨，我们就可以合理地判断，这预示着市场会进一步全面上涨。

然而，从这个点起，工业股票和铁路股票的平均价格指数一起向下运动。在 10 月 23 日，铁路股票的价格指数的卖出价低于 9 月 9 日的最低点，并

且工业股票也发出了同样的信号。根据学生们的推理，过去两年中，每次出现新高点，平均价格指数都看涨，而目前的指示绝对是下跌的趋势。尽管市场确实在上涨后再次下跌，但是下跌幅度超过了上涨的幅度，这在某种程度上意味着市场正在大量派发股票，并且与主要的上涨时期相比，更多的投机点位掌握在弱者手中。需要特别注意的是，市场在过去三周没能持续反弹，从 32 支股票的平均价格指数中得出推论的市场研究者们要明白，没有一个单独的财团有能力同时操纵所有的股票。

根据这一论据，我们必须承认市场在 9 月 9 日就给出了下跌的预示，而这在随后被股票走势证明是不正确的。市场再次发出转向的指示并不少见，但基于整个运动低价的预示，这比指出主要上升运动的重新开始，更令人印象深刻。在我们可以自信地断定大牛市运动重建以前，铁路股票需要向上反弹 7 个点，且工业股票需要向上反弹 5 个点。

与其他的观点相比，这里只是从纯粹的技术角度分析，基于记录平均价格指数所得到的价格运动的经验来发表市场评论，不过晴雨表中令人沮丧的结果非常值得交易者们深思。

《华尔街日报》 1909 年 12 月 18 日

价格运动

马赛诸塞州的一个记者，通过平均价格指数的运动深入研究股市，他这样写道：

"或许铁路巨头们希望罢工成为一个令人恐惧的示范，而我更倾向于认为，市场向下并到达了一个更低的报价；但最终的结果将会是，在未来的 6 个月中，基于未来价值的预期判断会偏离。"

很奇怪，来年是牛市的这个观点仍在观望。那些空头们似乎认为目前只是暂时的波动，这将给他们机会买入一些便宜的股票，这些股票在这里被描述为具有最终上涨的特性。许多专业人士在膨胀做空市场，但是他们几乎都持有同一观点，那就是股票还没有达到高点。

如果试图与如此普遍的观点相反，似乎没有任何作用，平均指数没有给出任何的暗示。多个星期以来，平均指数只是在几个点范围内来回波动，一直徘徊在 10 月最高点和本月初最低点之间，成交量呈现下降趋势，同时投机也只局限于有限的几支股票。

这些没有透露给我们更多的信息，但可以明确的是，在一定程度上市场正接近平衡，这个地方必须设定一个新的

动力使钟摆再次摆动。没有人能仅从技术分析就推测出大摆动可能朝哪个方向运动。大众已经不在市场中了。与 1907 年的恐慌相比，股票可能只集中在少数人手中。大交易者看起来不想抛售，但是人们会猜想他们已经耗费了大量的"弹药"以试图激起大众的兴趣。6 家大型铁路公司的股息已经增加或恢复了，同时已被分配的宝贵的权利也多了。但是到目前为止，所有的这些"分红"都没能唤醒公众的热情。

市场面临一些非常严重的可能性，包括劳工环境问题和被威胁的华盛顿立法。从没有人因罢工做空市场而挣到过如此多的钱，但是大量的分红对于持股人迟早会受限制而刺激这样的需求：劳工应该分享这些好的事情。一个所谓的潜在因素相当普遍的存在着，以至于几乎没有被认识到，这就是高生活成本。市场迟早会出现一些暴跌，过去曾有过类似的情况，我们知道当容忍点被超越后，一些股票确实暴跌了。

这不是为了传达任何熊市的观点，但是我们只能合理地指出：华尔街中并不是大多数人总是对的。

《华尔街日报》 1909 年 12 月 20 日

当公众打算在顶部购买股票的时候，我们将在接下来的 6 个月中有一个大牛市。到目前为止，明智派发的诱饵还没有吸引到大量的鱼。

12 月 18 日这些专栏中发表了一篇关于价格运动研究的文章，文章中指出股市趋于平衡，这被反映在了股票的平均价格指数上，似乎需要设立新的推动力使钟摆再次摆动。文中没有明确表述出下跌的观点，却指出了劳工环境和华盛顿受到威胁的立法事件的可能性。随后还说明了，强大的公众观点预测了 1 月股市的暴涨，以及在华尔街绝大多数人极少是正确的。

新平均价格指数年非但没有任何猛涨，反而走出前期的徘徊，还明确预示出市场可能会进一步下跌。铁路股票在 9 月 20 日，工业股票在 10 月 1 日达到本年高点的开始，市场没有到任何新高，而是一次又一次地回调与反弹，结果在整个下跌中，波动的幅度变得越来越窄。无论什么时候，当市场接近 12 月初的最低点时，就会反弹，甚至是在新年，同样的现象也十分盛行，尽管在 1 月的第一周，已经足够清晰地表现出市场技术形态正在发生改变了。

大量的清算正充斥着市场，1 月 14 日，不管是工业股票还是铁路股票，

股市长期上涨后随之发生巨大的抛售压力，接着快速反弹，这一系列是股市通常的发展过程。在熊市中，一旦没

《华尔街日报》 1910 年 1 月 18 日

市场价格以一种定义明确的方式跌破了 6 周前的前期低点。在这个长期上涨过程中，平均价格指数可以说在 9 月和 10 月初已经达到了顶峰；近两年内，每次适度回调以后，平均价格指数总会突破前期高点，市场都会给出明确及可获利的上涨的指示。此后，下跌方面的预示都变得模糊和不确定。回调程度不足以创造具有说服力的新低点。现在这种指示清楚了一点，工业股票从 1909 年高点回调到现在超过了 6 个点，铁路股票回调超过了 8 个点，我们可以大胆设想技术形态发生了一个根本的变化。

我们至少很清楚的是，大牛市运动的后盾被破坏了，并且需要一段时间建立起一个新的后盾，对此我们不能有任何抱怨。作为一个主要运动，我们享受了平均价格指数历史中时间最长、受益最大的向上摆动。这样建立起的价格范围太宽，以至于对投机公众来说完全没有吸引力。这不是说，市场最终不能建立起更高水平的价格，但用合理的常规方法解读平均价格指数，就会得到市场将要下跌的预示。

《华尔街日报》 1910 年 1 月 24 日

有了抛售压力，反弹通常是十分迅速的，但是随后总会是一段时期的停滞，以及为支撑市场而买入的股票派发所具有的

必要性而产生的不确定。本周，我们可能就会看到类似的情况，并且真正的考验在于市场吸收这些股票的能力。

《华尔街日报》 1910 年 2 月 19 日

价格运动

在 1 月 18 日的一篇关于价格运动的研究中，我们指出，自 1908 年到 1909 年开始的长期上涨以来，这是第一次铁路股票和工业股票的平均价格指数给出了明确的下跌暗示。市场带着原有的喻意，在非常窄的幅度中波动了两个月，这就好像钟摆慢慢加速接近平衡点一样，市场像是在等待一个新的动力。股价跌破了 12 月的最低纪录，一个新的低点被建立起来，尽管随后的价格距去年 10 月最高点只有几个点，但是这也暗示着市场将会有进一步的下跌。

这一运动来的正是时候，下跌波动直到 2 月 8 日才停止，市场从 1909 年的高点起，就已经持续下跌好几个星期了，工业股票的平均价格指数下跌了 15.50 个点，铁路股票下跌了 13.93 个点。2 月 8 日后，市场发生着显著的急速反弹，工业股票和铁路股票反弹的总量都达到了下跌量的 30%。排除外界因素影响，仅从平均价格指数来推断原因的话，我们能从技术形态中得出什么结论呢？

普遍认为，我们正处在一个十分确定并且发展良好的熊市中。牛市在去年 10 月就结束了，尽管我过了一段时间才认识到这一点。本周的反弹是否预示着一个新牛市的开始，或者这只是熊市中典型的一次次级运动？过去的经验表明，结论更倾向于后一种。

在一个大牛市中，接下来就会发生急速回调。这种原因十分明显。在上升时，市场面临太多的公司在做多。证券经纪公司都在过度扩张。大交易商在极低的低点处大量买入股票，市场在 7 个月内平均上涨了 25 个点，而在 7 天内跌去上涨量的 20% 是非常容易的。同样，熊市反弹总是十分迅猛，在这次一周多点的较大反弹中，并没有显示出任何的不正常。经历一段长期下跌后，一定会出现这样的一个回升。

反弹下跌幅度的 30% 是一个相当大的数字，这足以清除那些由长期的下跌水平承担的没有价值的大部分支撑力。情绪有所改变，并且看好股市的一方再一次表现出十分自信又强势的态度。最后的结果可能会，也可能不会证明这样的自信。到目前为止，我们所关注着的平均价格指数还没有给出任何真实的下跌指示，而相反的运动却看起来呈现下跌趋势，特别是如果市场建立起了比 2 月 8 日更低的价格。

1 个月前，我们在专栏中探讨了 12 支工业股票和 20 支铁路股票平均价格指数所显示出来的价格运动。并随后指出，从 1909 年 9 月和 11 月的高点起，工业股票下跌了 15.50 个点，铁路股票下跌了 13.93 个点，市场在下跌后出现了大约 30% 的反弹，反弹持续超过了 8 个交易日。这两种股票的平均价格指数，从那时起，相互的关系再没有往常那般紧密了。与 1 个月前的平均价格指数相比，铁路股票稍微下跌了一点儿，而工业股票却高出了一点儿。

紧接着这次快速反弹，我们经历了长达一个月的工业股票不足 4 个点的波动，而铁路股票的波动幅度远低于 3 个点。换句话说，这个快速反弹没有继续进行，尽管当时看起来市场要在 3 月 7 日重新开始。这个价格无论如何都是本月的高点，并且从那以后，以前的不确定性再次自我声明。仅从技术形态来判断，好像暗示着市场的支撑和维持，是为了派发股票。

平均价格指数中反复证实的长期经验告诉我们，在一个持续上涨超过 1 年甚至更久的大牛市，与偶尔回调的迅速相比，上涨看起来要缓慢得多。同样地，在熊市里，反弹的确迅速得多。从去年秋天的高点下跌以后，我们可以看到股票反弹的速度比下跌迅速慢得多。活跃的交易者，可以十分容易地解释这个问题。市场变得暂时脱销了，对于自己付款购买所有股票的人来说，价格变得相当有吸引力。一个又大又脆弱的熊市发展起来了，并且这些因素聚集起来会变得容易得多，市场一旦开始反弹，就会导致股票价格迅速上升。

这样的买入，在其耗尽之前，好像通常都具有反弹前期下跌 30% 到 50% 的能力，并且使价格达到大致平衡的水平。到时候，市场大体上供应着下跌过程中为保护市场买入的股票，获利的销售，被不信任反弹的股票持有者所认识，并且新空方力量足以自我处理，还有市场有着这样固守的认识是：若要重新开始以往的反弹，一个真实且广阔的新推动力是必不可少的，因此，价格开始徘徊，我们现在正处在其中一个关键且有趣的时期。

从公众缺乏兴趣来判断，市场中几乎没有大幅上涨的空间。这里肯定有许多专业的大交易者做多市场，与纯粹的业余交易者明显不同的是，当他交易时，通常在一个小范存在着巨大交易总量的市场。据此，可以肯定一个巨大有影响的群体在目前的水平下不相信市场。从平均价格指数的表现来看，不看过去一两天的力量，趋势似乎朝着更低的水平下跌，然而除了反弹耗尽外，市场没有给出任何清楚的预示。

《华尔街日报》 1910 年 4 月 16 日

1 个月以前，我们在这里从技术的观点仔细分析了股市的状况；并且随后指出，如果完全没有预示任何趋势，那就是下跌运动。《华尔街日报》中，20 支活跃铁路股票的平均价格指数那时是 123.66 点，12 支代表工业股票的平均价格指数为 92.33 点。从这些数据来看，铁路股票下跌了 2.44 个点，工业股票下跌了 2.97 个点，随后的反弹使平均价格指数反弹到离它们一个月前的点位只有 1 个点或小于 1 个点的位置。

当市场等待新动力时，股市当天的走势就变得很重要，因为新动力似乎已经出现了。我们记得，去年 8 月市场达到高点之后，出现了下跌，这次下跌在 2 月才止住，与 1907 年 10 月之后的长期上涨中的回调相比，规模比 1907 年 10 月危机后的长期上涨期间的回调要大得多。市场在出现这种相对快速的暴跌之后，一般会反弹下跌的 50% 左右。接下来，我们可以客观地称其为次级下跌（实际上是这种市场波动常有的特征），这之后，交易变得极度沉闷，而且在任何地方都没有明确的运动。

我们或许可以再次利用钟摆这个比喻，因为它是最符合研究市场运动的方法。正如股价的表现，每次循环摆动，摆动的圆弧段都会变得更小，直到钟摆达到平衡。显然，市场正在等待新的动力。

接下来也是如此，这样的市场变成彻底脱销。正如交易者所说，市场中没有"容易的上涨"，在没有任何侵略性的牛市领导的情况下，专业交易者都会因感到安全而做空。同样，不活跃使上涨趋势十分疲惫。没有经纪人喜欢"沉睡的账户"，最终市场会达到这样一个位置，这时候非常小的动力将开始向上或者向下摆动。当人们了解标准石油公司和美国烟草公司的决议至少不会无限期的威胁市场时，上周一开始，市场便急速反弹，价格似乎已经摆脱了以往的惯例，至少那时候，市场在向上发展。

没有任何指示表明这个熊市大致在去年 9 月已经结束了。单从技术形态上看，预示着市场将向上波动，市场不需要走得快或者很远，但是下跌形态现在还很远，足以留下上涨的空间，特别是如果公众表现出返回市场的意愿。在这样一个次级波动完成之后，股票平均价格指数的表现很可能会非常有趣。

《**华尔街日报**》 1910 年 6 月 16 日

价格运动

不到 1 个月前，我们在专栏中探讨价格运动时发现，技术形态不是特别令人振奋，市场似乎会有进一步向上的反弹；鉴于成熟期的不确定性，一个上涨趋势有了更大的机会成功，如果可以完全把握住这次机会，可能更早就预期到了这个结果。写完这些看法之后，市场出现了更进一步的上涨，5 月 21 日工业股票和铁路股票的平均价格指数都达到了自 3 月 8 日以来的最大值。

市场仅仅艰难地维持在新的价格水平上，直到 5 月 25 日才出现了真正的压力，工业股票和铁路股票两个板块都显现出疲软的信号。尽管第二天就出现了反弹，但这些迹象还是发展成了剧烈的抛股清算，从表面上来看是因为政府对铁路的态度，这次清算在暴跌中结束了，工业股票以 82.05 点抛售，铁路股票则是 114.59 点，创造了年内新低，分别低于 5 月 21 日的前期高点 7.61 个点和 8.73 个点。

由于政府和铁路公司之间达成和平协议，市场出现了温和的反弹，铁路股票共反弹了暴跌的 35%，工业股票为 37%。从这次波动中，我们可以得出一个合理的推论：如果这次下跌仅仅是因为美国司法部长对西部铁路做出的对立之举，那么反弹应该更快更远。目前，我们仅从技术方面研究市场状况，也就是平均价格指数运动所揭示的经验告诉我们，市场的运行受法律的约束，即使这需要很长的时间来证明其真实性。我们在这里无需通过探讨这个问题是否真实从而辨别下跌的表面原因。

价格运动的研究者会注意到，这个反弹应该走得更远，而反弹在发生了大约 50% 的突然下跌之后，回升的水平应与市场出乎意料的暴跌行为一致。

目前市场是否存在充分的驱动力来带领价格上升，对这一观点，我们持怀疑态度，市场仅局限在一些财团和活跃专业群体中，几乎完全排除了投机的公众。

谨慎的交易者将采取保守上涨的观点，并且如果平均价格指数反弹超过从 5 月 21 日到 6 月 6 日下跌量的 50%，我们就很容易在市场中发现新的多头势力。

《**华尔街日报**》 1910 年 7 月 19 日

价格运动

6 月 16 日，最近一次我们在这些专栏中探讨价格运动的时候，市场正处在反弹之中，这个反弹紧随月初严重暴跌之后发生，当时政府突然做出了不利于西部铁路的决定。由于这个意想不到的新闻，市场出现了突然暴跌，随后的反弹达到了暴跌的30%。过去的经验表明，这次反弹应该走得更远，或者至少达到下跌的一半，而且这确实发生了。反弹持续到6月22日的时候，市场再次表现出疲软。

从技术上说，发生了做空回补，并且人们购买股票是为了保护市场，大量抛售股票足以消耗它吸收的能力。任何基于技术形态的交易者，在6月22日和23日必定都会信心十足地做空。市场进一步急速下跌，持续时间短，而下跌程度相当严重，工业股票和铁路股票都创造了年内新的最低纪录。到7月5日，或者说在9个交易日里它们分别下跌了6.05个点和8.77个点。

股票平均价格指数研究者知道，6月暴跌的低点一旦在新的回调中被突破，就明确预示着市场将要下跌。价格开始在低水平做窄幅盘整运动以前，表现相当好，工业股票上涨了2个点，

铁路股票差不多上涨了4个点。从那时起，回升再也没有将市场带到6月低点之上，因此可以说，尽管反弹了，但市场仍然没有收回它看跌的观点。

我们一直在这些研究中承诺，只采纳技术分析的预示，而形形色色的公众买卖股票的普遍情况，不在我们的讨论之中。

在华尔街，有一小部分交易者，常常对多错少，他们的方法通常是无意识的，但严格遵循技术分析，很少涉及基于收成的估计或政治的推测。这部分人，根据今天平均价格指数的指示，认为市场会有进一步反弹，但是会在某一位置迅速撤离。反弹中的任何阻碍，或如交易者所说的"上升困难"的迹象，将意味着向空方的转换。至少可以说，没有任何迹象表明这个大熊市已经结束，但是一个非常小的进一步反弹或许可能启动一个持续一个月左右的次级上涨运动，这些次级上涨运动都将具有一定幅度下跌的特征。

《华尔街日报》 1910年7月29日

股市反弹

在经历了周二那次最严重的暴跌以后，股市已经反弹了，根据前期的经验，这次反弹应该会走得更远。从去年10月起，我们经历了一次宽幅大跌运动，尽管真正的下跌并没有更早开始，但是至少已经完成了，事实上，

在长达8个月的熊市中，市场没有一次像样的反弹；现在是时候出现一次回升了，特别是经历了上周二的推动之后。

我们常在这些专栏中提到，熊市反弹急剧，且时间相对较短。股票似

乎回升比下跌快，通常一个持续 4 个月的下跌，差不多 4 个星期就能反弹到下跌幅度的 30% 到 40%。这就是市场的次级运动。当然，首先是上涨约 2 年或更久的主要运动，或者一般不超过 12 个月的下跌运动。在一个大的上涨趋势中，我们易于受到突然且迅速的回调；而在大幅的下跌中，则易于受到类似的反弹。不同于日常波动的是，这些回调和反弹通常持续 30 天，构成次级运动。总体上，我们可以说运动越短，越难预测。

对于相信报价器显示所有实情的交易者来说，只要我们能够充分理解它，长期下跌中最后暴跌开始的反弹对他们来说会是一个非常有用的指示。根据这点，我们可以看到市场最近的下跌，在经历一个 10 个交易日的下跌运动后终止了，铁路股票平均价格指数净损失 8.06 个点，工业股票下跌了 7.79 个点。从这次反弹的正常运动中我们可以看到，上次下跌的 40% 很快

就会被快速恢复了。但是市场在反弹之后会变得沉闷乏味，大部分专家会选择卖出股票。他们这么做的理论依据是，市场上没有足够的买方力量能够证明一个持续 30 天的牛市来了。

另外，如果在这个反弹之后，股票持续坚挺并慢慢改善，那么专业的报价显示器的读者将跟随市场向上；但他们不会立刻就猜想到这个大熊市已经结束了。技术分析的预示也还没有指向那个方面，尽管市场满足于出现 8 月的一次上涨，正如我们往年已有的那些 8 月的上涨一样，但是，必须承认的是，技术分析的预示与近几年已非常不同。

如果市场反弹前，在低水平附近保持迟钝且不活跃的状态，那么专业交易者很可能将更加关注目前反弹的重要性。制造一个主要运动级别的大幅上涨或下跌的情况，实际上从不会在一夜之间完成，不过第一次反弹看起来的确令人振奋。

《华尔街日报》 1910 年 8 月 30 日

伴随其进程进一步下跌了 8 个点。

这个短期的下跌紧跟着一次长期的下跌运动，由于程度太剧烈，以至于没能激起一次突然的反弹。这个反弹从 7 月 27 日开始，到 8 月 17 日，铁路股票回升了 9.88 个点，工业股票回升了 7.79 个点，这种趋势持续了 3 个星期，我们可以客观地认为这表示了熊市中短期波动，或者说次级运动，

在讨论价格运动的文章中，如活跃的铁路股票和工业股票的平均价格指数一天一天及长达数年所显示出来的那样，本报在 7 月 19 日指出，没有任何迹象表明这个大熊市已经结束。这个结论被非常明确地证实了，20 支铁路股票的平均价格指数，在 7 个交易日由当时的 112.64 点下降到了 105.59 点，创造了本年新低，同时工业股票

熊市中的上涨趋势。我们可以注意到，这样的一个趋势往往具有非常明显的特征。它时间短且速度快，用这一方面作比较，在持续上涨趋势中更能经常看到偶尔的暴跌。

当每个人都判定市场正在有序地完成所有建立在希望之上的预测的时候，上升运动却止住了，并且自8月17日起，或者说在9个交易日内，市场出现了明显的回调。这至少表明了市场的次级运动趋势，即这个熊市中的短暂上涨波动已经结束了。如果能在这个大趋势中给予任何真实改变的希望，那么平均价格指数上涨超过8月17日的最高纪录就是很有必要的。平均价格指数的日间波动，有时对日间波动有促进作用，但是目前没有指示表明会有任何这样的回升。

在这些研究中，作为一贯宗旨，

我们需要再次重申：研究中只考虑了市场的技术状况，未考虑外界的影响。通过用于比较的市场平均价格指数的25年经验，在这些外界影响成为大众讨论的主题之前，它们都被记录在了平均价格指数的运动中；唯一的例外是那些超出人类所能预见的事件，如旧金山大灾难等。尽管市场会被这样一个灾难打断，但是我们发现随后的快速反弹趋向于重新回到大市场的条件之中，这些讨论都建立在此之上。

目前平均价格指数的位置，显示着我们已经经历了一次典型的次级反弹，并且已经重新开始了普通的运动。所以结论是大的下跌趋势还未结束，尽管在这段时间的进程中它肯定明显地表现出已经接近尾声。记录表明，这个运动不会超过一年时间。

《华尔街日报》 1910年9月20日

价格运动

当股票的平均价格指数只是象征性的小幅波动时，我们仍然可以从这种情况中得出有用的推论。在这种情况下，这些推论适合那些待在场外等待机会的人。自8月22日起，包括8月22日，12支工业股票的平均价格指数波动幅度没有超过1.36个点，20支活跃铁路股票的平均价格指数波动幅度仅有2.31个点。随着8月17日结束的短暂反弹，市场显然已稳定下来，

等待一个新的动力。

我们会发现颇具迷惑性的类似情况：市场在经历了一次严重暴跌之后，紧跟着的是幅度为40%左右（或者更大）的反弹。接着会出现一个较慢的回调，然后是无方向的小幅运动，这时市场就像是一个快要停止摆动的钟摆，直到达到平衡为止。这种紧随市场恐慌暴跌后的情形，并不少见。由于这种恐慌所导致的具有迷惑性的情

况，其中的差异非常值得说明。

我们从来没有在 1907 年的危机中经历真正的股市恐慌。股市在那年的 3 月和 10 月极度疲软，但却从未失控，这是股市恐慌暴跌的要素。根据这些技术证据进行交易的人，由于被这个原因误导了，他们在 1907 年 10 月危机之后买入股票，11 月仍处于更低的价格水平，他们在熊市转向前就被挤出了股市。

目前的熊市中，平均价格指数迅速回升到了 8 月 17 日的水平，但是这个次级运动或者说上涨趋势还是被耗尽了，在价格上涨及交易量方面的力量都已经消失了，并且我们已经绝望地处在了这个停滞区中。与 1907 年的熊市相比，这里没有任何可借鉴的相似处。市场迟早会逃出约束它的狭窄常轨，这样一个变化的技术值是什么，

向上还是向下？

8 月 17 日反弹结束，如果市场上涨超过这个反弹所达到的点位，铁路股票和工业股票分别为 115.47 点和 81.41 点，这将是一个适合做多的信号。这本身并没有表明目前有大幅的变化，除非价格在相同的方向有更进一步的运动，着重这一改变。另外，如果市场脱离它下方的常轨，超过 7 月 26 日记录的低位价格 105.59 点和 73.63 点，这将预示着市场会有进一步的剧烈下跌，甚至可能将股票平均价格指数带到距 1907 年后期不远的地方。

我们显然还没有走出熊市，这样的市场常常伴随最后一次剧烈的下跌而结束。技术形态似乎预示着我们正在接近这个大趋势的终点，即使我们认为这个主要的市场下跌运动直到 1909 年 12 月才被真正建立起来。

《华尔街日报》 1910 年 10 月 18 日

价格运动

1 个月前，根据 12 支工业股票和 20 支铁路股票平均价格指数所给出的信号，我们在股市运动的探讨中指出，如果股市进一步上涨，工业股票和铁路股票的平均价格指数分别超过 8 月的高点 81.41 点和 115.47 点，将是一个温和的上涨。那时候，市场处在一个常轨中，在一个月或更多的时候，最大波动幅度仅有 2 个点左右。10 月 3 日和 4 日，平均价格指数非常接近本年

的前一个高点，并且在 10 月 10 日，两大板块股票的平均价格指数远高于 8 月的数字。

鉴于股票平均价格指数过去的记录，这可能是非常有自信的预测。伴随信心倍增，股票价格进一步上涨了 2 到 4 个点。市场准确地实现了这个预示是一个危险的诱惑。市场脱离一个月前的常轨，其力量将朝着任何一个方向发展。在上涨被建立起来以后，我们没有

指示表明价格将达到什么点位。幸运的是，倡导基于历史比较得出的理性结论而每天进行投机，并不是本报的业务。

毫无疑问，我们至少经历了一个熊市中的强势次级上涨波动。主要运动发生了变化，平均价格指数的大趋势在将来很长一段时间很可能是向上的，当然平均价格指数肯定没有显示出这一点。从 7 月的低点开始，铁路股票平均价格指数已经反弹了 12 个点；而在 7 月的低点前，是一个大约 20 个点的极端下跌。相比目前反弹所占用的时间，进一步的上涨持续了更长的时间，这必然会建立起一个合理的推测，那就是市场的主要运动是向上的。另外，市场必将出现一个相当大的下跌，这样才可能重新建立起总体向下的趋势，这个预测在去年就被轻易地得出了。

看起来，铁路股票的平均价格指数似乎跌落到了 112 点，工业股票的平均价格指数也跌落到了 78 点，从而建立起目前上涨波动的次级特征。根据先例，要出现一个真正令人担心的做空点，回调需要比这大得多。任何将平均价格指数带到 7 月点位以下的事情，都将预示着进一步暴跌，平均价格指数在暴跌中的范围，如果不是 1907 年的低点，那么可能预期达到 1903 年的低点。

上涨的一个有力特征就是交易量伴随着每日价格连续增长而增加。这样的上涨很容易在一两天显著的大交易量中结束，但是平均价格指数分析的本质是，它被认为已经反映了这些以及其他所有的因素。

《华尔街日报》 1910 年 11 月 29 日

价格运动

我们在 10 月 18 日探讨了股市的状况后不久，仅从平均价格运动来看，铁路股票和工业股票都创造了本年的新高，随后下跌了 3 个点左右，并且在下跌中明显变得迟钝了。在这些探讨中，其核心思想是接受平均价格指数是所有方向影响的总和，并且我们单纯地基于先前的经验探讨价格运动，就像平均价格指数持续多年所显示出来的那样。

股市在达到高点前，在狭窄范围波动行情中上升起来，建立起了一个上涨的论点，被熊市中最大数量的上涨波动的持续性所证实。自那时起，市场出现了回调，并建立了在狭窄范围内波动的另一次"窄幅盘整"，也就是从这个价格水平上的地方起，上涨波动开始了最终的冲刺。有一件事将困扰经验丰富的观察者，那就是这两次窄幅盘整的本质区别。

最终上涨于 10 月 20 日结束前，一段时期的吸筹好像在市场不寻常的稳定性中得到指示。结束以后，市场已经非常接近以前的高点了，但始终没能突破。铁路股票当时的高点为

118.43 点。11 月 11 日，铁路股票平均价格指数曾触及 115.09 点，随后出现了一些反弹，但所有反弹都发生在同样的狭窄范围内。平均价格指数衰退中的窄幅盘整运动，很大程度上表明了股票被很好地派发。

我们知道，有很好的理论依据支持同时考虑平均价格指数运动的交易量，但是也有实际的理由反对那种方法。要给这样的比较赋予一定的价值，我们有必要建立超过 25 年的日交易量，那时候我们应该会发现，平均价格指数本身迟早会考虑到这一影响，就像对其他影响的考虑一样。同样，在目前的分析处理中，我们可以从影响追溯到一些特殊的原因。

按照逐月的惯例，我们更愿意忽略这些因素。

根据过去的市场经验做判断，活跃的铁路股票下跌到 115.09 点以下，11 月 10 日建立起回调点，工业股票在同日下跌到 83.50 点以下，市场无疑将要下跌，进一步的回调将指向更明确的信号，也就是在过去一年发挥作用的主要下跌趋势仍然具有积极的影响。

《华尔街日报》 1911 年 1 月 5 日

价格运动

我们在 11 月 29 日发表了上一篇以价格运动为主题的评论之后，就再没有那样的动机来探讨由工业股票和铁路股票平均价格指数波动所显示出来的价格运动了。那时候，我们说平均价格指数，特别是铁路股票看起来正在做窄幅盘整的派发运动；如果这时跌破 115.09 点，即 11 月 10 日的回调点，将会是一个下跌的趋势，尽管这未必明确预示着市场重新回到了 1910 年的主要下跌运动中。

当市场跌破了 11 月 10 日的水平时，这个推论完全可以得到市场运动的证实，工业股票平均价格指数随后下跌了 4 个点，铁路股票下跌了近 5 个点，下跌在 12 月 6 日结束。市场接着出现了反弹，好像要将铁路股票带到 115 点以上，并将工业股票带到 82 点以上。跌破 11 月的水平并不足以将我们带入一个熊市的主要价格水平，尽管在过去的一个月，关于这个反弹可能说得最多的是必须将铁路股票的平均价格指数带到 10 月高点 118.41 点之上，才能证实市场明确上涨的推论。

我们更倾向于在这些研究中忽略交易量和交易特征，而相信平均价格指数本身绝对公正，其不但考虑到这些因素，还考虑到一系列灾祸、交易环境、货币市场状况以及投机公众的情绪，甚至投资需求等。平均价格指数不会武断地表明任何事情。鉴于过去长期的研究，平均价格指数是非常有价值的交易指南。它们通常能给出市场短期波动的趋势。至于日间交易，它们不但没有价值，还有可能非常危险。

根据股票平均价格指数进行逐日交易的人，我们对他的定位不高于那些在蒙特卡洛下赌注的人，他不会比一个有系统的赌徒更好一些，不管他是否将自己的结论建立在平均价格指数上，迟早都会遇到与赌徒相似的命运。

要想得到清晰且合理的结论，就要从目前的水平做出推断，铁路股票上涨到118.43点以上，将明确预示着市场的上涨；同时，从铁路股票下跌到111.33点以下，我们可以得到市场明确下跌的结论，特别是如果这些价格运动伴随着工业股票平均价格的波动而波动。这是关于这些运动更可信的一个观点。平均价格指数并没有表明这一点。

《华尔街日报》 1911年2月1日

价格运动

我们在探讨1月5日平均价格指数所给出的市场预示时表示，如果价格上涨到高于1910年10月18日的最新高点，那么自去年下跌运动开始，市场将给出一个比其他波动更加明确的上涨预示。股市最近的运行相当重要，尽管工业股票平均价格指数离上一高点仍有些距离。

从去年10月反弹结束起，对于市场运动的研究者来说，市场的这种波动方式对平均价格指数没有太大意义，更不用说那些把大体结论建立在平均价格指数上的投机者们了。然而，我们仔细审查价格运动，就会发现最近每次回调结束的点位都高于前期回调触及的点位，同时，反弹趋向于建立新的高水平。当市场在一个较大的波动后存在不确定性时，根据前期情况这已明确提出了一个上涨的指示。

为了证实铁路股票所给出的预示，工业股票有必要进行一个约为2个点的进一步上涨，以给多头最大的安慰。这两个板块趋向于共同运动，但也可以一个强，一个弱；并且尽管美国钢铁普通股的交易量很大，但自年初开始，主要运动就是铁路债券的发行。我们看到如此大的铁路融资一点儿也不奇怪，特别是新的融资好像比去年任何时候都得到了更多公众的支持。

客观地说，目前的运动要追溯到12月的低点，工业股票平均价格指数比目前的水平低差不多5个点左右，而铁路股票平均价格指数比目前水平低7个点。这次上涨仍然完全有可能是强有力的次级上涨运动，这种次级上涨波动在熊市中的幅度比我们自1896年以来了解的幅度大得多。然而，这次的次级运动毫无疑问得到了相当大的力量。我们很容易说出公众不在市场中，但是上涨表明合理派发总计有相当大的数量，并且华尔街中总交易量的估算通常都基于提供自己本身正在做的事情的信息。

上周，股票市场几乎持续上涨，周五受到了轻微的抑制。活跃铁路股票的平均价格指数在周二超越了去年 10 月的高点，这使得平均价格指数的研究者，以及那些基于统计分析的人感到满意。市场好像在上涨过程中大量地派发股票，但是运行技术形态显示，这些股票已经被很好地吸收了。市场在小幅回调中变得十分迟钝；而在任何重新开始的上涨时活力增加。每位专业人士都知

上周，股票的价格在一个狭窄的范围内波动，工业股票和铁路股票的波动幅度都没有超过 1 个整点。坚持上个月的上涨这个计划在一定基础上像是一个任务。交易者通常会适应股票的高价位，一旦出现小回调，派发量就会变大，同时价格变得更容易上涨。

价格运动

自我们最近一次探讨股市运动起，股票平均价格指数所显示的波动，出现了一个清晰的做多点，因此我们必

暂不谈论一个失去控制的牛市，或者返回到一个"猛涨"的时期，我们仍然可以说，根据对股票平均价格指数的分析，市场看起来要走得更高。

《华尔街日报》 1911 年 2 月 6 日

道，这很可能表明市场优势仍掌握在买方这边。人们认识到，直到周末，市场留下充足的股票以证实适度的回调；但必须承认的是，空头主要是那些想很快卖出股票并在低位收回股票的人，或是那些开始不相信上涨，希望命运再给他们一次机会的人。后一类人常被归为高位买入者，可能希望比以往的下跌幅度更大，足以让他们重新获得一次好的买入机会。

《华尔街日报》 1911 年 2 月 13 日

事实上，市场小心维护自身，并且对任何新闻来说都处在一个很好的战略位置。我们很难从表面证据判断出股票已经失去了其自身的原动力。最有经验的判断可以被总结为，价格正在为巩固进一步上涨准备着。

《华尔街日报》 1911 年 3 月 6 日

须从其自我证实中做出一个明确上涨的推断。然而，从那次进一步上涨后，相当重要的时刻发生了变化。其中最

有趣的特征是，自 2 月 1 日平均价格指数做窄幅盘整运动的 12 个交易日内，20 支活跃铁路股票的平均价格指数没有跌破 119 点，也没有超过 120 点。

铁路股票平均价格指数在向下波动大约 1 个点后，回到了这个水平，并且成功维持了 4 天多。市场紧随铁路运价决议发生了第一次暴跌，并且从那时起，市场明显承受着股票抛售的压力。很清楚，市场在 2 月上旬大量地派发股票，有一段时间看起来能够吸收如此多的股票，并且处在一个恢复上升的位置。这是我们一个月前就应该采纳的观点，但是过去一两周市场的发展十分接近于一个次级上升趋势的中断，以至于我们有必要明白股票平均价格指数给出了更保守的预示。

前期的经验告诉我们，顶部的窄幅盘整运动被向下跌破以后，不管是工业股票还是铁路股票价格指数，我们在假设平均价格指数会有上涨的预示以前，有必要先达到上次的最高点。对于工业股票价格指数来说，有必要上涨到 86 点之上，而对于铁路股票来说要高于 120 点，这才表明最近客观延续的上涨趋势已经恢复了。

另外，在股票平均价格指数要真正开始下跌以前，一个大幅的下跌波动在某种程度上是很有必要的。我们可以认为这个次级上涨运动开始于 1910 年 12 月 6 日的低点，当时工业股票价格指数为 79.68 点，铁路股票为 111.33 点。要跌破这些价位，就意味着铁路股票需要从目前的水平波动超过 4 个点，工业股票为 3 个点。跌破上一低点将明确预示下跌趋势。

因此，我们可以看到，绝不能武断地做出任何预示。目前看起来更像是次级上涨波动已经结束了，或者至少严重怀疑市场已经投向了大牛市存在的可能，因为 1910 年 12 月 6 日的向上运动多次冲击高点。

《华尔街日报》 1911 年 3 月 27 日

价格运动

我们在 3 月 6 日的专栏中探讨了 20 支铁路股票和 12 支工业股票的平均价格指数波动所显示的股市价格运动，当时它们各自的价格指数徘徊在 12 月 6 日的高点到前一年 2 月 1 日的低点中间，仅 2 月 4 日创造了最低纪录。我们认为上涨超过上一高点将是明确的上涨趋势，而下跌到去年 12 月的数字以下，会对是否预示着回到去年熊市大有帮助。

如果没有说服力，自上次研究后，价格运动会变得十分有趣。假设的价格条件都没有发生。工业股票指数甚至没有接近 79.68 点，尽管曾经达到过距 86.02 点的高点相差不到 2.02 个点的位置。以类似的方式，铁路股票指数在过去的一个月没有显示任何种类的下跌运动，更不用说把它们的价格带到 111.33 点以下了。它们已经非常接近 119.97 的高点，达到了 118.73 点，但自从一周前就记录了这个数字，本周已经回落，且充满了一些净衰退。

当然，这并不是决定性的，但我们注意到不论是哪种股票的平均价格指数，几乎都一致高于我们上次分析时的那些点位。股票平均价格指数看起来像是想往上走，但一些研究者会争辩道，小额的交易量贬低了过去这种变化的重要性。尽管如此，趋势一直明显看涨。就交易量而言，我们更愿意在这些研究中忽略它们，主张这

点同所有其他考虑一样，或许会在长期的价格延伸比较中被消除。这种交易量，甚至像一系列灾难本身，趋向于在一段时间实现自我均衡。沉闷与活跃在股市中不断交替。

市场中没有明确的上涨信号，但我们从上次研究中得出的结论似乎仍然有效。铁路股票从目前的水平上涨到了 120 点，上涨了 2 个多点，对于春天和初夏的市场来说，这会是一个强烈看涨的预示，工业股票相应地上涨到 86 点以上，或者少于 3 个点，那么这将易于确认铁路股票平均价格指数给出的信号。

《华尔街日报》 1911 年 4 月 5 日

股市上一整周都在标记时间，只有微小的变化，交易量也极小。事实上，在周四这天，20 支活跃铁路股票的平均价格指数没有变化，并且 12 支工业股票的平均价格指数也只下跌了 0.01 个点。这是股票平均价格指数表现过的最接近绝对平衡的情况。从某种意义上说这只是巧合，但是这也客观说明了停滞在市场中盛行。这种不活跃其本身是一种征兆。肤浅的观察者会时常惊讶地发现，股市对一些突然又重大的新事物没有反应；然而市场看起来好像受到了一些模糊且不可追踪的推动力指引。不管有意识还是

无意识，价格运动反映的不是过去，而是未来。在即将到来的事件投下影子之前，这些影子都会落到纽约证券交易所。

市场现在不仅仅是在说总体交易十分迟缓。如果我们的推理完全没有意义，那就可以预测到市场的停滞时期会在未来的某个时间到来。然而，用另一种方式来看，市场可能需要一种新的刺激。不同寻常的托拉斯决议会引发许多情况，这与决议的特征无关。北方证券的决议会被人们记住，从技术角度来说，这对华尔街不利，并标志着我们曾经历的最大的一个牛市的开始。

价格运动

股市上周丢掉了战场，仅在周三出现了回升，所有股票都没出现节日后常见的冲刺。市场周二出现了一个相对快速的下跌，市场的表现比过去一段时间活跃了一点。或许市场最弱的特征是在下跌中趋于活跃。从表面上看，市场没有做多的投机账户，但是股票在每一个板块中都被带到边缘，并且必须保持良好，超过一定点位的压力逐出长期股票，即使当它的存在不是明显来自大厅的前期交易。活跃铁路股票平均价格指数现在处在去年 2 月的高点以及去年 12 月的低点之间，而工业股票平均价格指数更接近 12 月的低点。

如果铁路股票跌破了 111.33 点，工业股票跌破了 79.69 点，纯粹的技术分析预示着市场将要下跌，这使得许多专业人士斗劲十足，并且还可能导致抛售。然而，市场并没有走出常轨，两边的机会仍然十分平均。

价格运动

连续 3 个月，工业股票和铁路股票的平均价格指数，一方面，没有跌破 12 月 6 日的低点；另一方面，也没有突破去年 2 月的高点。当我们 1 个月前探讨价格运动的时候，市场正处于某种常轨中。快到 4 月中旬的时候，市场好像要走出这个常轨，并摆脱向下的那端。一段时间以来，至少激进的交易者发现，市场在下跌时变得活跃，而在反弹时变得迟钝，因此他们站在市场的空方。

上周，市场的交易特征发生了本质的变化，但我们不能因此断言交易量比以往更令人印象深刻。价格伴随相当大的信心反弹了，周三收盘时，20 支活跃铁路股票的平均价格指数距最新的高点相差不超过 0.74 个点，同时，工业股票平均价格指数离它们在 12 月 4 日创造的本年纪录略高 2 个点。

为了科学研究，股票平均价格指数在这些探讨中被认为是反映了市场各种影响的总和，甚至包括交易量。因此，随后的次级运动表明新闻对市场影响微乎其微，甚至没有影响。如果一个月前交易就十分迟缓，那是因为关税的不确定性占了主导地位，并且联邦最高法院的决议依然没有公布，今天我们可以感到同样的影响。我们更倾向于认为，这种影响被过度夸大了，因为历史表明，当这种事件的最终结果出来时，市场隐瞒了对新闻价值最有经验的判断。

对于全年的市场运动来说，打破

一些陈腐的规矩，比观察它们更值得人尊敬。从来就没出现过所谓的正常股市。否则我们可能会说，根据数年的平均价格指数，3 月和 4 月呈上涨趋势，5 月和 6 月呈下跌的趋势。这与总的交易量是一致的，但是随之而来的是，市场总有例外，以至于不能为价格运动给出更多晴雨表的预测价值。

根据这些事实，我们认为，基于股票平均价格指数的前期经验，铁路股票平均价格指数上涨超过 120 点，工业股票上涨超过 86 点，或者说从目前的水平上涨 1 到 2 个点，我们可以明确宣布市场即将上涨；并且事实上，其预示的上涨趋势可能会延续到夏天。

《华尔街日报》 1911 年 6 月 1 日

价格运动

5 月 4 日，在专栏发表的一篇关于价格运动的探讨文章中，我们指出，多年来用于比较的 20 支铁路股票和 12 支工业股票的平均价格指数，非常接近 2 月早期创下的高点；如果价格突破这个高点，将预示股市的上涨。3 个月以来，它们的价格徘徊在去年 10 月低点和去年 2 月高点之间。根据前期经验，一个脱离常规的运动，不管朝哪个方向，都将意味着最终会有非常重要的改变。

5 月 22 日，20 支铁路股票平均价格指数创造了本年的新高，同时，工业股票在 5 月 29 日也创造了本年的新高。前者在 5 月 16 日超越了 2 月的高点，而后者是 5 月 18 日。自那时起，市场显示出了相当大的能量，尽管市场曾犹豫不决，但工业股票甚至偶尔跌到了 2 月的高点以下。

然而，考虑到这些因素，以及市场的迟钝及偶尔回调，我们仍可以说，当股票平均价格指数创造了本年的高点，还是给出了一个做多点，并且没有收回这个点。抛除其他所有问题，单纯从技术方面来看，正如通常在这些研究中所做的那样，我们认为平均价格指数反映了多年中所有方面的影响，甚至包括了交易量的影响；可以更确定的说，目前的预示强调了上涨趋势。

为了收回看涨的预示，铁路股票平均价格指数至少要下跌 5 个点，或者低于 3 月 2 日创下的 115.75 点的本年低点，工业股票也需要有相同程度的下跌，即 4 月 22 日创下的 81.32 点以下。根据股票平均价格指数前期运动的所有比较，这样的下跌是很有必要的。从表面上来看，这并不是一个糟糕的交易点，由这样的考虑指导操作的交易者，也许会站在市场的多方，且在当前水平下方 1 个点到 2 个点的位置设置止损。

《华尔街日报》 1911 年 7 月 14 日

价格运动

自从 6 月 1 日我们探讨了股票平均价格指数的价格运动以来，市场不活跃的情况随后发生了。然而，这并不能被看成是毫无意义的窄幅波动。在价格运动的研究中，活跃和迟缓都具有相同的判断价值，并且往往可以对未来变化给出一个更加彻底的重要指示。

自 6 月 1 日以来，或者说在 6 周期间，20 支活跃铁路股票的平均价格指数没有高于 123.31 点，也没有低于 121.09 点；同时，用于比较的 12 支工业股票平均价格指数表现出更小的波动幅度，处在 87.06 点和 85.28 点之间。两个板块在同一天产生低点，自那以后，市场出现了 1 点或者大于 1 点的反弹，把两种平均价格指数带到这段休整期波动中间，或者说，中点之上。

在进入如此显著的稳定期之前，市场中两种平均价格指数都创造了本年的新高，从这一观点来看，无疑给出了价格运动的研究者们所谓的做多点。这个做多点肯定没有被收回；最坏的回调情况发生，至多是发展成法国谚语所说的"以退为进"——后退是为了跳得更远。

长期的窄幅盘整，平均价格指数就像过去 6 个星期所显示的那样，或许甚至伴随有限的交易量，被认为预示着一两件事情的发生：要不就是股票在新高水平被成功地派发；要不就是股票正在吸筹。因此买进数量如此之大的股票，我们倾向于忽略总交易量、贸易情况、农业状况、政治前景以及其他影响日常波动可能的事件，它们在短期波动中的影响常常是不太明显的，就更不用说对市场主要运动的影响了。对平均价格指数多年的分析表明平均价格指数反映了一切事情，并且如果忽略那些短暂的影响，股票平均价格指数会是一个更加值得信赖指导。

需要再次重复的是，任何一个人都不应该根据平均价格指数的指示进行投机。活跃市场的日常波动使得这种行为极其危险，但是作为股市未来趋势的指引——股市毕竟是经济最好的晴雨表——平均价格指数是无价的。它们早在 6 周前就给出了一个上涨的预示，并且目前还没有失效，从技术分析来看，长期窄幅盘整的休整好像已经凝聚了更多的能量。

《华尔街日报》 1911 年 8 月 10 日

价格运动

7 月 14 日本报发表了迟来的铁路股票和工业股票平均价格指数所表现的价格运动的研究。那时候最多可以推断出，6 周停滞在局限于大约 2 个点内的波动，这意味着当价格向任何一个方向突破常态，情况都将变得非常重大。那时候，十分清楚的是平均价格指数没有收回给出的做多点，在6月的后半期，平均价格指数创造了本年的新高；但这一预示并不足以保证任何明确的推断。

上周，市场发生了一个重大变化，平均价格指数总共下跌了5个点，触及自3月15日以来从未产生过的低点。大体上看来，这次回调意义重大。从长达25年以这种方式反映出来的前期市场运动记录来看，可以说，这次下跌明确地取消了那个做多点。至于是否已经建立起任何可靠的下跌预示，观点各不相同。为了再次看到真正的上涨，铁路股票的平均价格指数必须上涨超过7月21日123.86点的价格，且工业股票必须上涨超过6月19日的87.06点。

从更广的视角来看，这个位置变得非常有趣。1910年7月26日以后，市场明确转向，从那时起，我们无疑处在了一个牛市之中，市场在4次不同的运动中出现了4个到7个点不等的回调，如果不是一个回调，那么交易者会因上涨而赚得大笔的钱。这样看来，铁路股票总上涨量从1910年7月26日的105.59点，上涨到1911年7月21日的123.86点，差不多经历了1年。

在股票平均价格指数中，如果有一件事比另一件事表现得更清楚，那就是，在数年的繁荣时期，牛市持续的时间要比熊市长；然而，在紧缩和恢复时期，伴随着经济萧条和贸易严重缩减，熊市比牛市持续得更长。在一段繁荣时期持续整9年之后，虽然期间曾被打断过，股票平均价格指数仍在1906年达到了顶峰。自从市场达到顶点以来，任何时候都不会假装回到繁荣时期，即便是考虑到股票价格和总体经济在1908年到1909年发生了实质性的回升。

这不代表我们正处在一个大熊市的初期。无论如何，那个初期有一种可能性是体现在平均价格指数的表现上，而且几乎不用说明的是，在这里除了只与过去时期的价格运动比较外，不考虑其他任何事情，不涉及华尔街内外的整体经济状况。

目前的预示是否为下跌，这是个人的观点问题，但是运动不再指向上方。

《华尔街日报》 1911年9月9日

价格运动

1个月前，在探讨股市技术形态时，我们针对《华尔街日报》中工业股票和铁路股票平均价格指数的表现判断，尽管对于明确看跌的信号，观点可能各不相同，但至少股票平均价格指数收回了夏季初期所提供的所有做多点。撰写那次分析时，20支活跃铁路股票上涨了4个点，高于8月底触及的数字，且 12 支工业股票上涨了 3 个点。

铁路股票平均价格指数从 8 月 30 日创下 112.60 点这一低点后开始出现反弹，连续 4 个交易日温和上涨，回升到 114.11 点。但随后紧接着的单日回调，几乎抵销了所有的上涨。工业股票指数的反弹更不规则，且幅度很小。反弹时市场呈现出了停滞的趋势，仅在下跌时才变得活跃，对于专业交易者来说，这是市场持续下跌运动的完美指示。

记住，经历了几周幅度在 120 点上下小于 3 个点的窄幅波动之后，铁路股票向下突破了原有的轨道，事实上，相同的运动在相同的时间也出现在了另一个板块中，当每种平均价格指数都得到了相互确认时，将非常清楚地表明市场的趋势。许多平均价格指数的追随者会认为这是一个非常好的迹象，足以保证在第一次突破的时候做空，几乎不用说明的是，市场的价格

运动将证实他们是完全正确的。

从技术形态的表现来看，我们一贯认为平均价格指数自身反映了农业收成、整体经济状况、交易量以及其他一切因素，可以说，目前是下跌的预示，随着铁路股票平均价格指数现在跌破了 8 月 30 日创下的 112.60 点，以及工业股票接近 8 月 26 日下跌创下的低点 78.93，预示更是如此。大多数研究者认为，要想出现一个做多点，首先，股票平均价格指数必须做窄幅盘整运动，其次，在经历一段可以被合理地认为是在窄幅波动区间吸筹的时期后，股票平均价格指数应该迅速上升到上个 7 月的水平。

到目前为止，还没有时间做这样一次窄幅盘整运动，并且必须承认的是，从平均价格指数所显示的价位来看，市场绝不像是存在一个好的买入时机。

《华尔街日报》 1911 年 10 月 9 日

价格运动

扫一眼铁路股票和工业股票的平均价格指数，我们可以看到它们在这一周窄幅波动，并没有太大变化。通过 6 支活跃的股票 1 个点或稍多一点的运动标记着从一天到另一天的交易。但是市场绝没有受到的影响，在小幅反弹时，市场变得迟钝，并且在下跌的时候，也同样迟钝。所谓的华尔街半专业人士的理论，其中绝大多数人

的愿望是思想之父，这个理论表明了市场的一种稳定状态，所有的平仓都被吸收了。假如主要的股票已经有了一个相当大的反弹，这种说法可能有些道理，然而大量的公告预测的上涨趋势都没有得到回应。

事实上，平均价格指数的技术分析没有体现出多少价值，即使在每个平均价格下跌了 11 点之后，工业股票已经

从最低点反弹上升了 4 个点，铁路股票反弹了 2 个点。理论上，至少铁路股票的反弹比例应该大一些。但所谓的窄幅盘整，即平均价格指数在这个水平所表现出来的，或许预示着只要可能被操纵，股票就会被派发。如果是这种情况，市场应该在未来几天达到饱和点，接着就会沉淀。如果确实存在有力的吸筹，市场在不久的将来应该体现股票缺乏，而不是现在所预示的。

价格运动

《华尔街日报》 1911 年 11 月 3 日

从 10 月 10 日那天起，20 支活跃股票的平均价格指数每天的波动范围几乎都精确在 2 个点内，或者说 112.08 点与 114.13 点的差额。从 9 月 30 日到 10 月 6 日，用来获取 12 支工业股票的一个平均价格指数，卖出价没有低于 76.15 点，或高于 78.11 点。10 月 27 日工业股票的平均价格指数突破这条非常接近窄幅盘整的运动，注意到这点是非常重要的。

根据股票平均价格指数通常的理论，向上或向下突破这样的窄幅盘整运动，强烈预示着一段时间的市场进程将要到来。工业股票向下突破，给出了一个做空点。但是这个指引绝不像看起来那么好，因为铁路股票没有同时产生这样的变化。此外，工业股票的下跌在 4 个交易日内就全部回升回来了，这使得 12 支工业股票的平均价格指数离这次反弹高点仅 1 个点之内。

同时，随着这次回升，20 支活跃铁路股票紧随 7 月末开始的下跌，创出了反弹新高。对于一个短期波动，无论如何，如果工业股票反弹创出的新高，证实铁路股已有的运动，看起来确定了上涨趋势。狭窄范围限制内的一段波动期，如我们近期所看到的，假如市场不是绝对停滞，或许可以从两个结论中的得到一个确定的结论。任意一支股票被冻结，只要允许操纵，便于吸筹，就是支持为了做市而派发股票。

如果是后一种情况，华尔街早就已经满载股票了，并且，随着不可避免的抛出，市场迟早会达到饱和点。当美国钢铁公司普通股票 1 天下跌 6 个点的时候，由于市场中充满了太多的股票，促使铁路板块联动性的下跌。然而这个下跌并没有发生，并且市场刚从一个意外被证明为最短暂特性的影响中恢复，铁路股就带头上涨了。

就市场更大的运动而言，也就是持续一年或更久的运动，我们没有办法从股票平均价格指数中推理出一个真正令人满意的特征。市场相当平衡，看起来像 7 月末开始的一个熊市，已被一个清晰的反弹打断过一次，现在有可能再次被另一个典型次级波动在上升方向打断。就像平均价格指数本身，忽视外界影响，根据技术形态操作的交易者现在只可能将目光放在更高的价格上了。

《华尔街日报》 1911 年 12 月 6 日

价格运动

一个月前，工业股票和铁路股票的平均价格指数都给出了做多点，我们在 11 月 3 日的价格运动研究中指出，在这个位置，根据技术形态操作的交易者只能为了进一步反弹而操作。他的这一判断已经被证明是正确的，因为 11 月 23 日 20 支活跃铁路股票的平均价格指数上涨了 3.49 个点，12 支工业股票平均价格指数上涨了 3.70 个点。

这是目前反弹的高点，从那以后，铁路股票回调了，在过去的 9 天里创出了另一次窄幅盘整，且在大约 2 个点的有限范围内波动，但是一方面没有明显的趋势能够找到新高的水平，另一方面也没有趋势回到 9 月底结束的下跌市场。

股票平均价格指数研究者会说，尽管市场中出现了一次温和的回调，但上次话题讨论的做多点还没有被收回。事实上，从目前的水平来看，铁路股票中有个不到 3 个点的上涨，且工业股票有不到 2 个点的上涨，这把平均价格指数带到高于 11 月 23 日的水平，使先前的那个做多点重新开始并被强化了。为了发生小的转变而在任何价位看跌，如果工业股票和铁路股票突破了这条窄幅盘整，达到了我们提到过的点位，价格将变得非常有趣。

今年的主要下跌运动，也可以说是在 7 月末开始的下跌趋势，这一正式的预测，会要求铁路股票从目前水平大约下跌 7 个点，或跌到 109.80 点以下；工业股需要有同样程度的下跌或者更多，到 72.94 点。这显然是一个更艰巨的工作，专业人士仍然更倾向于回调的时候买入，而不是在价格膨胀时做空，理论上，为了恢复一个有信心的牛市，平均价格指数必须给可靠的做空点一半以下的点位。

我们必须承认的是，在技术上，如果已经建立起了主要的上涨趋势，将扰乱一些陈腐且可行的理论。11 月 23 日，股市已经恢复了下跌的 13 个点中的 8 个点。这明显高于类似于 9 月结束的暴跌后的常态。看上去，我们还是无法创造出今年的新高点，并且很难看到创造新高的依据，但是目前股市以一种奇特的方式在徘徊，并且非常难以预测。

也许目前的暗示仍然是一个保守做多的态度，但是得出这个推断的信心，远不如 11 月 3 日探讨这个主题时多。

《华尔街日报》 1912 年 1 月 1 日

一周走势

上周，圣诞节后股市出现下滑，并在周五反弹了，比较平均价格指数，结果表明本周总体上出现小幅下跌。这一运动并不十分重要，技术上的预示给出关于市场状况有价值的线索也是如此。平均价格指数必须上涨到最近反弹的高点以上，才能使专业人士新年看涨，并且为了建立看起来有说服力的大牛市，工业股票和铁路股票的平均价格指数必须上涨到去年高点之上，也就是快到 7 月末创造的高点。另外，平均价格指数没有暗示任何下跌运动，或者可以说 9 月底开始的反弹已经耗尽了。事实上，市场正在盘整，市场有时看起来充满了相当多的股票，并且好像在最近任何一次活跃中都存在大量的派发，但是为了弥补绝大多数大厅交易者的所创造的表面的"空头"，其表现出来的反弹也是非常迅速的。事实上，市场在周五的价格反弹中最没有吸引力的特征就是迟钝，这时空头被诱导平仓。不管公众在新年可能做什么，可以确定的是他们对目前的市场没有广泛的兴趣。我们很难列举一支股票，在这个时候做大量的抛售，这不但不会使其自身价格暴跌，也不会使其他活跃股票暴跌。到目前为止，就对整体经济未来发展的预测而言，市场正在传递出的信息是，目前所能看到的前方是停滞。

《华尔街日报》 1912 年 1 月 17 日

价格运动

6 周前，在关于股票价格运动的文章中，我们在这个版面中指出目前不像是上涨的预示。并且，尽管用于比较的 20 支活跃铁路股票和 12 支工业股票平均价格指数看上去不像是要下跌，但是它们没有足够的力量可以激起市场的乐观情绪。值得注意的是，在那段时间，20 支活跃铁路股票平均价格指数向下运动没有触及 115 点，向上也没有触及 118 点；同一时期，工业股票价格指数最大值为 82.48 点，最小值为 79.19 点。

这显然是所谓派发或吸筹的窄幅盘整的持续，这早在我们上一篇价格运动的文章发表一周之前就开始了。对资深的平均价格指数研究者来说，这样一个窄幅波动的意义可能同市场向任何一个方向快速运动一样重要。如果为了没有价格上涨就吸筹，而已经建立起价格运动中的长期暂停，当两个平均价格指数向上突破窄幅盘整的限制时，结果应该很快就能显示出来。读者们请注意，这里用到的窄幅盘整这个词，是站在市场的角度上来说的，并不严格意味着"有长度、没幅度"。它的意思是指有一定长度，但波动幅度非常小的运动——铁路股票中波动幅度小于 3 个点，而在工业股票中出现稍微大于 3 个点的波动。

因此这意味着，铁路股票到 118 点，工业股票到 83 点，将明确看涨。如果我们可以假定这可能的做多点，反向也是正确的。如果工业股票价格指数为 79 点，铁路股票为 115 点，那么把大体位置建立在股票平均价格指数晴雨表的交易者，将会站到市场的空方，并且像往常一样保护自己不受日常波动的伤害，实践中，这是构成图表研究市场运动中最难理解的元素。

如果这种已经存在约 7 周的稳定状况，不代表为将来可能的上涨吸筹，那

股票平均价格指数上周波动幅度不到 3/4 个点，稍有下跌，但是与已经长期持续近 3 个月的常轨比，没有出现任何的不同。

自 11 月以来，在铁路股票和工业股票平均价格指数的价格运动中，支配市场的波动幅度在任何一个方向都不到 4 个点。当然，其中存在变动更大的个股，例如，新美国烟草公司上周普通股的上涨。但是"一燕飞来不成夏"，特殊个股的活动构不成一个活跃的市场。然而，利用活跃在理海谷公司股中的投机者得出这一事实，是完

只会是另一种解释，它似乎是一次小心翼翼且精心策划的股票派发。这个结论将是，那些能够承担慢慢抛售股票的人，手中有大量的股票要抛售。大量股票持有者绝不会以公众猜想的方式一起行动；但是他们心理的影响容易同时影响他们。市场适时地表明了这个结果，因为不管再怎样小心翼翼支撑市场，必然有达到饱和点的那一刻；华尔街上，甚至全世界所有银行的力量，都无法在这一问题上阻止股票的抛售。

在最近一次平均价格指数的探讨中，我们有必要先修改之前的，并且合理推断出上涨结论。现在，我们根据股票平均价格指数可以认为市场看起来要走低，并且，如果工业股票下跌 2.5 个点，铁路股票下跌 1 个点，市场将明确看跌。

《华尔街日报》 1912 年 1 月 29 日

全可能的。由于大量的操纵可能属于故意为之，取代日益增长的公众兴趣的是，导致那支股票和其他煤炭股将公众一起被驱赶出了市场。对于小额交易者来说，在这种情况下，肯定没有诱惑力，并且很难使大家感到惊奇的是，他谢绝了与比自己更好的交易者竞争，他认为自己在那里得不到公正的待遇。市场的质量在这一点上被极大地恶化了，并且，市场在突破目前的常规前，似乎只有很小的改善机会。

工业股票平均价格指数看起来会

涨到 83 点，平均价格指数会跌到 79 点，仅从技术层面看，铁路股票涨到 118 点，将指向更高的价格，而跌到 115 点，特别是如果工业股票中伴随着相同的恶化运动，将证实专业人士做空是合理的。

《华尔街日报》 1912 年 2 月 1 日

突破常规

从活跃市场中得出的结论通常比那些伴随活跃上涨或下跌向任何人开放的市场更有分量。考虑到各种各样的特别运动，从股票平均价格指数的观点分析，股市早产生了一个令人惊奇的稳定表现。例如，20 支活跃铁路股票的平均价格指数自 11 月 28 日以来，从没超过 118 点；并在该这个价格和 115 点的下限之间徘徊超过了 2 个月的交易日。

就工业股票而言，那里存在过同样的价格运动。工业股票平均价格指数上次跌到 79 点是在 11 月 6 日，从那以后，在过去将近 3 个月的时间里，它的价格没有一次达到过 83 点。这明显是个完全相同的运动，应该充满意义；在工业股票中，我们甚至看出了极其显著的一致性，12 支工业股票的平均价格指数连续 3 天保持不变。《华尔街日报》的平均价格指数在过去 25 年中都没有这种类似的运动。

对于价格运动的研究者来说，在如此稳定的市场中所得到的预示，要么是为将来的上涨悉心组织的吸筹，要么是同样精心组织的派发，通过看涨或者看跌情绪的合理分布，使其自身在市场中有所体现，从而减轻了各自的操作难度。这期间显示出铁路股票在日交易中有 3 次幅度大于 1 个点的波动，其中 2 次是向上的波动。尽管出现这样的积累，然而与 12 月 13 日以来相比，工业股票每日的变化都没有超过 1 个点，铁路股票似乎更像是要下跌。

根据股票平均价格指数的解读市场的方法是久经考验得出的最佳方法，我们可以认为，铁路股票达到 115 点或以下，必将是看跌的趋势，同时，工业股票要给出相同的预示，需跌至 79 点。至少前者像是在窄幅盘整的边缘发抖，并且要给出一个适度看涨的预示，两种平均价格指数需要做出一个实质的上涨。

《华尔街日报》 1912 年 3 月 7 日

价格运动

12 支工业股票的平均价格指数自 11 月 9 日以来没有低于过 79 点，也没有触及过 83 点；同时，用于比较的 20 支活跃铁路股票自 11 与 23 日以来，没有低于

115点，也没有高于119点，其中仅有一天例外。这是个将近4个月的显著稳定期，并且少数个别股票曾偶尔活跃的事实，没有减损整体状况的重要意义。

曾经有一次，铁路股票看起来像是要突破常规，低于115点卖出，但工业股票未曾有过这样的情况。如果这个发生的同时，伴随工业股票的向下运动，根据多年比较股票平均价格指数记录判断市场的人们就会认为，目前给出了明显的整体下跌信号。工业股票无论如何都没有确认这一运动。铁路股票几乎马上就反弹了，并且自从两种平均价格都很好地处在先前的波动范围之内那天起，这显然没有给未来趋势任何预示。

我们可以观察到，工业股票平均价格指数非常接近这个常规的上限。假如它们的位置确定建立在83点以上，同时得到了工业股票上涨到119点以上的确认，毫无疑问，这将预示进一步上涨波动的到来。股市的休整期可能与活跃期一样，意义重大。如果股市长期徘徊在同一个水平上，我们可以

在过去一周中，股市的波动幅度明显变宽，并且发展出了一股自始至终贯穿整个交易过程的力量。数月以来，交易似乎被局限于联合太平洋、阅读铁路公司和美国钢铁普通股股3支股票上，至少投机交易是这样的，然而，上周至少有2支股票显示出足够大的交易量，足以表明这个市场上

得出两个结论，而市场随后的运动将确认两个中的一个。价格可能是为了派发股票而受到了强大联合的支持。也可能是，市场受到阻碍，使脆弱的持有者沮丧，并且为了便于一个廉价的窄幅盘整的吸筹而筹备整体上升。

在这个版面定期的平均价格运动探讨中，我们经常提到：股票平均价格指数反映一切——交易量、整体经济状况、股息、利率、政治——并且正是因为它是一个平均价格指数，所以它全面地概括了市场所有可能的影响力。照这样看，目前的平均价格指数并没有告诉我们太多信息。当铁路股票暂时跌到115点以下时，给出了一个错误的做空点；如果工业股票平均价格指数上涨突破83点，但铁路股票没有出现相应的运动，也可能同样给出一个虚假的做多点。

目前的观点相当不清楚，但是预示肯定不是令人不安的，并且事实上，与我们在一个月前讨论这一主题时相比，预示更像是上涨。

《华尔街日报》 1912年3月25日

公众的兴趣。工业股票和铁路股票平均价格指数都显示这一周总上涨幅度比10月以来任何相似时间的总上涨幅度都要大。就股票平均价格指数而言，市场的运动与之前记录的运动相比，已经处于上涨趋势了。工业股票自脱离79点到83点之间波动的常轨起，上涨了近5个点；而铁路股票上涨超

过了 118 点，这在很大程度上预示着同样地上涨，如果上涨达到 119 点，此预示将依旧持续。这当然是个枯燥的假设，股票平均价格指数代表一切并反映一切，从长远角度来看，坦诚地说是这样的，因为多年的整体经济情况与股票平均价格指数的比较将清晰地显示出这一点。事实上，目前所预示的是，在将近 4 个月的时间里，市场在一个狭窄的范围内波动，耗尽了股票的浮动供给。市场随窄幅盘整最小的阻力运动，在这种情况下，显然最容易的运动是向上运动。市场目前没有出现中断的信号，这或许可以说是充分考虑了劳工、政治以及收成等所有可能性。

尽管日常波动有些不规则，但上周股市中铁路板块出现了进一步地上涨，而工业股票面对清晰的沉重抛压，保护住了它们的阵地。牛市没有新闻在华尔街上是司空见惯的事情，公布一支股票上涨的原因，往往标志着这个上涨运动的终止。然而，对于投机证券来说，一个更好的情绪不是局限于这个市场，而是让它在伦敦和欧洲交易所感受自我。在一段时期的焦躁和怀疑之后，投机者开始重拾勇气。从股票平均价格指数表明的技术形态来看，与前期统计记录的点位相比，

《华尔街日报》 1912 年 4 月 1 日

市场发生了进一步的上涨。我们记得，大约在 4 个月的时间里，工业股票平均价格指数没有低于 79 点，也没有高于 83 点，铁路股票也同样在 115 点到 119 点这样类似的常轨之中。3 月 8 日，工业股票摆脱向上趋势，这意味着股票在两个低水平间吸筹，并且流动供应减少，以致被迫上涨。铁路股票的平均价格指数落在了后面，但是周五又超过了 119 点，从而确定了工业股票给出的上涨预示。自从工业股票创造出重要运动以来，平均价格指数上涨超过了 5 个点。

《华尔街日报》 1912 年 4 月 5 日

价格运动

我们一个月前在这些专栏中探讨工业股票和铁路股票的平均价格指数时指出，股市处在一个常轨中，任何脱离常轨向上或向下的运动，都会为前方一段时间的进程给出一个好的预示。当时 12 支工业股票的平均价格指数卖出价低于 83 点，用于比较的 20 支铁路股票的平均价格指数仅略高于 116 点。那时候，工业股票在约 4 个月的时间里，其卖出价没有低于 79 点，也没有高于 83 点，同时铁路股票在这个分析报告出版的那天（3 月 7 日）和去年

11 月 28 日之间，实质上没有低于 115 点或高于 118 点。

我们可以从这些事实中得出这样一个结论，市场正在创造专家们所谓的线态窄幅盘整，这表明市场目前不是在吸筹，就是在进行精心策划的派发。这个结果迟早会自我显示，这两种情况的任意一种就像是空气中湿度过大终会变成雨水落下；或是股票的浮动供给已被过度耗尽，并且随后价格必须上涨，以满足股市最好与最坏的时候的最低需求。

十分奇怪的是，上次价格分析发表时，工业股票突破了 83 点。这是工业板块明确的看涨行情，但铁路股票只是适度地上涨了，因为当时有一天平均价格指数卖出价低于 115 点，随后并没有导致下跌运动，这个数字本身实质上就是个意外。然而，工业股票的做多点进展良好，从我们在这些专栏中指出了其重要意义起，平均价格指数到现在已经上涨超过了 6 个点。

铁路股票的情况是，直到两个星期后，3 月 20 日铁路股票平均价格指数上涨到 118 点以上，确定了工业股票的上涨趋势，平均价格指数是自 1911 年 11 月 28 日以来，差不多是 4 个月以前，首次创造了新的纪录。从过去这样的发展得到的推断一直保持良好；工业股票和铁路股票都在平稳上涨，市场暂时充满了太多股票时，总会伴随着小幅的回调。

不管整体前景如何，股票的平均价格指数看起来是上涨的。它们如此确定地预示了市场的上涨，以至于只有大厅交易者才可以合理地做空，并且只是为了快速转变市场。此外，平均价格指数不但需要一个重要的运动，而且还需要相当长的时间收回它们的做多点。例如，如果铁路股票平均价格指数只回到 118 点，工业股票平均价格指数回到 83 点，这仅仅表示了一个普通的回调，没有其他意义。

我们需要完全明白，这些讨论并不是为了那些打算每天在交易中迅速获利的投机者们。我们假设平均价格指数消除了每个个体的考虑，以及政治、货币、收成等一切因素，除了不可测的灾难。而且，最终预示的似乎是一个上涨的市场，同时股票价格平均指数不会给出做空点，除非在更高的价格水平上出现一段时期的徘徊，就像去年 11 月到今年 3 月初之间的水平那样，随后紧接着快速下跌。

《华尔街日报》 1912 年 5 月 2 日

价格运动

4 月 5 日发表的价格运动探讨指出："目前似乎预示了一个上涨的市场，同时股票价格平均指数不会给出做空点，除非在更高的价格水平上出现一段时期的徘徊，就像去年11月到今年3月初之间的水平那样，随后紧接着快速下跌。"

奇怪的是，写那篇评论文章的当天，在这些探讨中用来比较的12支工业股票的平均价格指数正好开始做这样的窄幅运动。从4月4日周四到今天，除了一天例外，工业股票平均价格指数在小于2个点的范围内波动，平均价格指数既没有达到91点，也没有低过89点，不过4月22日的收盘价除外。铁路股票也一样，在3月29日到4月24日期间，平均价格指数没有低于119点，也没有高于121点，仅有一次例外。

两种股票的平均价格指数在这个徘徊的过程中，都给出了一个错误的指引。工业股票在4月22日向下突破89点，形势看跌；而铁路股票在4月9日上涨超过121点，趋势看涨。市场在每个板块中都收回了它的预测，并且回到了之前的常轨中。然而，当平均价格指数触及121点，并且平均价格指数研究者预料到价格在相当长的时期会徘徊于大致相同的水平之后，接着会习惯性地出现上涨，然而，铁路板块在4月23日好像出现了一个真正的做多点。

上周，股市没有发生重要的变化，铁路股票最大波动幅度不到1个点，工

似乎相当清楚的是股市经历了1个月的派发考验，我们仍需观察，新手进入的股票走势和老手进入的股票走势是否一样强。股票平均价格指数并没有就这一点许下任何诺言。它们同时反映活跃及呆滞、好消息及坏消息、收成预测和政治上的可能性，事实上最终结果就是平均价格指数。正是这样使得它们非常有研究价值，并且有可能预测出未来市场的运动，这是其他任何方式都无法企及的。

我们合理地设想，市场真正的上升趋势在2月初就已经开始了，并且清楚地看到上个月第一笔大交易量的实现。这绝没有预示上涨趋势的结束，并且我们很容易想到，次级运动的上升可能即将发生。如果工业股票价格指数高于91点，平均价格指数将给这样的运动一个信号。铁路股票已经在达到121点时给出了相同的信号；并且在两种平均价格指数间达成一致意味着股票的流动供应已被吸收，无需外力帮助，正常的需求将对建立更高水平的价格起作用。

从市场目前的表现来看，平均价格指数看涨，并且铁路股票有了超过2个点的下跌，以及工业股票跌到89点以下，才有一个明确的下跌指示。

《华尔街日报》 1912年5月27日

业股票的最大波动幅度仅大于0.5个点。总体来说，这是一个下跌趋势，但是市场并未受到压力，并且完全运行正常，没有任何人为操纵的迹象。

交易大多是专业的，在少数特别的股票中一次偶然喷发的活力使其形式多样，每支股票都有自己严格受限的受欢迎程度。交易者考虑到上升幅度宣称这是令人不满意的一周；并且在空方，只有大厅的交易者能赚到一些钱。市场确实停滞不前，并且平均价格指数试图和任何外界影响一样易于理解。

事实上，上周没有消息使股票脱离了它们的常轨，尽管一些聪明的交易者尝试着将那些微不足道的波动与政治、货币或者天气联系起来。从股票平均价格指数来看，市场状况十分清楚地表明自一个星期前没有发生特别的变化。工业股票和铁路股票都继续在狭窄范围内波动，两种平均价格指数需要同时向上或向下迈出明确的一步，才能给市场未来的运动一些可靠的指引。

当然，没有任何迹象表明市场主要运动仍然向上并伴随长期停滞和偶尔回调这一结论要被收回。主要运动到现在已经运行了一年或者更久了，并且在整体经济状况方面，容易受到未知变化的影响。

上周，股票价格的趋势是向下的，并且在周五的暴跌中结束。很显然，一个陈旧的多头仓位正在进行清算，并且近来在市场中占据主导地位的交易者，让股票自我发展，对于低额保证金的交易者来说，这是灾难性的后果。

总体来说，投机表现不太明智。一个杰出的交易商会被公众认为具有一定程度的智慧和力量，这是之前的股市领导者们从没展现过的。在美国罐头公司成功冒险后，其他受相同交易者影响的股票将上涨，结果小额交易者被罗克艾兰公司的普通股套在30

《华尔街日报》 1912年6月3日

点以上，只能看着它在周五卖到23点以下。

从股票平均价格指数的观点来看，市场并没有给予多少鼓励。周五的暴跌把工业股票和铁路股票的平均价格指数都带到了常轨以下，工业股票在89点到91点的范围内，铁路股票在119点到121点的范围内，已经徘徊太久了。

因此，根据显示的情况做出预示，市场已经充满了股票，直到跟随市场达到饱和点后坠落。许多专业人士倾向于采取保守，甚至看跌的态度，等待做多方出现一些真正的鼓励。

股市上周显示出相当大的力量之后，在节后遭到抛售，几乎损失了上周全部的上涨，工业股票失去得更多。股票表现出想要往上走的趋势，但是显然受到了交易公众冷漠态度的阻碍，在这样的状况下，专业人士毫不犹豫地发起了攻击。本周初好转的行情，或许可以合理地归结于市场抛开政党协议，双方因一种坦率且典型的方式提名而感到满足；并且对此同样可以理解为，派别争斗至少会在 2~3 个月趋于缓和。

单纯从平均价格指数的观点来看，

《华尔街日报》 1912 年 7 月 8 日

并没有获得多少信息。工业股票在周二创造了当前运动的新高点，但是铁路板块并没有紧随其上，所以没有因此做出任何明确的指引。对于价格运动的研究者，最多可以说的是，平均价格指数既没有收回它们的做多点，也没有给出任何可靠的下跌预示。

事实上，平均价格指数处于限制了它们 3 个多月的相同常轨中，根据公认的平均价格指数的解读方法，工业股票上涨超过 92 点，和铁路股票上涨超过 123 点（后者比目前数字高 3 个点）构成了最近的做多点。

《华尔街日报》 1912 年 7 月 10 日

价格运动

我们在 6 月 4 日的价格运动一文中指出，工业股票和铁路股票在 5 月 31 日同时向下突破了已经运行近 3 个月的窄幅盘整运动，根据解读平均价格指数通常的方法，由于这一方法已经久经考验，目前市场看上去将要下跌了，尽管几天之后，价格又反弹到了先前的窄幅盘整区域。据说，尽管那时有这次回升，但是已给出的做空点并没有被收回。

出于同样的观点，如果那时的结论是正确的，今天也应是正确的。正在进行的小反弹仅将工业股票平均价格指数从 88.1 点带到了 90.67 点，将

铁路股票从 118.37 点带到了 120.66 点。自此以后，再未触及到后一个点位。工业股票显示出了一些独立的力量，并在 7 月 2 日达到 91.69 点时，给出了一个可疑的做多点，而这个做多点几乎立刻就收回了；随后的下跌，将两种平均价格指数带到距过去 4 个月的低点的 1 个多点之内。

尽管市场在 5 月 31 日出现了虚假的做空点，但最终结果仍表明市场在维持先前的常轨，代表长期大量的成交额，我们可以认为这是有组织的派发或吸筹，即使交易的大部分是由专业交易构成的。市场甚至允许给予窄

幅盘整派发更大的弹性，这代表着工业股票和铁路股票的下限分别为88点和118点。然而，工业股票和铁路股票的平均价格指数有必要在出现一个可能的做多点前同时或几乎同时，达到92点和123点，并且突破常轨进行向上运动。

工业股票目前的水平离常轨的上限近3个点，而距下限几乎不超过1个

点；同时，铁路股票比做多点低3个点以上，向下约1个点内的价格将确认5月31日给出的做空指示。价格运动正在变得越来越有趣，并且，在一段时期的高度自我提示的窄幅波动后，应该马上会给出更加明确的信息。单纯从技术分析的观点来看，尽管我们在上次探讨中并没有给出明确的做空点，但平均价格指数也绝不是看涨的趋势。

《华尔街日报》 1912年7月15日

一周走势
反向市场

伴随许多部门鼓舞人心的报告，预示钢铁、运输以及其他基础工业基本状况良好，股市上周发生了规模显著且意义重大的下跌。下跌走势一致，最危险的特征是，市场在小幅反弹时表现迟钝，而在下跌中其活跃性显著地增加。

在过去的几个星期，专业人士对于市场持有下跌的观点，或多或少按照这一理论执行。如果股票能在出现好消息及预期中上涨，并消除令人不安的因素，如政治协议等，那必定有一个陈腐的多头账户，并将迟早证明其本身受不了精心策划的攻击。

从股票平均价格指数的技术观点来看，对于这个专业人士的理论，我们有

许多话要说。市场在过去4个月一直处于一个常轨中，并在一个相对狭窄的范围内波动，工业股票平均价格指数在88点到92点之间，铁路股票平均价格指数在118点到123点之间，这两个平均价格指数在5月31日同时向下突破，给出了一个做空点，随后并没有得到确认，但也没有被收回。两种平均价格指数都在周五分别跌到了88点和118点以下。

当然，这与专业的观点是一致的。长期在狭窄的范围内波动，被认为代表了股票派发的警告。没有市场能够承受超过可管理的浮动供应，当这种供应过量的时候，也就是达到所谓的饱和点，接下来就是析出了。

市场在上周初表现强壮，而最后3天则趋于徘徊。然而，总上涨量在那一周相当大，至少市场足够扩展，以支撑大量获利盘抛压，并保持大部分的微小上涨。

尽管专业人士构成了主要的市场，特别是在那周的后期，客观地说公众的兴趣比过去更广了，在有好消息时购买股票的意向大于过去的许多周。

农作物资金想外流动前夕，银行和其他债权人是否愿意鼓励股市中的扩大投机是另一个问题。然而，令人满意的是，我们注意到上周在我们的

我们注意到，平均价格指数本周出现了实质性的上涨，工业股票超越了8月记录的高点，目前达到了本年的顶点。

铁路股票仍比8月的高点低1个

从平均价格指数的观点来看，市场前景必定是上涨的趋势，工业股票和铁路股票都脱离了秋天和夏天的长期常轨，并且价格超过了第一次膨胀

平均价格指数再次看起来十分有趣，周五（12月6日）的价格水平像是

《华尔街日报》 1912 年 8 月 19 日

市场中国外的兴趣更为活跃，无论是在伦敦还是在整个欧洲。

从平均价格指数的观点来看，股市的前景与一周前相比，更体现出了上涨的趋势。20支活跃铁路股票的平均价格指数仍远高于123点，这个点位是之前数月窄幅波动范围限制的最高点；同时工业股票平均价格指数非常接近92点，同样代表了其上限。我们从这些实际情况得出了技术推断，那就是从春季早期开始，市场一直在为上涨吸筹，并且价格应该在吸收股市流动供应中上涨。

《华尔街日报》 1912 年 9 月 23 日

点，但是，如果按照公认的平均价格指数的解读方法，尽管资金困难可能会约束这个上涨的运行，铁路股票的上涨仍会给市场看涨的趋势。

《华尔街日报》 1912 年 9 月 30 日

后的点位。排除其他所有因素，价格运动的研究者认为这次的上涨绝不可能耗尽了它所有的力量。

《华尔街日报》 1912 年 12 月 9 日

给出了一个做空点，尽管只有一种平均价格指数创出了新低。然而，市场好像

已经脱离了常轨，并且从技术上说，将出现更低的价格，但是市场可能就像法国谚语所说的，退后一步是为了跳得更高。

我们一周前在本报中指出，平均价格指数已经突破了它们常轨的下限，并且给出了真正的下跌预示。这个结论在随后被证明是完全合理的；但股

《华尔街日报》 1912 年 12 月 16 日

票平均价格指数并没有给出任何预示说明 12 月的下跌可能会走多远；同时通常的 1 月反弹的预示似乎也不那么明确了。

单纯从平均价格指数的技术观点来看，股市运动好像已经看到了往常 12 月的暴跌，现在正是新年实质性上涨的反弹，这种走势可能会一直持续

《华尔街日报》 1912 年 12 月 23 日

到春季早期。两种平均价格指数 12 月的暴跌都接近 9 个点，这比往年下跌大得多。根据平均价格指数的解读方法，通常从低点反弹 2 个点将看涨。

当华尔街面对持续增加的交易量时，会弥漫着一阵沮丧的气氛。综合来说，这表明它低估了前方所能看到的位置。市场交易并不是基于众所周知的事情，而是基于那些拥有最佳信息的人可以预见到的结果。这是对每支股票市场将来运动的解释，并且这就是我们常说的人为操纵是微乎其微的因素。

在一个狭窄范围做了持续一个月

《华尔街日报》 1913 年 1 月 20 日

有趣的窄幅盘整运动之后，铁路股票和工业股票的平均价格指数在上周初向下突破了窄幅盘整，给出了一个做空点，并被市场随后的运动充分确认了。这一运动更加值得注意的是，不到 10 天前，市场预示指向了另一个方向，但是事实上工业股票并没有确认铁路股票的上涨预示。平均价格指数没有预示表明下跌趋势的结果。

《华尔街日报》 1913 年 2 月 3 日

上进行新的窄幅盘整，并且平均价格指数看起来不像一周前那样看跌。事实上，技术推断预示股市将有某种进一步的反弹。

股票平均价格指数从 1 月中旬开始暴跌时，给出了做空点，并且绝不会收回。然而，股票开始在这个较低的水平

从平均价格指数的观点来看，股票市场给出了一些下跌的预示。活跃铁路股票的平均价格指数在周四距1月20日的低点不到0.25个点，工业股票

两种平均价格指数在本周创下了新低，根据公认的市场运动的解读方法来看，这本身就是明显的看跌。当然，自

目前总是有特殊的理由来解释市场为什么上涨和下跌，但是这并没有解释其真正的原因，因为市场运动的起因是绝对不可能被预料和预见的，它们早在被公众识别出来之前，就已经体现在股价上了。事实上，就像股市一样，并不是所有的地方都在事件发生前就先投射出了影子。

那些能被明确追溯到的外部影响或多或少是朝着阻止投机活动的方向发展，但还没有发展成抛售持股投资的主动原因。奥尔巴尼的主要立法，

从平均价格指数中得到的预示有些消极。市场中没有显示出真正的转向，但是，暴跌后一定程度的窄幅波动预示着一些窄幅盘整运动，脱离这个范围的运动

《华尔街日报》 1913 年 2 月 10 日

距它们那时候的平均价格指数不到1.5个点。根据最令人满意的股票平均价格指数的解读方法，在这些点位以下的下跌会被看成是明确的下跌趋势。

《华尔街日报》 1913 年 2 月 17 日

从价格开始后退，前期下跌预示已经得到了自我证实，1月底结束的反弹失败是另一个下跌的预示。

《华尔街日报》 1913 年 3 月 3 日

就像普约委员会在华尔街和国会的报告，理所应当地被轻视了。

从平均价格指数的技术形态看，市场前景在这段时期没有任何显著的变化。当价格突破持续到1月中旬得到的常轨时，市场给出了一个有力的做空点，并且我们必须承认的是，市场给出这样的暗示还没有被收回，但是如果市场在目前的水平做窄幅盘整运动，两种平均价格指数都会出现反弹，那么这将是一个看涨的趋势。

《华尔街日报》 1913 年 3 月 17 日

将会是看涨或看跌，这需要依情况而定。

1月给出下跌预示还没有被收回，但是下跌波动已经停止了，至少目前如此，市场正在等待一个新的推动力。

价格运动

根据久经考验的市场理论，站在平均价格指数运动公正的立场来判断，股票市场可能已经看到了一个大约在 3 月 20 日结束的次级向下波动。一般来说，道氏理论认为一个次级运动持续数周。而第三级运动是日常波动，当然，主要运动是大趋势，轻而易举就要用两年的时间自我耗尽，并且在过去要花费更长的时间。

股票平均价格指数来判断出，市场今天处在一个很有趣的状况中。股票经历了严重下跌，但已经从 3 月 20 日的低点反弹了，似乎打算在工业股票的 78.25 点和 80.20 点之间，铁路股票的 108.49 点和 110.79 点之间，做窄幅盘整运动。自 1 月的本年高点以来发生的大幅下跌后，不管整体趋势可能朝哪个方向发展，市场的下跌波动可能已经自我耗尽了。请一直记住，平均价格指数被假定反映一切事情——无论迟钝或活跃、繁荣或恐慌——并且市场趋势的研究在某种意义上是具有学术性的，尽管这个方法在过去是最有效的。

在 9 月底和 10 月初，工业股票平均价格指数比一周前的价格指数高出了 16 个点，并且在铁路股票中也记录了几乎相同的下跌，这比道氏理论所谓的短期运动，或次级波动规模大得多。这一预示或许在年底前证明了去年秋天的熊市已经开始了。然而，这并不是说，目前的市场前景，甚至在将来相当长的时间以前，必定是下跌的，甚至股票平均价格指数最严格的结构也是如此。

在一个主要的熊市中，反弹时常剧烈且不稳定，并且通常比部分恢复的下跌占据更少的时间。而在牛市中，这一情况正好相反。市场就像麦利金第二次大选后一样向前进，而市场在 1901 年 5 月北太平洋公司的恐慌中，遭到了一个明显的灾难，然后继续在正确的方向向上运动，直到 1902 年秋季才结束。那段时间的下跌非常严重，但是持续时间很短。

像平均价格指数预示的那样，如果价格的大趋势是向下的，快速的反弹会把平均价格指数抬高几个点，这在现在是非常妥当的。这种反弹可能像往常一样是误导，但对于熟悉历史纪录的平均价格指数的研究者来说，这几乎是股票价格整体趋势更深一步的有力证据。

可以说，市场为了建立信心发表了两条声明，不管是摩根先生去世，还是中西部的洪灾，市场都有能力自我观照。

平均价格指数在某种程度上证实了这点，用一个冒险的说法，显然这种形式是正确的。工业股票和铁路股

平均价格指数忽略了所有的外部影响，因为它们已经体现在了价格之中，本周所表现出来的并不是下跌趋势，而且一两个点的反弹使工业股票和铁路股票都上升到了 4 月 4 日创造的

平均价格指数显示出下跌的预示。价格从 4 月 4 日的高点起就在平稳地下跌，根据平均价格指数的解读方法，铁路股票进一步产生小于 1 点的下跌，

《华尔街日报》 1913 年 4 月 7 日

票 3 月在 2 个点的幅度内做窄幅盘整运动，并且，我们已经在这些栏目中指出，一周之前超过那个水平的上涨是看涨的趋势。从那时起，平均价格指数已经上升了 3 个点，并且从 3 月 20 日的低点起，上涨了将近 5 个点。从技术上说，这预示着市场将进一步反弹。

《华尔街日报》 1913 年 4 月 14 日

前期高点，这是一个看涨的趋势，但并不是大幅的上涨；相反，股票下跌到 3 月 20 日左右所记录的低点以下，必然会给平均价格指数研究者一个做空点。

《华尔街日报》 1913 年 4 月 28 日

且工业股票发生不太多的下跌，会跌破 3 月 20 日的低点，这给出了一个明确下跌的信号。

《华尔街日报》 1913 年 5 月 5 日

一周走势
股价温和反弹

股市在上周初重新变弱，特别是在周二、周三走势十分平稳，接下来那天创造了自 4 月初以来最好的一次反弹。这次反弹更具技巧性，因为股票

从某个方面说已经脱销了，而且整体经济前景已经从压力中恢复了信心。

我们很难说股票是基于特定的新闻而运动的。大量的压力使得总体看

起来好得令人难以置信，例如，纽黑文股票至今为止从来不是一支投机的股票。这支股票的脆弱持有者显然十分恐惧，当然，这种恐惧是在投资性股票中创造熊市的基础，而这支股票必定存在着一个可以借入的浮动供给。

股票没有基于广泛新闻的考虑而运动，另外，股票的买卖非但没受伦敦以及整个欧洲大陆的影响，反而在大体平衡的时候被买入了。除去表面的上不爱国，我们或许可以公平地说，不考虑其自身是否有可能看起来很廉价，伦敦是根据价值来购买主要商品和有价

证券的；然而，我们的意向是在其他人想买入的时候买入，例如，当英国纺纱工人可以用 10 美分以下价格购得所需的棉花时，我们的制造商却因棉花收成太差而需要付出最高的价格。

平均价格指数在周三好像给出了一个明确的指引，工业股票需要创造一个新低点，而这个新低点已经被铁路股票创造过了。这并没有变成现实，尽管平均价格指数表现出下跌的趋势，但工业股票和铁路股票仍缺乏同方向的运动，根据多年价格运动的经验，这是一个非常危险的信号。

从股票平均价格指数来看，市场给出了明确的下跌预示，只要铁路股票出现微小的下跌，并且工业股票出现小于 1 个点的下跌，这种预示就会更加显著。

《华尔街日报》 1913 年 5 月 12 日

这将会建立起本年的新低点，并且根据股票平均价格指数先前的经验，这还将意味着充满股票的市场大概会在目前的水平上平仓。

《华尔街日报》 1913 年 6 月 4 日

价格运动

20 支活跃铁路股票和 12 支工业股票平均价格在周一同时运动了，使得股市未来进程相当清楚。铁路股票在 2 个点内波动了 1 个多月，而工业股票同时在更加狭窄的范围内波动，此后，一起跌破了这条因迟缓而建立起的窄幅盘整，并且创造了本年的新低点。

对于那些以前没有解读过平均价格指数分析的读者来说，我们需要说

的是，平均价格指数其本质反映了一切。市场冷清和交易不活跃只是一种症状，平均价格指数已经考虑到了这一切，比如它同样考虑了投资行为、意外的新闻、股息以及其他一切影响价格波动的因素。这就是交易量可以在这些研究中被忽略的原因。在记录了道琼斯平均价格指数 25 年的价格运动中，我们几乎感觉不到交易量与价格趋势有关。

我们需要特别强调一个事实，两个平均价格指数同时创造了新低点。一个平均价格指数创造新低或者新高，却没有得到另一个的确认，这几乎总是具有误导性的。原因不难发现，一个板块的股票是基于另一个板块运动的。而且，如果铁路股票市场脱销的话，假如市场上仍有过多的工业股票供应，那就不能保证所有指数的股票都跟随着它一起上升了。

我们可以说，当平均价格指数跌破长期的窄幅盘整时，像周一那样，市场已经达到了饱和点，因此接下来就预示着派发了。我们很容易说，经纪人没持有太多的股票。股票必定在某个地方，而且平均价格指数非常清

从平均价格指数来看，市场可以说已经发展出了一个初期的次级运动，而且还可能进一步发展。如果它维持住目前的反弹，在较高水平的小范围内窄幅盘整一周左右，然后上涨到窄幅盘整以上，我们就可以安全地假设自去年秋天以来，

我们很难打赌说市场运动在任何一边有什么特别的影响，每当国会召开会议时，我们政治家的异想天开或许刚好可以引证失败的投资者们不稳定的股票运动。

整体交易状况和农作物收成或许

晰地显示出，足够多的股票正在被提供，从而迫使市场降低价格以自我保护。

事实上，平均价格指数看起来明确下跌。它们没有假装声称其似乎预测到了下跌的原因，并且下跌或上涨的原因确实会在这种运动已经发生很久后才被完全揭开。对未来事件的综合了解，也同样公正地反映在了平均价格指数的运动中，这比任何单独个体所具有的知识都多。我们并不是在这里提议股票是多么的珍贵，或它们中的一些股票并不是真的廉价。但是，根据仍在进行的 25 年最保守最公正的经验记录显示，价格运动不考虑其价值还会指向更低的价格。

《华尔街日报》 1913 年 6 月 16 日

在确信的熊市中有一个次级上涨的波动。

如果失去了这个上涨，却在工业股票和铁路股票中建立了新的低点，那么平均价格指数将再次明确看跌。根据过去的经验，公平地说，它们现在显然正在一如既往地运行着。

《华尔街日报》 1913 年 6 月 23 日

可以被引证，但市场的技术形态可能由于超卖，以及更彻底的清算吸收，构成对价格运动的解释。

当我们利用平均价格指数公平地进行测试时，这仍然有效。从 6 月 12 日开始，到 6 月 18 日，12 支工业股票

反弹了 3.74 个点，20 支活跃铁路股票反弹了 4.55 个点。这是一个大量的回升，只有在经历了长期和严重的下跌后，才可以被预料到。

目前，平均价格指数给出了许多指示。价格似乎处在我们去年秋季初期的熊市中的次级向上波动中。反弹

股票平均价格指数还没有给出任何明确的建议，但是如果工业股票和铁路股票平均价格指数同时发生一个非常温和的变化，就会给出一个重要的指引。两种平均价格指数下跌 2 到 3 个点，就会突破 6 月 11 日的上一个低

我们没有从股票平均价格指数中收集到什么信息，但是它们表现出来的无疑是下跌的趋势。铁路股票小于 2 个点的上涨，以及工业股票几乎不到 0.5 个点的上涨，看起来是明确上涨的趋势，特别是如果这两个上涨被

从股票平均价格指数来看，目前是明确上涨的预示。这并不是说它们显示了一个主要的牛市。然而，12 支工业股票和 20 支活跃铁路股票的平均价格指数在周五超越了 1 个月前记录的反弹的

可能会轻易地更进一步，并且根据以往的经验，如果股票继续进行窄幅盘整，像上周一样在狭窄范围内波动，那么上涨到这个窄幅盘整以上，就可以合理地证明上升波动会更进一步，然而，如果平均价格指数回到 6 月的低点，将明确预示着下跌。

《华尔街日报》 1913 年 6 月 30 日

点，这将意味着熊市运动将再次恢复。

但是，如果平均价格指数反弹 2 到 3 个点，上升到 6 月 18 日的高点以上，那么看上去自去年 10 月开始的熊市中所谓的次级反弹还没有耗尽它的能量。

《华尔街日报》 1913 年 7 月 14 日

同时记录下来，就更是如此了。为了给出去年秋天开始的大幅下跌趋势再次恢复的预示，就需要两个平均价格指数下跌超过 3 个点。价格运动的研究者更倾向于认为，有机会在技术形态中发生进一步的反弹。

《华尔街日报》 1913 年 7 月 21 日

前期高点。这似乎预示着自去年 10 月开始的熊市中的上升波动，绝没有自我耗尽。换句话说，股票平均价格指数为往常 8 月股票的上涨敲响了钟。

市场好像预示着进一步的上涨。我们 1 个多月前在这里指出，平均价格指数在狭窄范围内做窄幅盘整运动后，已经上涨到了这个范围以上，这足够清楚地表明，浮动供给已经被吸收了，

我们没有从股票平均价格指数中收集到很多信息。价格正在做窄幅盘整运动，或许之后可能更有指导意义。8 月 13 日，工业股票触及 80.93 点，铁路股票达到了 107.76 点。从那以后，没有回调把先前的工业股票平均价格指数带到上一高点的 1.5 个点以下，铁路股票也是如此。

从股票平均价格指数来看，尽管缺乏确定的下跌预示，但市场的前景绝对与之前的上涨趋势不同。近 1 个月内，至于每个平均价格指数，价格都在略超过 2 个点的范围内波动。8 月 28 日，工业股票指数上涨到这个窄幅盘整之上，但是铁路股票指数并没有做出确认。

从股票平均价格指数的观点来看，股票市场看起来好像正在往更高处走。

《华尔街日报》 1913 年 8 月 11 日

并且更多即将到来的股票只会上涨到更高的价格水平。这个做多点很成功，可以说，平均价格指数到目前为止还没有把它收回。

《华尔街日报》 1913 年 8 月 25 日

这代表了 9 个交易日的波动，且延续得更久一点，预示着市场不是在派发，就是为进一步上涨吸筹。超过 8 月 13 日高点的上涨预示着上升的趋势，但是，一个明确的下跌跌破了窄幅盘整，很可能预示着目前这个自去年 10 月以来非常典型的次级上涨波动的结束是一个主要的熊市。

《华尔街日报》 1913 年 9 月 8 日

9 月 3 日，铁路股票指数跌破底端，但是工业股票指数却坚持住了。对于股票平均价格指数来说，这构成了一个平衡，特别是两个平均价格指数现在都在之前的范围内。两种指数朝任意方向同时运动，特别是向下突破时，根据以往的经验，这会为下一步运动给出重要的指引。

《华尔街日报》 1913 年 9 月 15 日

在 8 月到 9 月初的这段时间里，平均价格指数做了长期的窄幅盘整。工业股票8月28日上涨超过这个窄幅盘整后，铁路股票9月3日的卖出价低于了这个窄幅盘整区域。工业股票平均价格指数上涨到窄幅盘整区域的上端，或许可以被认为9月5日能到达81点，但是它犹豫了。

根据先前的经验，这些独立的运动通常都是虚假的。但当两个平均价格指数一起上涨或下跌时，一致的市场运动是一个好的指示。周五出现的同时上涨，或许可以合理地被认为这是股票浮动供给已经被吸收了的预示，并且任意数量的股票出现之前，市场都必须建立一个更高的价格水平。

价格运动

《华尔街日报》　1913年9月24日

9月13日，本报多年用于比较的12支工业股票和20支活跃铁路股票的平均价格指数，记录了6月12日触及本年新低点后开始的运动高点。工业股票总上涨幅度超过了11个点，而铁路股票上涨幅度远低于9个点。

在这次上涨之前，市场已经下跌了，仅有一次自1912年10月初后非常短暂的反弹。在9个月的下跌中，工业股票损失超过了22个点，铁路股票损失了24个点。像这样的情况，时常发生在主要或基本的市场运动中，这次下跌紧随着牛市长期不确定的波动后发生。假设市场当前的趋势在去年10月发生了根本改变，那么从去年6月以来的反弹一直在进行中，市场运动的基本变化，或次级波动依旧处在熊市中吗？

这个反弹所消耗的时间，并没有比平均价格指数历史中牛市的下跌趋势或熊市的上涨趋势通常消耗的时间更多。另外，前期下跌所消耗的9个月，对于任何一个次级运动来说都太长了；然而，相对预示着市场将发生根本性大改变的大幅变化来说，它并不算长。我们可以假定股市所反映出来的，在很大程度上只是预测。

根据股票平均价格指数先前的所有经验，我们似乎可以合理地假设最近的向上波动是周期性次级运动与目前主流的对比，而不是方向的大改变。然而，市场没有跟随这个微小的运动自我耗尽，并且根据平均价格指数实际可靠的检验方法，推断结果是它没有。在8月5日到8月31日期间，这两天也包括在内，工业股票没有跌到79点以下，也没有涨到81点以上。在8月4日到9月2日期间，铁路股票没有低于106点，也没有高于108点。这表明了窄幅盘整——换句话说，这段时期不是在派发，就是在吸筹，随后在这些极限上方或下方的运动解释了这一切。

两个平均价格指数都曾给出过虚假

的预示。8 月的最后两个交易日，工业股票在窄幅盘整区域之上卖出，但是这并没有带动铁路股票跟随它们变化。铁路股票 9 月 3 日和 4 日卖出价低于窄幅盘整区域，但是工业股票却没有类似的运动。然而，两个平均价格指数同时在 9 月 12 日创造出了一个新高点。这合理地预示

我们必须承认，平均价格指数看起来确实呈下跌趋势。随着工业股票跌到 79 点以下，且铁路股票跌到 106 点以下，这实际上同时跌到了整个 9 月建立且维持到现在的窄幅盘整区域以下。当股票在 9 月 12 日上涨到窄幅盘整区域以上时，给出了一个做多点，但是并没有维持很长一段时间，并且

从股票平均价格指数的观点来看，市场或许可以说在 10 月 11 日给出了一个可靠的做空点，这个做空点还没有被收回，并且在快速下跌中自我证明。市场有一次反弹到了当时普遍的价格附近，但是要预示 6 月开始 9 月 13 日左右结束的熊市中确实存在重新开始

从股票平均价格指数的观点来看，我们没有收集到任何值得注意的信息。工业股票和铁路股票分别比目前运动的

出浮动供给已经被吸收了，在新的供应阻碍或颠覆这个运动之前，价格是时候向更高的水平上涨了。

自从新高点被创造以来，股票在一个相对狭窄的范围内停滞不前，但如果提出的推断是合理的，那么 9 月 12 日的做多点就还没有被收回。

《华尔街日报》 1913 年 10 月 13 日

市场运动自从预示股票大量派发起，就已经被建立了。

市场似乎正处于一个饱和点，并且沉淀或许可以被预测到，这将价格带到了更低的位置，并且重新恢复 1 年前开始的主要下跌波动不是不可能的。6 月初开始的次级下跌波动，在 9 月 13 日结束了，这个运动与设想完全一致。

《华尔街日报》 1913 年 10 月 27 日

的次级向上波动，一次更大更令人印象深刻的运动是非常有必要的。

我们最好还是重申一下本栏偶尔给出的警告，股票平均价格指数从客观的角度看创造了一份的晴雨表，但是如果作为一个游戏市场，就可能让任何一个人破产。

《华尔街日报》 1913 年 12 月 8 日

低点高 1 个点和 2 个点；但是，在这个秋季大量反弹开始前，去年 6 月的低点没有被再次触及；然而，自从大幅下跌

市场以来的这个回升，对平均价格指数的研究者来说并不是特别令人信服。

如果平均价格指数在目前水平附近做窄幅盘整运动，不考虑交易量，则意味着在狭窄的范围内有一个长期的系列

我们没有从上周的波动中获得许多信息。根据市场的一贯运动，它应该接近一个长期主要下跌运动的尾声了，尽

股票平均价格指数中没有什么可以刺激投机活动。市场自12月中旬创造出上一个的低点以来，出现了一个实质性的上涨，工业股票平均价格指数上涨了4个点。工业板块上周建立了

从股票平均价格指数来看，工业股票和铁路股票继续给主要熊市中的次级上涨趋势一个典型的实例。这种运动很少会发展成一个更大的趋势。但是，因为主要熊市自1912年10月以来一直在运

目前的反弹是熊市中的次级向上波动的有力表现，并且仅有另外一个这样的运动正在进行中。目前的反弹是否代

波动，而上涨到那些界限以上看起来更像是一个上升趋势。市场没有时间创造这种令人信服的窄幅盘整；手中股票已经下跌的平均价格指数运动的研究者，很难看出改变他们所处位置的原因。

《华尔街日报》 1914 年 1 月 5 日

管从股票平均价格指数得到的推断更适用于次级波动，而不是当前价格运动潜在的大趋势。

《华尔街日报》 1914 年 1 月 12 日

新的高点，但是铁路股票却没有配合做出反应。与以往的股票平均价格指数相比，保守的推测会是主要熊市中的次级向上波动仍在运行中。

《华尔街日报》 1914 年 1 月 19 日

转中，我们可以理所当然地设想市场离最终向下的转折点不太远了，主要运动的反转即将在今年的某个时候发生。或许这就是市场现在所反映出来的一切。

《华尔街日报》 1914 年 1 月 26 日

表了整体方向的根本转变，就见仁见智了。在一些重要的方面，平均价格指数的研究者将会认识到，市场仍然缺少认可。

平均价格指数仍没有表现出目前的运动是否只是熊市中的次级上升波动，主要运动还未结束；或者条件是否已经发生了转变，以及目前的上涨是否为主要运动的改变。两个平均价格指数都给出了围绕目前水平做窄幅盘整运动的一些信号。

平均价格指数研究者应该会发现它们十分有趣。在目前的反弹期间，平均价格指数已经数次创造了比去年秋天结束的回升更高的点位。工业股票和铁路股票都将独立完成这一运动，并不是同时的。

两种平均价格指数在过去的 4 周，其最大波动幅度都远小于 3 个点。这给出的窄幅盘整运动的所有预示，都

《华尔街日报》 1914 年 2 月 2 日

这可能预示着精心策划的派发，或为另一个上涨吸筹，这需要依情况而定。而在接下来的两星期左右就可以决定了，当上涨超过两个平均价格指数的窄幅盘整区域，或下跌跌破窄幅盘整区域时，它们的意义同等重要。

《华尔街日报》 1914 年 2 月 9 日

应该有助于了解市场的未来运动，因为它清楚地揭示出不是大规模地派发，就是大规模地吸筹。

如果这两个平均价格指数分别同时低于 80 点和 106 点，或者超过 84 点和 110 点，一方面，预示着主要熊市中次级上涨波动的结束；另一方面，促使研究者考虑，在当前反弹开始时，主流趋势是否已经改变了。

《华尔街日报》 1913 年 2 月 12 日

价格运动

20 支活跃铁路股票和 12 支工业股票的平均价格指数在 24 个交易日里做着所谓的窄幅盘整。例如，工业股票在那段时间，卖出价没有低于80.77 点，也没有高于 83.19 点；同时，铁路股票在 106.52 点到 109.43点之间运动。这段时间，市场交易量相对较大。

根据平均价格指数先前的经验，

这表明了市场中大量的派发受到了有序的支持，或者为了进一步上涨而大量吸筹。事实上，对于平均价格指数研究者来说，唯一的困难是判断 1913年 10 月 16 日开始的反弹，是否为熊市中的次级向上波动，或者主要运动中是否有根本的改变。

在 1912 年 10 月初，工业股票的卖出价为 94.12 点，铁路股票为 124.35

点，市场开始了主要下跌运动，到第二年的 6 月中旬，工业股票平均价格指数已经下跌到 72.11 点，铁路股票下跌到了 100.50 点。市场随后出现了一个典型的次级上涨波动，持续到接下来的 9 月，并且工业股票总共回升了近 11 个点，铁路股票大概回升了 8 个多点。总回升量不到之前下跌的一半。

下跌运动的重新开始把工业股票平均价格指数带回到 6 月低点的 3 个点之内，距铁路股票平均价格指数不到 2 个点。从那时起，市场发生了实质性的回升，工业股票平均价格指数在 2 月初已经收回了近 8 个点，铁路股票的上涨幅度也差不多。

为了使人信服，两种平均价格指数必须一起运动。如果上个月稳定的市场是精心策划派发的结果，那么在工业股票下跌中股票派发的饱和点会

从股票平均价格指数来看，本周末市场将给出的预示表明 1912 年 10 月开始的主要下跌运动将再次开始。两个平均价格指数都在进行着显著的窄幅盘整运

我们说，股票市场是个好的交易晴雨表，当我们能清楚地理解，股市

关于 2 个月前开始的上升运动是否已经耗尽了它的力量，平均价格指数研究者可能会有自己的观点。根据平均价格指数的前期经验，两个平均价格指数同时分别运动到 80.50 点和 106.50 点，明确地预示了主要下跌趋势已经重新开始了。另外，工业股票上涨到 83.19 点以上，铁路股票上涨到 109.43 点以上，或许预示着市场基本运动的根本转变。如果熊市重新开始了，那么市场有机会指向去年 12 月以下的数字，还可能更少一些，在之前 6 月的点位以下。但是根据先例，主要下跌市场应该在今年某些时候自我耗尽了。

《华尔街日报》 1914 年 3 月 2 日

自我显示，就像铁路股票已有的表现一样。根据过去的经验，随后可能是有力地析出。

《华尔街日报》 1914 年 3 月 9 日

动，向下突破，这足够清楚地预示是精心策划的派发使市场充满股票达到饱和，没有足够的空方能吸收市场的抛压。

《华尔街日报》 1914 年 3 月 16 日

是预告它所能看到的最近的未来，这句话在很大程度上是正确的。然而，价格运动很少与交易的即时运动一致。更奇怪的是，由此得出，股票市场目前的状况应该能准确反映出整个国家的经济运行状况。

股票在 12 月反弹了，并且在 1 月和 2 月部分期间迅速上涨了，正巧这与正常的及季节性的商业复苏一致。之后，股市出现了一个停止，紧接着是在窄幅范围内波动，这大体上与国家的整体经济运行一致。

1 周前，市场似乎充满了股票，并且在某些情况下跌破了其支撑点，再次随着整体交易状况运动。同样地，它好像在紧紧抓住大量收缩的边缘；

我们没有从股票平均价格指数中收集到有用的信息。当铁路股票目前跌到窄幅盘整区域以下，并且工业股票在边缘徘徊的时候，可以说，市场已经在一定程度上收回了给出的做空点。在不同的情况下，他们都需要有些距离才可以

工业股票和铁路股票平均价格指数都出现了一个可观的回调，并且，现在离低点不到 2 个点，这将明确预示主要下跌运动的恢复。要做到这一点，并且充分指出市场已经到饱和点，

然而，1 个月前流行着恢复繁荣的假设，为了重新做出这样的假设，最根本的需求是一个大幅改变。

这似乎是关于平均价格指数对市场的反应。至于工业股票和铁路股票，都在做所谓的窄幅盘整运动，它们的波动被限制在一个月的交易中小于 3 个点的范围内。铁路股票突破这条窄幅盘整的下限，同时工业股票也接近这个低点。虽然铁路股票出现了进一步的下跌，但工业股票仍在咬牙坚持。这是平均价格指数上涨的预示，否则就会被着重强调解释为，1912 年 10 月开始的熊市已经恢复了它的影响。

《华尔街日报》 1914 年 3 月 23 日

给出做多点，然而，它们不得不同时重复月初的下跌，从而预示市场除非在更低的价格水平，否则将充满太多的股票而不能清算。工业股票的这个数字大约为 80.5 点，铁路股票为 103 点。

《华尔街日报》 1914 年 3 月 30 日

两个平均价格指数有必要同时运动。铁路股票的有效数字是 103 点，而工业股票是 80.5 点。为了表明独立上涨运动，需要产生一次更大的上涨。

价格运动

4 月 14 日前的 70 个交易日，12 支工业股票平均价格指数并没有超过 84 点以上，也没有低于 81 点。在此之前的 40 天，20 支活跃铁路股票指数从没高过 106 点，也没有低过 103 点。用于比较的两个平均价格指数仅在 3 个点的范围内波动。它们在 4 月 14 日同时向下突破了线态窄幅盘整的低端。

根据股票平均价格指数先前的所有经验，这是一个极度看跌的指示，预示指明 1912 年 10 月初开始的主要下跌运动要恢复了。事实上，两个平均价格指数同时创出了线态窄幅盘整，它们跌破的这一事实表明市场对股票派发到 1 个点特别支持，在这个点，市场因变得太满而不能承载更多的股票；就像大气中的湿度一样，降雨必然跟随在饱和点之后。

这或许再次解释了已被多年的观察证实的查尔斯·道的理论，他认为市场同时存在三种运动。第一种是持续 1 年或 1 年以上的主要运动；第二种是熊市中偶尔的反弹，或牛市中偶尔的回调；第三种代表了日间波动，以目前探讨的目的来说，这一运动是可以被忽略的。

现在主要的熊市中显然有两个明确的上升波动正在运行。工业股票平均价格指数从 1912 年 9 月底的 94.15 点，下跌到来年 6 月的 72.11 点。铁路股票在那段时间的卖出价从 124.35 点跌到 100.50 点。次级上涨运动随后分别将它们带回 84.42 点和 109.17 点。去年 9 月，熊市再次恢复，下跌扩大到 75.27 点和 101.87 点。今年开始的次级上涨运动，把工业股票带到 83.43 点，把铁路股票带到 107.26 点。

根据这些数据，市场主要运动是否已经改变是一个尚待研究的问题。最近的下跌表明它还没有改变，除非平均价格指数在这样的情况下第一次歪曲自己。当一个板块突破了窄幅盘整而另一个却没有的时候，常常具有误导性。然而，当两个平均价格指数运动经验一致时则预示着市场的趋势。

在发生根本变化之前，关于这个下跌运动的可能幅度，大家的观点各有不同。如果在即将来到的夏天建立起低于 1913 年 6 月的低点，那将与先前的运动一致。

平均价格指数出现了一种有趣的情况。从 4 月 30 日以来，或者说 32 个交易日中，12 支工业股票的平均价格指数没有低过 79 点，也没有高过 82 点；同时，20 支活跃铁路股票平均价格指数在这段时期没有低于

101 点，也没有高于 104 点。这是非常明显且典型的窄幅盘整运动，只可能意味着这两种情况的其中之一——一段时期的吸筹或者一段时期精心策划的派发。

如果铁路股票在 101 点这个价位卖出，同时工业股票在 79 点这个价位卖

平均价格指数出现了一种有趣的情况，或许在不久的将来会具有重大的意义。自 5 月初起，工业股票平均价格指数一直没有低于 79 点，也没有高于 82 点，同时铁路股票平均价格指数的上下限相应地没有触及到 101 点和 104 点。在超过 37 个交易日期间，每一个板块的最大波动幅度都远小于 3 个点。即使

股票市场运动的意义超过了证券市场价值的微小影响。但是这没有被广泛地认识到，股市的停滞是其本身的一个征兆，我们或许可以从中学到一堂实用的课。工业股票和铁路股票的平均价格指数上周在不同的情况中的波动幅度都小于 1 个点。

如果售出量有碍于稳定市场的大量吸筹，关于对未来的指引，缺乏必要且有组织的支撑力量是十分有价值的。事实上，价格运动具有珍贵的特性，可以结合智慧以及国家经济中心可以看到的信息来预见国家的经济

出，将是非常明确的下跌预示，这指明在 1912 年 10 月发展出来的主要下跌运动正积极的恢复。然而，如果两个平均价格指数同时分别上涨到 82 点和 104 点，将轻易地预测出市场运动中一个主要的改变，并且可能意味着持续一年或更久的牛市。

《华尔街日报》 1914 年 6 月 15 日

考虑到市场的狭窄性，这似乎也表明了成功的吸筹或者派发。两个平均价格指数同时分别上涨到 82 点和 104 点，意味着每个板块上涨不到 1 个点，这是绝对看涨的预示，同时表明市场已经完成了对股票浮动供给的吸收。根据先例，如果要开创一个像 1912 年 6 月结束的那样的牛市，上涨运动必须严格进行。

《华尔街日报》 1914 年 6 月 22 日

状况。

基于这样一个大前提，事实上相当于公理所说的，股市晴雨表在不远的将来预示着，经济不会变得更加糟糕，而且有可能转好，这个观点证实了平均价格指数在过去 7 周的非凡表现。

在那段时间里，工业股票平均价格指数向下没有触及到 79 点，向上没有触及到 82 点，与此同时，铁路股票平均价格指数的运动也同样受到限制，价格没有跌破 101 点，也没有上涨突破 104 点。考虑到两种股票平均价格指数

都有数天很不活跃，那时候的市场肯定是在进行清算，最终导致市场达到饱和，并且随后沉淀，或者产生一个有序的股票吸收，当人们认识到浮动供给有多小的时候，就会导致价格暴涨。

换句话说，两种平均价格指数同时分别上涨超过82点和104点，这意味着一个显著的上涨运动；相应地，如果它们同时分别跌破79点和101点，将是同等的下跌影响。指向前一种结果的情况似乎占据了很大的比例。

价格运动

4月16日，我们在这个专栏中探讨了工业股票和铁路股票平均价格指数所显示的价格运动。可以说，12支工业股票平均价格指数在70天中既没有高于84点，也没有低于81点，同时铁路股票平均价格指数在40天中既没有高于106点，也没有低于103点，在此之后，证明了派发的窄幅盘整运动。两个平均价格指数同时向下跌破窄幅盘整，并在4月25日把铁路股票的平均价格指数带到了99.24点，把工业股票平均价格指数带到了76.97点。

当铁路股票的价格指数在123.45点卖出，工业股票在94.45点卖出时，我们假设这个下跌意味着1912年9月末开始的熊市恢复，这个说法是十分合理的。市场中有两个次级上涨运动，但是当它们耗尽了力量时，就一致向下运动了。

市场在过去的61天创出了一条类似4月创造过的窄幅盘整运动。在这段时间里，工业股票平均价格指数没有低于79点，也没有高于82点；同时铁路股票在同样的时期没有低于101点，也没有高于

104点，铁路股票中曾出现过一次例外，但这并不能反映任何问题。事实上，低于101点的微小"警告"，立刻就被收回了。

熊市已经运行了不到2年的时间，主要运动的变化不会太远了。这样的变化不会来自于严重下跌后的快速反弹，而是随后在被确认的范围内做长期的窄幅运动。这样一时期正在发生。如果平均价格指数同时跌破各自窄幅盘整的低点79点和101点，结论将是熊市没有耗尽它的力量。

然而，如果平均价格指数同时上涨分别超过82点和104点，将会被推测为一个上涨的趋势，并且甚至可能预示着主要牛市的开始，期间只会被偶然的次级下跌波动打断。那么我们会很清楚一点，市场中一直进行充分吸收的窄幅盘整运动，并且市场中的股票不会出现这样的吸收，除非在此之前，有十足的可能性证明价格上升1年或更久这一假设。

平均价格指数在任何时候都没有比现在更有趣了。我们在这些研究中假设

它们是公正的，并且考虑了所有的事情。为了使人为操纵变得可能，它们掩盖了太多的问题，并且在过去，已经反映了所有的意外事件，包括交易量。

平均价格指数的表现确实没有令人欣慰。20 支活跃铁路股票在 101 点到 104 点之间波动了太长时间，在周四跌破了更低的窄幅盘整。而工业股票并没有跟着它运动，仍然在 79 点到

《华尔街日报》 1914 年 7 月 20 日

82 点这个界限内，并且已经持续了非常长的一段时间。然而，如果平均价格跌破这条窄幅盘整的低点，就会清楚地预示着 1912 年 10 月开始运行的主要下跌趋势将重新恢复。

《华尔街日报》 1915 年 2 月 10 日

价格运动

自从我们在 1914 年 7 月 14 日探讨 12 支工业股票和 20 支活跃铁路股票的平均价格指数所表现的价格运动以来，接连发生了两个空前的情况：一个是交易所关闭 18 周，另一个是重新开市的证券交易所随意限定最低价格。

尽管如此，这些情况也不足以导致公认的平均价格指数分析方法有所改变。毫无疑问，战争期间关闭交易所促使这个持续了差 3 个月满 2 年的熊市继续进行。我们差不多可以说，市场在关闭前最后 4 天发生了半恐慌性的暴跌，并且在市场重新开市时，预测到了市场可能复制前期的恐慌。从一定程度上讲，这就是当时所发生的情况。工业股票在 7 月 30 日的收盘价为 71.42 点，铁路股票为 89.41 点。随着市场回调，是时候发生一次反弹把价格带到先前恐慌的水平，或者这个水平附近了。两个平均价格指数运动不

一致，工业股票在 12 月 24 日从反弹的最高点下跌 2.54 个点，达到 73.48 点；而铁路股票在同一天丢掉了 4.89 个点，达到 87.40 点，这比 7 月的收盘价低 2 个点。

这仍然是很典型的，并且代表回归到了正常情况，这时期望平均价格指数可以和过去一样给出可靠的预示。接下来一定是恐慌后的反弹，在认识到这一点后，市场出现了一个真正的回升。这使铁路股票提升了 6.55 个点达到 94.05 点，使工业股票上涨了 4.93 个点达到 78.41 点，两种股票平均价格指数都在 1 月 21 日记录了最大值。

自从那天起市场开始下跌，每个平均价格指数都下跌了不到 3 个整点。有信号表明，市场可能在围绕着这个水平做窄幅盘整运动；我们注意到，如果两种平均价格指数明显保持一致，

那么这通常是个有趣的信号。因为当其中的一个价格指数突破先前的水平，而另一个没有时；或者当一个价格指数建立起短暂波动的新高，而没有得到另一个的配合时，所做出的推测几乎都是不可避免地具有误导性。

指示显然并不清晰。但平均价格指数的趋势反映出一切，并且重新开始它们久经考验的功能，也就是作为市场运动的晴雨表，这是一种自我鼓励。

《华尔街日报》 1915 年 4 月 6 日

价格运动

这是一个基本的牛市吗？自从交易所重新开张以来，市场出现了一个不规则的回升，但没能阻止铁路股票平均价格指数下跌到 87.40 点，这比 7 月 30 日交易所关闭时灾难性的收盘价低 2 个点。然而，第一次回升后，工业股票回调的低点，没有触及证券交易所收盘价的 2 个点以内。市场之后达到了平衡，而接下来怎么做是一个问题。市场设计一个关键点，因为自 1912 年秋天一直在运行的熊市可能正处于转变中。

12 月两种平均价格指数都表现稳定，工业股票在 1 月 4 日上涨到 75 点以上，铁路股票上涨到 89 点以上。两种平均价格指数直到 2 月 5 日都维持住了这个最小值，期间工业股票只有一次略低于 75 点。直到 2 月 24 日，它们回升了不到 2 个点，这时候铁路股票触及重新开始的低点下几位小数，工业股票为 73.81 点，还没触及证券交易所重新交易以来的低点。

我们可以观察到，实际上这是由于证券交易所关闭而构成恐慌后的自然上涨和回调，这与恐慌恢复的运动几乎一样。这个趋势恢复了猛烈下跌的一部分，从 7 月 18 日的价格算起，意味着铁路股票回升了大约 13 个点，工业股票回升了 7 个点。

从那个数字来看，市场预示变成了一个开放的问题。如果两个平均价格指数出现线态窄幅盘整运动，这往往预示着股票的派发或吸筹。从随后的走势看，这似乎像是投资者在真实吸筹。

从 2 月 25 日一直到 3 月 20 日，工业股票没有低于 74 点，也没有高于 78 点，这是股票 24 个交易日的表现；同时，在这期间，铁路股票没有低于 87.91 点，也没有高于 90 点。这明显是窄幅盘整运动，市场随后的运动显示出吸筹的真实证据。事实上，铁路股票已接近了紧随恐慌下跌的短暂反弹；同时，工业股票高于 7 月中旬那个不同寻常的高点，并且，作为战争市场中的一个因素，它确实高于那段时期以来的平均价格指数。

这是最重要的一个趋势运动。公平地说，股票自 1912 年秋天以来一直处于熊市，正如两个平均价格指数所反映的那样。这个趋势的持续超过了2年半，如果我们了解被记录了25年的平均价格指数的表现，那么对于一个主要运动来说，这个时间就太长了。

牛市的时机似乎已经成熟了，如果这是事实，那么自从平均价格指数为做吸筹而出现的窄幅盘整的上涨极其明显且意义非凡，并且预示着上涨

趋势很容易成为一个基本特征。这不是在暗示，当市场超买时不会有次级向下波动；或者也不会有往常的第三种日间波动走势。

但是，在平均价格指数的运动中有一个强烈的预示，那就是在平均价格指数中有一个明显的好转，这与1904年初夏的情况类似，如果不是8月，就会持续到1906年1月。

《华尔街日报》 1915年6月9日

价格运动

我们在今年4月6日得出的结论是，市场发生了一个基本的改变，这在本报保留多年的股市平均价格指数运动中，有明显的确认。那时说，两个平均价格指数一直在做所谓的窄幅盘整运动，股票不是在派发，就是在吸筹；然而它们已经在某种程度上开始上涨了，这预示着先前持续超过2年的熊市已经给基本的向上运动让位了。

我们记得，根据道氏理论中股票市场价格运动的规则（这是标准），一个方向的主要运动或许会持续1~3年不等；然而，次级运动是在熊市中的快速反弹，或者上涨后的快速清算，可能打断这一运动，但不会阻止主要运动；同时，第三种运动，就是每天的交易，从广阔的视角看，我们无需认真考虑。

在4月6日的结论得到自我证实之后，股市看起来像是这类次级回调。

工业股票的卖出价接近91点，而铁路股票高于98点；但是，两个平均价格指数都经历了下跌，工业股票在回调的低点下跌了近10个点，铁路股票下跌了9个点。

这次暴跌应归于次级运动，但此后，工业股票21天里在79.83点和84.89点之间波动，没有触及前期窄幅盘整运动的上一个高点，这形成了根据牛市得出的结论。同时，铁路股票创造了一条更具说服力的窄幅盘整运动，因为，在28个交易日中，它们没有低于90.75点卖出，也没有接近94点。事实上，它们仍处于这个常轨中。

值得再次强调的是，这两种平均价格指数运动令人迷惑，除非它们一起突破。铁路股票指数仍处于所谓的次级窄幅盘整运动的吸筹中。并且在这个点位上，股票是否派发都没关系，因为当有人卖出时，就有他人的

买入。工业股票上涨超过 4 月 30 日的上个高点，为 90.91 点。铁路股票指数在短暂的间隔后跟着上涨，这使平均价格指数高于 4 月 20 日 98.75

点的高点，差不多为市场主要趋势给出了有力的支持。关于这点的判断，我们在 4 月的价格运动研究的专栏中就提到过了。

《华尔街日报》 1915 年 6 月 26 日

价格运动

一段时间里，《华尔街日报》的表格显示出了 12 支工业股票的平均价格指数，它们在自 5 月 15 日起的 34 个交易日内，上涨波动共超过了 10 个点，铁路股票在 2.49 个点的小范围内波动，处在独立的工业股票上涨开始时的位置附近。

如果从一个平均价格指数分析中得出的市场结论，没有得到另一个指数的确认，那么这些结论通常都具有误导性，研究者们需要谨慎对待。铁路股票指数呈现出不同寻常的稳定性，这具有重要意义，并且可能是它自身价格得到了市场公正的预期。一个平均价格指数将创造一个重要的趋势，而另一个保持不变，这种情况不太常见。在目前的市场上，这种情况真的发生了。要找到一个类似的趋势，就必须回到 11 年前。当时的情况完全相反，铁路股票指数在上涨，工业股票指数保持不变。

我们今年在这个版面做出的推论，随后被证明是正确，也就是价格运动

中发生了一个根本变化，并且一个主要的牛市正在很好地运行中。当 20 支活跃铁路股票在 34 个交易日内于 2.49 个点的范围内波动时，根据股票平均价格指数先前的经验，我们可以认为它是以下两种情况其一：不是为重大的上涨趋势吸筹，就是精心组织的派发。

鉴于"窄幅盘整"非常清楚且十分明确，结论更可能是铁路股票在为工业股票相对已有的上涨运动做准备。如果铁路股票上涨到 94.17 点以上，将会是浮动供给已被吸收的强烈预示。在股票供应抽离以前，必然意味着一个实质性的普遍上涨。

另外，铁路股票回调到目前窄幅盘整运动的下限 91.68 点以下，这不一定是明确的下跌趋势。工业股票绝对不会通过类似的方式，给下跌赋予了一个特别的意义。目前的情况非常值得观望。夏季和秋季的市场预示会出现的上涨运动非常深刻且令人信服。

《华尔街日报》 1916 年 3 月 20 日

股票平均价格指数

许多读者问，在我们的专栏中，为什没有更频繁地从股票平均价格指数的角度谈论价格运动。答案是，平均价格指数目前没有给我们这样的启示。相比于在证券交易所重新开始交易后，到来的上涨趋势没有将其能量耗尽这一事实，平均价格指数并没有更明确地预示出任何事情。

很难说，这个主要运动中有令人印象深刻到足以称为次级趋势的中断。工业股票在反常时期出现了非常惊人的上涨，当然原因是其中包含了一支最活跃的"战争股"，通用汽车。开始的时候，这看起来好像只是一个短暂的现象，并且平均价格指数将再次重申自己的主张。

读者会注意到，铁路股票平均价格指数没有出现对应于工业股票指数的上涨。新年后，市场中出现了在 100 点到 103 点之间的窄幅盘整，这可能有着重要的意义，也可能没有任何意义。但读者需要记住的是，平均价格指数以往的所有经验表明，除非工业股票和铁路股票同时出现这样的窄幅盘整

运动，否则更像是一个极具误导性的信号。

然而，从铁路股票平均价格指数随后的运动来看，公平地说，市场中的吸筹出现了一次暂停，接下来就确切地证实浮动供给已经被吸收了，并且价格因此指向了更高的水平。这将与市场其他股票走势保持完全一致，事实上这是对工业股票在主要运动中大幅上涨的互补。

但是，我们最好记住，现在这个主要运动已经持续了 15 个月，并且，根据股票平均价格指数先前的经验，从事物发展的自然过程来看，它趋向于自我耗尽。不过，尽管能做出这种结论的信息非常缺乏，但是这个趋势还是很容易再持续几个月的。

在这种情况下，两个平均价格指数同时做窄幅盘整运动的任何信号都将具有相当重要的意义。几乎可以肯定，这预示着主要运动被一个次级趋势的到来打断了，甚至可能预示出整个市场的根本转变。这是将来要考虑的事情，目前还没有线索。

《华尔街日报》 1919 年 8 月 6 日

牛市到头了吗

20 支工业股票的平均价格指数今年 2 月 8 日到 7 月 14 日期间从 79.15

点上涨到了 112.23 点，上涨了 33.08 个点，20 支铁路股票从 1 月 21 日到 5

月 26 日上涨了近 11 个点，这个上涨趋势的快速回调预示了主要上涨运动的结束吗？对于任何一个价格运动的研究者来说，如果他的结论是基于对 25 年股票平均价格指数的分析的话，那么回答将是否定的。事实上，这本身就是一个典型的牛市，经验表明这种暴跌，不同于其他微不足道的波动，这个运动短暂而激烈，并且与熊市的快速反弹极其相似。要想说服价格运动研究者牛市在按常规发展，那么在这个典型的快速暴跌中，就必须有一些更具说服力的东西。

对证券交易所中止 100 天以后的股票平均价格指数的研究来说，这一点足够清晰。在证券交易所重新开始交易后，有一段时期，市场从 1914 年末到 1915 年初冬只在几个点的范围内波动，市场在相对狭窄的界限内做窄幅盘整吸筹，接着是一个强有力的上涨运动，并伴随典型的快速下跌一直持续到 1915 年末。

市场再次出现相对狭窄的波动，接着的下跌预示着派发正在进行，但是这次下跌没有把平均价格指数带到前一年的低点水平以下。之后，市场中出现了一个典型的上涨，工业股票和铁路股票在上涨中都触及了新的高点。接下来是相当激烈的下跌，并且

在 1917 年初期被证实是一种派发。市场变得充满了股票，且达到了饱和点，然后一个真正的熊市开始了，差不多持续到了年末，至于工业股票，持续到了 1918 年。

在 1918 年初，市场再次出现被证实目的为吸筹的窄幅盘整运动，并且出现了快速上涨，成为熊市持续到随后秋天的稳健力量。之后，市场在停战前出现了一次下跌，接着被证实再次出现了一段时期的窄幅盘整吸筹，大概是在本年初进入当前牛市的。

这些趋势都十分典型，并且可以说，平均价格指数长期的目的和结果反映了所有的原因——劳工、威胁、政府所有制，乃至世界大战本身。如果在目前的回调中，两个平均价格指数都应该同时长期做窄幅盘整，时间在 1 个月或者 1 个月以上，并且随后突破窄幅盘整的下限，那么我们大体上可以预期到更低的价格会出现。

然而，如果这次窄幅盘整运动被证明是一种吸筹，根据所有先例，在其狭窄范围内的上涨预示着股票的浮动供给已经被吸收了，并且将再次全面展开上涨运动。目前，没有任何迹象表明，这个回调中发展成这种情况是不太可能的。

市场分析

一位支持我们的读者问，通过分析工业股票和铁路股票平均价格指数所显示的前期运动，来判断股市的趋势，是不是经验主义呢？这确实是一种经验主义，但也不完全是，并且这种方法与骗术有很大的区别。任何从许多已记录的实例中得出的结论都容易受到质疑。这取决于预示方法的科学精确性。

医学诊断靠经验，症状仅对照过去观察到的类似情况。但是通过进一步诊断得到的血压测试、血液及其他分析，比如神经反射、细菌化验、脉搏、体温和其他辅助方法，按照人类通常的结论，这更接近精确的科学方式。我们确实仍然无法预测未来，除非根据过去的记录，并从我们可获得的信息中给出尽可能精确和公正的结论。

基于道氏理论的平均价格指数研究，其创始人是已故的本报创始人查尔斯·道。过去发行的关于道氏理论的书籍，似乎已经绝版了，但是这一理论可以简单归纳为，在广泛的股票市场中，同时存在三种确切的运动——作用、反作用与相互作用。表面上看首先是日间波动；其次是次级运动，它是牛市的短暂回调，或者熊市中一定幅度的反弹；最后是主要运动，它决定了股票数月的走势，或者市场主要的真实运动。

"基于这些事实，研究者设法分析平均价格指数，而基于日间波动所得出的结论是没有价值的，基于次级运动得到的判断又往往具有欺骗性。但是，基于主要运动得出的结论则有很大的可行性且十分有帮助，并能对整体经济有真正的晴雨表价值。正是基于这一点，那些价格运动的预测研究，特别是第一次世界大战前在这些专栏发表的文章，通常都对多错少。假如与道氏理论可靠且科学的原则相斥，那么绝大多数分析预测就都是错误的。"

这也是为什么我们可以在过去的周三说，本周初开始的市场快速回调可能是一个典型的次级运动，并且不会使今年年初左右那段吸筹以来的牛市失效。明智的人不会梦想根据这样的概括就进行交易，但是，这些结论十分有用且相当明确，使深思熟虑的聪明的观察者获得信心与保障。

《华尔街日报》 1919 年 10 月 9 日

股市平均价格指数

道琼斯公司给出的 12 支工业股票和 20 支铁路股票的每日平均价格指数与它们过去的进程相比，达到了一个有趣的点。工业股票周二收盘价正好超过 7 月中旬的水平达到 112.23 点，周三也是如此。这比 8 月低了 15 个点。铁路股票平均价格指数为 82.04 点，仍比 5 月 26 日创造的本年高点低 9 个点，然而，仅比 8 月 20 日创造的本年低点78.60 点高 4 个点。在这两种情况中，紧随年中高点的回调不到 2 月第一周上涨幅度的一半。

《华尔街日报》在 8 月 6 日发表文章称，平均价格指数当时并没有预示牛市已经结束。它们还没有给出任何明确的原因使那个结论成立，甚至于补充它，鉴于随后的反弹，或许可以被认为是一个次级运动，也就是牛市快速反弹的典例。我们在同一篇评论中说过，如果平均价格指数应该在年中的高点以下做窄幅盘整运动，并且随后向下突破，那么这将预示着一个真正的熊市即将来临。随后真正发生的是，工业股票平均价格指数连续出现猛烈波动，并且在 8 月 20 日出现一个比本月早期更低的价格水平，接着是一个快速且连续的反弹，平均价格指数在 9 月 3 日回升到 108 点之上，这比 8 月的低点高出了 10 个点。工业股票平均价格指数在 9 月 3 日的水平附近做了两周的窄幅盘整运动，然而在 9 月后半期以及 10 月的前几天快速上升，现在超过了 7 月的高点。

铁路股票平均价格指数自 8 月初以来已经创造了窄幅盘整运动，仅在过去 3 到 4 个交易日向上的运动中出现了重大误差。根据外部考虑，与工业股票相比，没有理由认为这是有意义的派发。

图表参考者，或许过于倾向去寻找像"双重顶"这样难以理解的表现，声称工业股票平均价格指数一定预示了以下两种预示中的一种：不是给出了极其准确的熊市警告，就是突破进入到更高的水平。后一种情况的结论表明真正的主要运动仍然是牛市。两个结论都不具有说服力，因为如果考虑到整个战争时期工业股票异常猛烈的次级运动，也许就可以假设目前水平的下跌构成一个双重底的后半部分，而第一部分在 8 月就已经创造出来了。这样一种看法可能需要铁路股票持续力量的支持。然而，现在工业股票平均价格指数的任何长期下跌，都是一件需要严肃思考的问题。

股票平均价格指数没有被其本身看作未来市场令人信服的预兆，这个观点我无论重复多少次都不多。它们只是许多金融状况指数中的一种，并且不应该承担过多意义。

《华尔街日报》 1920 年 6 月 7 日

一周走势

上周股市是典型的窄幅波动，紧随市场上周初期节日后的一些压力，总体趋势趋于好转。我们可以清楚地从平均价格指数中看到，市场现在出现了持续两周左右的回升，工业股票回升大于 4 个点，铁路股票回升不到 3 个点，而工业股票过去 5 月的低点比 11 月上涨运动结束时低 32 个点，铁路股票低 15 个点左右。根据平均价格指数久经考验的市场解读理论，这像是市场中的一个次级向上波动，主要运动向下并不能说已经结束了，根据经验，反弹应该更进一步，因为华尔街没有什么股票，证券经纪公司也很少报告客户持有活跃的股票。

《华尔街日报》 1920 年 6 月 21 日

价格运动研究

解读股市运动的方法，也就是工业股票和铁路股票每天收盘时记录的平均价格指数，我们似乎对此保持着不变的兴趣。许多读者写信咨询这个著名的方法，也就是基于这种方法，在不久前的周一出版的每周市场回顾中，描述了市场趋势，也称为"一周走势"。

市场运动的道氏理论，形成将近 20 年了，并且经受了经验的考验，但是在查尔斯·道那个时候，股市作为整体经济相对精确的晴雨表很少被人认识。他大概拥有 15 年的市场运动记录作为指导，而现在我们已经有了两倍以上的市场运动记录。尽管他的理论没有上升到作为"突破"华尔街银行的"诀窍"或系统，但是很少有人怀疑这一理论的正确性。

道氏理论认为市场有三种运动，两种或有时候三种同时发生。基本运动，表现为一个熊市或者牛市，依具体情况向上或向下，持续时间几乎不少于 1 年且有时候更久。次级运动表现为牛市中的回调，时间相对短且幅度大，或者是熊市中同等突然的反弹。经验表明，次级运动可能持续 3 周到 3 个月，在其能量消耗后，主要运动重新开始。

第三种运动，也就是日常波动，与其他一种或两种运动同时发生，在研究中可以被忽略。平均价格指数一如既往地反映一切，甚至是特别事件，连战争也不例外。粗略看一下平均价格指数，它展现了一个主要的上升运动，这个运动偶尔被次级运动的复发打断，并于去年 10 月结束了。接下来一个熊市开始了，并被 5 月末期开始的一个典型次级反弹趋势打断。目前既没有证据表明主要的下降运动不会在市场根本大改变前重新开始，也没有表明这个次级反弹已经自我耗尽。

去年10月到今年5月的下跌有可能代表了整个主要运动，并且股票的最低价格，在价值上似乎会开启一个新的先例。但交易量并不支持这一理论，并且

如此短暂的运动与所有的经验相反。这需要证明市场存在大量的吸筹。市场本身应该很快就能检验这种看法。如果在目前的反弹后，出现所谓的饱和点的信号，那么预示将是，当主要的下跌波动恢复，市场会指向更低的价格，根据这个看法，这将出现在夏末或秋初。

股票廉价却无吸引力

《华尔街日报》 1921 年 3 月 30 日

有许多智慧格言和现代实例表明，投资者很少在市场底部买入，并且很少或者从不在顶部卖出。廉价的股票历来没有吸引力。这不是切斯特顿式似是而非的论点，而是市场记录的问题。如果廉价的股票充满吸引力，那么现在应该是一个活跃的市场，并充满了兴趣十足，甚至兴奋的公众。进一步的结论显然是，股票不会长久廉价下去。我们很容易就可以告诉有能力购买股票且忘记买入的人，市场中满是十分有吸引力的机会。然而，市场中却没有足够多这样的客户。

你可能会指着美国钢铁公司的报告向客户展示，在清晰的资产清单上，美国钢铁公司普通股票的卖出价格不到其净资产的1/3。人们可能会购买这支股票，一直惦记着这支股票，认为自己每天必须看一下价目表。你的客户只会看到美国钢铁公司普通股票每股下跌了5个点。他忘了你告诉他的所有关于净资产的事。他说他将承担损

失并记住这个教训，而他忘记的不是他的损失，而是购买这支股票的原因。

在一个被长期清算且高利率的动荡市场，人们很容易忘记优质股通常比垃圾股票更脆弱。市场对优质股票是真实的；而对于垃圾股票，则是有名无实。当人们涉及到还贷的方面的任意压力时，遭受抛售的美国钢铁公司及其他股票就是优质股票。人们为了清偿贷款可以以一定的价格卖出优质股票，因为他们持有的其他资产不能够快速变现。

有建立牛市的基础吗？根据道氏理论的平均价格指数，主要的上涨运动的开始或许是一个完美的基础。目前主要的熊市发展于1919年10月。自今年年初以来，工业股票和铁路股票一直在几个点的范围内做"窄幅盘整"运动，但与下跌的幅度比，相对更接近窄幅盘整。长期持有的投机者可能要好好问一下自己，这是否是吸筹的预示。

我们可能注意到，工业股票平均价

格指数在 2 月 16 日明显上涨到窄幅盘整区域以上，达到了 77.14 点，然后又回调了近 5 个点，并 3 月 23 日再次触及 77.78 点；同时，铁路股票在 1 月 15 日反弹后达到 77.56 点，之后是超过 8 个点的回调，接着到 3 月 16 日反弹了 2.52 个点，尽管很好地处于窄幅盘整范围内，但距我们所谓的上限还有 6 个点。熊市中典型的次级反弹已经被记录下来了。解读平均价格指数的老方法依然奏效。如果两个平均价格指数都到达 78 点，将是主要牛市开始的预示。如果仅工业股票平均价格指数到达这个点位，则预示可能容易具有欺骗性。

《华尔街日报》 1921 年 5 月 10 日

价格运动

《纽约时报》的金融版面，有一次试图利用数年平均价格指数绘制的价格运动图表做研究。图表自身被采纳了，并且数据没有被确认就整体从著名的道琼斯平均价格指数中取得了，道琼斯平均价格指数自 25 年以来已成为对照标准。相信以不正当手段所得的收益绝不能成功的利他主义者将欣慰地听到，赫斯特文章的作者甚至不理解他挪用文章的含义。他的结论只是狂妄的猜测。

在忽略股票平均价格指数解读原则的情况下，他指出市场显示工业股票指数将迎来一个上涨运动，甚至还指明了其波动幅度，同时铁路股票指数将停滞不前。如果这样的趋势开始发展，根据平均价格指数的记录，或任何有代表性的价格记录，这绝对是股市前所未有的。有时一个板块比另一个板块运动得更快。暂时地，铁路股票和工业股票的平均价格指数相互交叉运动。但是，任何的主要运动总是两个平均价格指数一起变动。确实可以说，假如一个平均价格指数创造新高或新低，却没有得到另一个确认，结果总会是具有误导性，自平均价格指数建立起，在每次主要运动前，两个指数都会同时创下新高或新低。

3 月 30 日，我们在这个版面，以标题为《股票廉价却无吸引力》的文章中提到——

（引用了 1921 年 3 月 30 日整篇评论，可以参考上述文章，这里省略。）

不知道，或许更可能是不理解这个经过考验的平均价格指数理论，这个预测者被工业股票上涨到 78 点以上的事实误导了。但是他当然没有看懂最令人振奋的特征，那就是铁路股票的反弹，铁路股票在 5 月 5 日、6 日和 7 日反弹到距 78 点不到 4 个点的位置。铁路股票反弹时极其重要的。如果铁路股票再上涨 4 个点，同时工业股票的位置只需要维持住这个态势，结论将是在一个基本的牛市前完成吸筹的强有力证据。

但是，根据道氏的逻辑理论，市场中没有任何预示表明工业股票会持续独立地上涨。如果铁路股票不做回应，那么工业股票就有可能会陷入另一个迟钝时期。然而，可以保守地说，目前给出的绝不是下跌的预示，并且随着铁路股票平均价格指数的指引，很容易变成整体上涨的趋势。

《华尔街日报》 1921 年 6 月 16 日

股票平均价格指数研究

从年初起的一段时期，当工业股票和铁路股票平均价格指数中任何一个接近 72 点的低点时，都显示出非常强烈的抵抗。值得注意的是，作为证实解读股票平均价格指数的最佳理论，工业股票在 12 月下跌，并创造了 66.75 点的新低，铁路股票平均价格指数并没有给予确认；同时，铁路股票在 4 月跌到了 67.86 点，也没有从工业股票中得到必要的确认。工业股票 5 月在 78 点以上到 80.03 高点间的窄幅盘整区域上方给出了一个做多点，但是并没有得到铁路股票的确认。

两个平均价格指数现在都已经跌破 72 点这个顽强的抵抗线。如果出现 1919 年 10 月以来现在正在运行的主要下跌运动的新低点，那么很大程度上将是一个看空的预示。这个推断充分表明了下跌趋势，但是如果工业股票低于 12 月的数字，并且铁路股票低于 4 月的数字，这个推论会被更加确定了。此时，一个谦虚且称职的平均价格指数研究者正确地表述说：

"虽然这可能只是一件小事，然而，我发现前期道琼斯平均价格指数低点的神圣，像在这种时候是一个安慰。我们会说工业股票平均价格指数仍比 12 月高了 3 个点，并且尽管铁路股票伴随太平洋公司令人沮丧的暴跌，仍然比今年低点高出 1 个点。"

这种安慰并不使人十分高兴，不过这有总比没有得好。两个平均价格指数表现出明显的窄幅盘整运动，并且顽固地维持住了这个态势，跌破这个窄幅盘整意味着它是在派发，而不是为长期持续反弹吸筹。当然，现在还没有形成窄幅盘整的信号，但是很有可能在远低于 78 点的价格给出一个令人信服的做多点。平均价格指数仍在坚持。它们代表了大家都知道或能预见的状况。现在最严酷的下跌论据是国会。到目前为止，在未来几个月甚至数周铁路股票的 90% 都可能在破产的边缘徘徊。税收政策极其有必要做出修改，然而国会正在将时间浪费在计划支出更多的钱上——这真是在纳税人的命脉上做了一个动脉切开手术，就像士兵的补贴及给战舰 500 000 000 美元的拨款，这些都可能在启动前就被废除了。

我们无法总结市场的整体观点，但是很显然市场看不到其前方的状况，并且平均价格指数也是如此。它们的预示可能并不会如看起来那样呈现下跌趋势，但是它们长期收回了之前给出的任何做多点。

股票平均价格指数的预示

《华尔街日报》 1921 年 6 月 23 日

股票平均价格指数在 72 点以上创出了一条支撑线，并在随后跌破了这条线，在这个数字以下给出的下跌预示已经得到了充分的确认，工业股票平均价格指数在 6 月 20 日已经从这条线下跌了 7 个点，铁路股票平均价格指数将下跌 0.5 个点。这次窄幅盘整不是在吸筹，而是似乎不可能的派发。华尔街充满了股票。目前市场已经到达饱和点，随后几乎会自动析出了。

此外，值得注意的是，工业股票在下跌过程中可以得以慰藉的 12 月低点，及铁路股票 4 月的低点，都被撤销了。主要运动的新低点被建立起来了。1919 年 10 月初开始的主要熊市恢复了其支配地位。在经历这样一个沉重的突破后，交易者自然要问，根据以往的经验这意味着什么。

为消除误会，我们应该说，没有先例要求市场在反弹前需要再做一次窄幅盘整运动。根据道氏先前关于股票平均价格指数的理论，在主要牛市中的次级下跌，以及主要下跌趋势中的次级反弹，都是突然且急速的，在一个实际的恐慌下跌后，反弹显然也是如此。测试并不是在底部，而是在像当前条件下的反弹后的市场走势之中，股票目前很容易变得脱销或超卖。人们在底部时情绪通常是极度悲观的，并且当开电梯的男孩谈论他的"空头仓位"时，专业人士也开始"应对"公众情绪了。

熊市中的次级反弹，与平均价格指数在过去多年来的表现惊人地一致，随后所做的窄幅盘整运动彻底考验了公众吸筹的能力。如市场刚刚经历过的严重下跌一样，通常有许多的买入力量作为支撑，保护脆弱的账户过多而被清算，并且这些股票将在反弹中被抛售。这在很大程度上，被空头平仓和廉价买入抵销了，但是如果市场中依然没有足够的吸筹能力，那么将出现进一步的缓慢下跌，通常会建立新的低点。

上面仅谈到了可能性，并不是依据平均价格指数做出的科学推断，在目前的阶段，一次快速的次级反弹很有可能和任何其他发展一样运行起来。平均价格指数仅指出了主要的熊市还没有结束，但是它已经持续了很长时间。剩下的是一个尚待解决的问题，如你在什么点位付钱并做出选择，甚至在什么点位，你虽然付钱了，却几乎不能做什么选择。

《华尔街日报》 1921 年 8 月 25 日

价格运动研究

从我们收到的信来看，那些为得到晴雨表预示而研究平均价格指数的读者们，现在重视股市的疲软程度已经大过它应该得到的重视了，尽管它确实十分重要性。20 支活跃铁路股票在周二收盘时跌破了 1921 年 6 月 20 日的前期低点。铁路股票在同一天记录了新的低点，并且自 1919 年 10 月以来成为市场的支配力量的主要熊市，触及了 65.52 点的低点，然而我们可以看到，铁路股票平均价格指数仍远高于这个数字。

两个平均价格指数必须相互验证，才能为任何有信心的预示提供基础，这一点再怎么重复也不为过。铁路股票仍比 6 月的低点高 4 个点，同时预示着下跌趋势，它们在预示变为上涨前还要往下走一段距离。在不远的过去，它们创出了一个具有重大意义的窄幅盘整运动。平均价格指数在 16 个交易日里没有上升到 73 点，也没有跌下 70 点。而它在周二跌破了 71 点，初步预示着派发正在进行中，并且得到了周三 69.87 点的收盘价的确认。

所有道氏理论在价格运动应用中，被经验证实的最好的一点是派发或吸筹的窄幅盘整。正如经验所示，当正常的交易持续在这样一个范围内，两种情况中必然有一种情况会发生。如果铁路股票跌破窄幅盘整区域，则证明市场在这个水平已经吸收了所能吸收的一切，在新买家能够承受市场供应过量的压力前，必须发现一个新的水平。这就好像云中的湿气达到饱和后，结果自然就是降雨。

有趣却毫无启发性的是，我们在贷款人群中听到了某些知名的证券经纪公司大量借出股票的消息。这相对表明了一个空头趋势。但接下来绝不是如果借入贷款的人做出选择，他们不转让股票。事实上，如果他们从同样的资源中抛售更多的股票，就会有明显优势对脆弱的空头账户产生影响。经验丰富的华尔街对这种预示信号提出了质疑。它记得股票怎样在 1919 年被从战争获利的投资人中榨取而被带出了纽约。它想知道这些股票是否还可以返回市场。

《华尔街日报》 1921 年 9 月 21 日

价格运动研究

当我们 8 月 25 日在这个专栏探讨价格运动时，利用活跃铁路股票和工业股票每日记录的平均价格指数所做的测试指出，无论工业股票下跌到新低可能看起来如何，它还没有得到铁路股票的确认，铁路股票当时（并且现在依然）在一个狭窄的范围做意义重大的窄幅盘整运动，经验证实这一定是派发或吸筹之一。

在自 1919 年 10 月到 11 月以来一直运行的主要市场中，工业股票于 8 月 24 日创造了一个 63.90 的新低点。铁路股票在同一天弱化了其支撑线，在考验价格指数许久的一段持续的交易日里，铁路股票平均价格指数没有触及 74 点，也没有低于 70 点卖出。随后记录的 69.87 点这个数字是一个警告，任何低于 69 点的价格将是确定下跌的预示。到目前为止，就铁路股票而言，这个主要熊市还没有创造出新低纪录，但是这表明了市场中的股票处于饱和状态。

然而，这样的确认并没有到来，并且市场伴随一次反弹重新回到了 70 点以上。从那时起，一个相当大的力量于 9 月 13 日在窄幅盘整区域上方发展了起来，平均价格指数收盘价为 74.30 点。工业股票从底部同时回升 8 个点达到 71.92 点，这似乎更像是下跌的预示。这里再次出现下跌的警告被收回了，并且恢复了派发或吸筹的窄幅盘整。铁路股票平均价格指数仍就很好地维持在那条窄幅盘整区域之内，并且工业股票显示出波动幅度在 69 点到 72 点之间的相同运动。

这是非常重要的，并且在接下来的几天，可能会给出一个发展趋势的预示，至少表明了次级运动，或主要运动的重要性。如果在平均价格的波动中，两个平均价格指数的新高点甚至略高于它们上次记录的高点，那么我们处在一个牛市中或许是一条合理的规则。铁路股票高于 75.21 点，将给出一个上涨的预示，特别是工业股票在 72 点或 72 点以上，将反映出一个类似的运动来。

这个推理根本既不难理解，也不牵强附会。工业股票和铁路股票的浮动供给显然已经被吸收了，因此为了吸引新的卖家，价格大幅上涨是必然的。已经主导市场差 1 个月就 2 年的熊市，显示了一个非常长的波动，并且随着突破了为吸筹而做的窄幅盘整的新顶部，市场中有了彻底转变的趋势。

这与我们正面临着严冬的观点无关。如果市场不能考虑到这样一个意外事故以后的问题，那么股市则是毫无意义的。它似乎预示着整体经济在春天转好的坚实基础。市场很可能正处于主要牛市的酝酿阶段。

《华尔街日报》 1921 年 10 月 4 日

向前看

不止一位记者写信给本报，提醒大家注意令人不满意的状况，并且询问为什么在 9 月 21 日发表的通过平均价格指数对市场运动的研究认为，股市似乎正处于价格长期上涨波动的酝酿期。我们可以为悲观的观点给出各种各样的原因——德国银行破产、铁路运价和工资、关税以及税收等不确定因素，还有国会在考虑这些问题时显得有些迟钝。真正的答案在于，股市已经考虑了一切事情，所运用的信息资源比任何评论家可能拥有的信息都要全面得多。

根据解读股票市场平均价格指数久经考验的方法，铁路股票只有一个8个点的下跌，或低于6月20日创造的主要下跌运动的低点，这预示着主要运动的恢复。另外，铁路股票需要独自在目前水平上上涨不到1个点，以记录两个平均价格再次到达的新高，这预示了一个主要的牛市。工业股票已经记录了那个点，并且两个平均价格也已经显示出了一个既清楚又明显的吸筹窄幅盘整运动，这在任何时候都可能表明市场缺乏浮动筹码。

股市完全反映了大家所了解的国家经济状况，这一点再怎么强调也不为过。公司向农场主出售工具、货运卡车和肥料公司，并且比农场主自己更了解他们的状况。在证券交易所上市的公司，严格遵从他们的上市条件。实际上，他们经营着国家生产和消费的每样东西，如煤炭、焦炭、铁矿石、生铁、钢坯、制造手表的发条，他们所知道的一切准确无误地反映在证券价格上了。所有银行都了解这些商品的交换及对产品的融资和销售，都反映在股票价格上，其价值的高低依赖于知识量的大小。

股价低是因为我们评论家提及的所有这些下跌因素都已经反映在价格中了。当市场受到突然袭击时，会引起恐慌，然而历史记录下了这种受到突然袭击的概率有多小。现在，人们知道了所有下跌的因素，他们承认这确实十分严重。但是，股市的交易不是基于现在人们所知道的，而是根据人们提早预见到数月后的情况而掌握的专业知识的总和。

《华尔街日报》 1921年12月30日

价格运动

我们8月25日在本栏指出，当时平均价格指数并不鼓励看好，也没有预示过去6月已经主导市场18个月的主要下跌运动重新开始。我们在9月21日得到的明确结论是，市场的主要波动已经发生改变，而且这一阶段正在为1922年的牛市做准备。20支工业股票从8月24日到现在共上涨了近17个点。而铁路股票的上涨则小得多，从8月24日到11月22日，只上涨了7个点。现在的收盘价比8月24日的低点高出4个点，但是比过去6月的低点，也就是这个主要熊市的底部，高出8个多点。

根据股市晴雨表先前的所有经验，就像平均价格指数所展示的那样，我们正处在一个主要的牛市中。到目前为止，市场中已经出现了 2 个次级回调运动，且波动幅度都不大。市场都在每次回调后变得迟钝。根据久经考验的解读平均价格指数的方法，只要在次级回调后出现反弹，两个平均价格指数都会创出新的高点，并且不必在同一天，甚至同一周发生，只要它们相互确认了，那么主要上涨波动就会继续。

如果工业股票指数从目前水平上上涨低于 1 个点，铁路股票指数上涨低于 3 个点，本专栏中将非常清楚且非常肯定地预言，对主要牛市的恢复的确认正处于其初始阶段。华尔街中有句古老的格言，"绝不在沉闷的市场中做空。"熊市中的反弹非常激烈，但市场在回升后变得迟钝时，经验丰富的交易者会明智地再次做空。确切地说，牛市中的转向是完全正确的。如果市

场在接下来的回调后变得迟钝，交易者则应该买入股票。

作为一个长期的规则，我们或许应该认为股市总是先于经济状况好几个月，并且它的运动依据的是每个人实际知识的总和。没有比使用"人为操作"这类词语描述市场运动更幼稚的了，特别是当它们与大众的想象相反的时候。但是，肤浅的财经报纸记者，因为太懒惰而没有了解实情就写下"人为操纵"这样简单的解释。任何一家报纸的经营者，即使他对于汇聚在华尔街的新闻没有太多个人的了解，也应该秉持最严肃的怀疑态度来看待股市运动的原因。这通常意味着记者在逃避他的工作。

我们没有理由收回先前在这里发表的所有预测。我们处于主要的牛市中，并且这个牛市在回调中趋于迟钝，但是它正为出现一个令人印象深刻的上涨缓慢地聚集着能量。

《华尔街日报》 1922 年 2 月 11 日

价格运动

股市运动的研究者，就像道琼斯通讯社用于比较的 12 支工业股票和 20 支铁路股票的平均收盘价格指数的运动记录的那样，要求根据著名的道氏理论，解读市场并对其进行一些讨论。查尔斯·道十分清楚地表明了自己的观点，市场中同时存在着三种运动：持续 1 年到 3 年的主要运动；次级运

动，牛市中的回调或熊市中的反弹，通常持续数天到 1 个月或更久；以及日间波动；市场目前好像很容易被读懂，但是人们仍然还在撰写评论，大概是在证实他们的观点吧。

目前，市场主要运波动是向上的。我们或许可以说之前持续了 1 年零 10 个月的熊市低点是在去年 6 月产生的，

尽管随后工业股票在8月单独创造了新低。这并不需要得到另一个平均价格指数的确认，即使市场的转变从去年8月开始计算，也没有任何不同。我们早在去年10月就在这些专栏中指出，"这个阶段"正在"安排一个牛市"，随后的运动也充分地证明了这一推论。

铁路股票从1921年6月20日的低点到2月9日达到了76.81点，上涨了11.30个点。工业股票从1921年8月24日的低点到2月6日达到了83.70点，上涨了19.80个点。这是一次完全一致的上涨，并伴随着小而典型的几个点的次级回调，接着是一段时期的迟钝，及主要运动随后的恢复，同时这是其中一个平均价格创造的高点，并且当时或随后不久得到了另一个平均价格指数创造类似新高点的确认。这个运动并没有任何惊人之处，但是我们很难找到其他更接近于确认了道氏久经考验的理论。据说证实这个规则的过程中，甚至一次例外都没有发生过。

需要再次重申的是，股市目前的运行并不依靠大家如今都知道的新闻，而是凭着华尔街智慧和知识的结合预见到所能看见的最远处的经济状况。在欧洲复杂的状况中，有许多看跌的理论依据，如税收的不确定以及对国会的厉害关系的偏见。所有这些因素都是已知的，并且如果可能的话，已被讨论过太多次了。势不可挡的上涨特征是最廉价的货币以及小额投机账户的开放。投机是整体经济的晴雨表，并且股市正在传递出这样一个信号，尽管缓慢，但是市场会在早春和夏季出现一次真正的上涨，我们不可预知其持续的时间。

因此，对这些询问者的答案是，我们仍处于牛市中，并且这个牛市会走得非常远，很可能会持续到1923年，且可以确定在短时间内会远超整体经济可预测的改善程度。

由于股市已经反映了经济中所有令人沮丧的可能性，股市自去年8月已经表明，它看到这些不好事件的结束，并会回到一个更好的时期。这些结论已经在若干方面得到了预示，并且现在市场正在表明，经济好转会在

《华尔街日报》 1922年2月28日

即将到来的春夏得到普遍的认知。股市晴雨表从没对这个观点的实用性做出过如此精确的证明。工业股票收盘的平均价格指数已经出现了大约20个点的上涨，铁路股票也出现了大约15个点的上涨。

《华尔街日报》 1922 年 4 月 6 日

价格运动

二流报纸的作者喜欢说，"现在没有人解读社论了。"这在他们的经验中可能是正确的。不过这也取决于文章内容。对于本专栏对股市价格运动的讨论，人们好像充满了无穷的欲望，尽管已经实现的预测似乎使这些探讨显得没有必要。一份报纸应该说些更有帮助的内容，而不是仅仅说"我告诉过你会是这样"。但是，价格运动的研究者，如同平均价格指数所显示出来的那样，需要对股票市场进行讨论。他们一再询问上涨运动是否在快速进行中。

在去年 9 月到 10 月间，目前的上涨运动在这些研究中被辨别出来了，当时可以看见 1919 年市场顶部的人们，就可以看见一个持续下跌超过 2 年的市场底部。2 月 11 日，我们在这里发表了前期价格运动的研究。为了回答价格运动及其他方面的研究者们的询问，最后一段写道：

"因此，对这些询问者的答案是，我们仍处于牛市中，并且这个牛市会走得非常远，很可能持续到 1923 年，且可以确定在一段时间内会远超整体经济可预测的改善程度。"

自我们写下这几行文字以来，两个平均价格指数已经出现了进一步的实质性上涨。现在 12 支工业股票平均价格指数比去年 8 月的低点高出 26 个点，20 支铁路股票平均价格指数比去年 6 月的低点高出 15 个点。如果正常的牛市有一个明显特点，那就是次级回调比往常短多了。这是对许多专业人士做空的影响，理论上，回调应该已经到了。技术分析的结果当然是，市场得到进一步支撑，使其足以吸收所有选择卖出的股票。

我们没有理由设想目前的牛市将在数月内结束。可能所有更加强壮的股票都需要一个快速回调，尽管目前只是售完了上涨股票的空头，但在平均价格指数下跌 5 个点后，不进一步下跌的话，会再次失去他们的市场，这点十分值得怀疑。市场比任何可能的人为操纵都更加不可操控。它反映出了 6 个月前的煤炭大罢工。之后预示的经济逐渐改善是有效的，并且在未来的几周会引起普遍的关注。除非经验什么都不能告诉我们，否则经济的改善和股市将同步进行，直到股市不再基于事实运行，而是基于前景。

那些明显感到更高兴的人们，如果非常肯定没人能够从股市内或股市外赚到钱，或许可以说，当整体经济已经良好的时候，市场最终必然转向，并且很快就会到来。但是，同样是这些人终会像目前看跌一样，那时看涨。

《华尔街日报》 1922年5月8日

价格运动研究

查尔斯·道理论所验证的股票市场的多年经验表明，教会研究者看懂平均价格指数的窄幅盘整运动意义重大。要具有真正的价值，要求是很严格的。工业股票和铁路股票平均价格指数应该相互确认。相对于交易量，应该选取足够长的时间以承受真正的考验。日间波动幅度太狭窄，以至于往往局限在不到4个点的范围内。给出这些条件，我们就可以推断出重要的结论。

股票市场已经出现了这种发展，对目前和最终都具有重大意义。从4月7日到5月5日，包括这两天，在24个完整的交易日中，20支活跃铁路股票平均价格指数没有低于83点，也没有高于85点。这显然接近窄幅盘整运动，只有一次特别，当时平均价格指数在4月25日上涨到85点，在85.09点的位置收盘。差不多在相同的时期，12支工业股票平均价格指数从4月10日到5月5日，也包括这两天的22天里，没有低于91点卖出，也没有触及94点。这段时期对满足经验的要求来说，足够长了。这样一次窄幅盘整运动不是预示着吸筹，就是预示着派发。

根据这次窄幅盘整运动的力度，一位平均价格研究者，抱着下跌的观点给波士顿新闻社写信道，"合伙经营"和"内部人士"好像已经把担子放在公众身上了。事实可能确实是如此，但这一结论并不是根据这个前提得到的。市场在两个股票平均价格指数中，与做空点相比，市场更像是给出了做多点。如果12支工业股票平均价格指数确实达到94点或超过94点，并在接近这个水平前后，得到铁路股票上涨到86点的确认，将很好地证明这是吸筹已经耗尽了浮动供给的证据。人们很可能会承认，此时几乎可以肯定的是上涨运动有力的恢复。

另外，如果铁路股票从目前的水平出现一个比假设上升的规模更大的下跌，平均价格指数跌到83点以下卖出，工业股票几乎同时给出91点以下的做空点，那么这无疑预示着进一步的回调。我们将推断市场已经达到了饱和点，至少一个次级波动即将开始。这并不意味着牛市的结束，并且随后平均价格指数分别回升到94点和86点，将是市场上涨的强烈信号。我们波士顿的朋友或许应该相信一件事情，那就是市场本身比所有的"合伙经营"和"内部人士"加在一起都大。

但是，这个窄幅盘整运动是最有趣的。自从去年秋天之后，目前主要上涨趋势开始前，没有像它这样的窄幅盘整运动了。

《华尔街日报》 1922 年 5 月 22 日

价格运动研究

　　周五，股市平均价格指数在同一天确认了另一个指数的做多点。这是紧跟在价格运动记录中曾创造的最有趣且最显著的窄幅盘整之后发生的。我们把股市当作无价的交易晴雨表使用，并在经历了 25 年的考验后，把股票平均价格指数与市场运动的道氏理论联系在了一起，我们可以从现今的价格运动中，得到对未来整体经济的一些重要预示。

　　20 支真正活跃的铁路股票平均价格指数在连续 34 个真正活跃的交易日，波动范围仅为 3 个点内。它们有一次卖出价高达 85.09 点，那是唯一一天超过了 85 点，并且从未触及 83 点。周五，铁路股票平均价格在窄幅盘整区域的上方显露出来，达到了 85.28 点，这是本年的新高。同时，工业股票连续 32 个交易日没有低于 91 点，也没有触及 94 点。同样是在周五，它们冲破了窄幅盘整区域的上限，在 94.80 点收盘，确认了铁路股票显示出的本年新高。

　　根据股票平均价格指数先前所有的经验，对于这样的窄幅盘整，只有一种解释。如果股票跌到窄幅盘整区域以下，正确的推测应该是，市场已经达到了饱和点，并且紧接着必然是析出。或者，换句话说，市场达到一个更稳定且更有吸引力的水平前，会出现一个实质性的下跌。但是，上涨

到窄幅盘整以上的推断同样有权威。这表明保持一个多月的平衡代表了一段时间的吸筹，并且市场现在几乎没有股票了。由此推测出去年秋天开始的主要上升运动恢复了，并且再次适当地把价格抬到了能吸引获利者的位置，或者到达市场再次变成超买的位置，这可能就像 4 月早期表现的那样。

　　在 5 月 8 日发表的价格运动讨论中，我们试图根据假设"基金"和"财团"派发的理论，预测的下跌趋势是不成立的。事实上，窄幅盘整在形成中，判断其性质是卖还是买，这是世界上最难的事情了。吸筹和派发都在进行，没人能说出哪个将最终造成最大的压力。如果允许批判评论家，他们就会辩称，股市的"利益操纵集团"的数量总是被夸大——通常不会用敲锣打鼓的浩大声势来出售他们的股票。

　　我们从股票平均价格指数可以清楚看到，股市已经恢复了主要上升运动。除非目前的牛市比我们记录过的任何一个牛市都短，否则这个牛市应该运行数月，并且非常可能持续到 1923 年。有一件事打算阻止这个趋势，那就是严重的资金的高利率——这不只是临时的一阵，像有时农作物收割所作的那样。资金的趋势可能朝向不

同方向。大家会各自争辩，货币市场是一个国际事务官，它的基本条件不是由英格兰银行或联邦储备委员会规定的。

工业股票目前或最近并没有出现资本向股市投机转移的危险。股市投

我们在过去的20多年中非常成功地在《华尔街日报》中运用道氏理论研究了价格运动。20支铁路股票和12支工业股票的两种平均价格指数必须相互确认才能给出权威的预测，这一点不断被重复。铁路股票指数在7月6日给出了一个强劲的做多点，但应该注意的是，工业股票价格指数近2.5个点的上涨有必要得到确认。

尽管，主要牛市中次级回调的性质被再三解释，并且构成了最近出版的《股市晴雨表》中有启发性的一部分，但仍没有使其被清楚地理解，并且常常与主要的牛市回归弄混。伴随微不足道的回调，工业股票的价格从1921年8月24日的63.90点，上涨到今年5月29日的96.41点。铁路股票同时的运动是，从1921年6月20日的65.52点，上涨到1922年5月29日的86.63点，这与工业股票上一个高点的位置相同。

有趣的窄幅盘整吸筹在持续一个多月以后，创造了5月的高点，接着是一个典型却又极具迷惑性的次级回调。这使得工业股票的平均价格指数于1922

机本身完全创造出刺激一般交易膨胀的信心。这实际上是仅有的另一种方式说股市是一个晴雨表，股市的运行不依据今天的新闻，而依据交易的世界可预测出的智慧总和。眼前对一般交易好转的预测是确定且可靠的。

《华尔街日报》 1922 年 7 月 8 日

年6月12日下跌到90.73点，差不多略低于6个点，在同一天，铁路股票同时回调到81.81这一低点，下跌了5个点。从那以后，市场出现了典型的缓慢回升。因此，铁路股票或许可以说由于在7月6日创造了自己的新高，主要上升运动恢复的事实已经被部分建立起来。

技术形态引起次级回调（如超买），并且市场不可预见的事件也有可能是起因。市场主要运动优先并预示着国家经济的整体变化。次级回调，像是主要熊市的次级反弹，可以随意地称为自我调整的股市晴雨表方法。经验证明，从一个板块推断出的结论大多具有欺骗性，但当两个平均价格指数相互确认，结论则变得具有最高的预测价值。如果12支工业股票平均价格指数达到或超过94.62点，所有的经验有效都指向一个明确的预示，也就是去年下半年开始的牛市将再次达到顶峰，并且我们有理由预测上涨会更进一步。

有了这些条件，可以说，平均价格指数明确预示着上涨趋势。目前的牛市开始于1921年8月工业股票的低

点，持续了不到 1 年，然而，在过去的 25 年里，6 个牛市的平均长度为 25 个月。其中最短的为 21 个月，最长的为

3 年又 3 个月。我们没有合适的理由猜测市场仍然没有预示整体经济的扩张，而且也很难预见其扩张范围。

《华尔街日报》 1922 年 7 月 22 日

物价指数

熟练解读股市晴雨表的研究者，看不到股市在好转的进展中有任何变化。物价指数也表明经济健康增长。这并不是繁荣景象的预示，而是一个稳步的改进，尽管工业上存在着困扰。

两年多前，1920 年 5 月左右，通货紧缩开始紧迫起来。到第二年 6 月，根据劳动局的数据，批发商品总指数已经从 272 的高点下降到了 148 点。大部分下跌是由少数板块受通货紧缩的冲击造成的，由于巨大的不平衡，它们首当其冲。但是，数月之后，这些板块已经接近一般水平了。其中的一些仍远不在一个水平线上，不过也正在缓慢地调整，并且，在现在持续了一年的 4 个点的范围内波动之后，所有商品的指数于 6 月稳定在 150 点，这是自 1921 年 6 月第一天以来两个极值精确的中点。一个价格合理的稳定性处于结论之中。

现在这个整体指数在高于战争前水平 50% 附近变动。它维持在那个水平上下 2 个点波动的稳定性，证明了在

不久的将来回到战前价格是不可能的推论的正确性。交易一直不错，当指数达到年内顶峰，证明了汽车装卸使各种劳动力变得活跃并持续缺乏。即使到现在，乐观主义支配着市场，仍有煤炭和铁路罢工，并且，由于相信国外状况的改善，这种乐观态度得到了巩固。

关于国外这样的改善，有具体的证据，并且这在我们的价格指数中有很大的意义。它体现在我们所有过剩产品的市场，特别是农产品、食品和棉花市场。这类商品在通货紧缩的过程中遭到最严重的冲击。结果，很大一部分人的购买力被削弱了，甚至在某些情况中完全丧失了。那个板块在缓慢改善，与去年的 114 点相比，6 月时指数达到 131 点。

除棉花外，今年的农产品将与历史记录比例并不一致，而是更大了，以相对较低的成本上涨。对于这些过剩，好的国外市场确实是支持经济好转和维持物价稳定的有力论据。

《巴伦周刊》 1922 年 7 月 24 日

价格运动

工业股票平均价格指数在 7 月 18 日上涨到 96.53 点，与 5 月 29 日建立的前期高点纪录 96.41 点相比，最终证实了一般观点表达的正确性，也就是过去 6 周的市场行为只不过是主要牛市中的一个标准且典型的次级回调。

铁路股票平均价格指数在 7 月 6 日创下新高，意义重大地指出了方向。两周前，本专栏发表了这个观点：

"如果 12 支工业股票达到或超过 96.42 点卖出，所有的经验有效指向一个明确的预示，去年下半年开始的牛市将再次达到顶峰，并且我们有理由预测上涨会更进一步。"

在基于道氏理论关于平均价格指数运动反复出现的探讨中，需要再三叮嘱读者注意的是，从任何一个平均价格指数的走势得出的结论，虽然通常意义重大，但也极具迷惑性。但当两种平均价格指数相互确认时，这些结论将拥有非常高的预测价值。

因此两周前，当铁路股票平均价格指数单独勉强创下新高水平时，这可以说是一个强烈的看涨信号。如果工业股票平均价格指数跟着做出相似的动作，正如现在的表现一样，将明确地预示着上涨趋势的延续。

平均价格指数表示尽管罢工和欧洲有不确定性，但是股票市场发现证券在 6 月的回调中很便宜，并且反映了众所周知的不利因素，现在可以预见到前方有更好的经济状况。

《华尔街日报》 1922 年 8 月 1 日

价格运动研究

由于劳工状况和煤炭短缺，公众头脑中可能存在着各种不确定性，但毫无疑问的是，股市已经给出了做多点，并且得到高度一致的确认。在一个典型的次级回调后，工业股票和铁路股票平均价格指数现在都已经回升到这次回调开始的点位以上。根据所有经验，这表明自去年 8 月以来主要上升波动已经恢复运行了。

在这个次级回调中，工业股票下跌了近 6 个点，铁路股票回调略高于 5 个点。在这些专栏最后一次研究中，铁路股票已恢复了所有的损失，并且在主要运动中创造了一个新高点。尽管当时工业股票正在证实铁路股票平均价格指数的路途中，然而，铁路股票却没有得到它的确认。7 月 8 日的那篇文章指出：

"如果 12 支工业股票平均价格指数达到或超过 96.42 点，只要所有的经验有效，都指向一个明确的预示，也就是去年下半年开始的牛市将再次达到顶峰，并且我们有理由预测上涨会更进一步。"

7 月 18 日，工业股票平均价格指数达到 96.52 点，随后确实出现了一个不到 2 个点的回调，但很短暂，并且根据任何前期的经验，都没有收回做多点。迄今为止，就两个平均价格指数而言，市场过去几天的走势已经充分证实了上涨的推断。市场尽量用一种方式说服所有价格运动的研究者，所有的下跌影响都完全体现在了这个次级回调中，并且主要牛市在整体波动中再次活跃起来。

概括来讲，股市能自动反映它所能预见的一切。这正像白纸黑字的记录一样清楚，罢工状况快要达到和解了，这对工业造成的损失已被评估并被完全反映了出来，另外，经济中的均衡恢复也可被清楚地预见到。次级回调在很大程度上受到意外因素的影响，但就股市而言，消息一旦被大家知道就已经被反映在新闻里了。它的职责是向前方看。它不记录现在的经济状况，而记录着来年的经济。

我们没有在这里表达对个股的观点。活跃的大厅交易者或许仍然可以偶尔在回调中获利。但就整个市场而言，没有那种优势的交易者似乎肯定会在空方赔钱。

《巴伦周刊》 1922 年 8 月 21 日

一个可以信赖的股市

《华尔街日报》，遵循其 20 多年的政策，在每日的股票平均价格指数显示的价格运动研究中做出具体说明，除了"我告诉你是这样的"外，没什么可以说的时候，避免讨论市场。我们在 8 月 1 日指出，工业股票在整个市场上给出了一个明确的做多点，确认了铁路股票先前给出的做多点。尽管铁路股票有过一个超过 1.5 个点的下跌波动，但从那天起，上升运动一直保持一致，市场中显著的力量与明显的下跌因素比，更值得发表评价。市场走势的关键是在基于道氏理论探讨价格运动的《巴伦周刊》一系列文章中清楚地进行了陈述，并且现在《股市晴雨表》出版了，书中指出，并反复重申，从过去几年的例子中看出，市场从来不会深受短暂事件的影响，除非是绝对无法预料到的且因此无法估量的事件。

这并不是说，在铁路罢工发展引起不安的一些情况下，铁路股票持有人没有卖出股票。这可能是上周初下跌波动的情况。但更重要的事实是，有些买家已经准备好吸收因而抛售的股票了。《股市晴雨表》的结论保持良好。排除个股和小板块只会偶尔因特殊原因活跃外，股市并不会根据人们现在的考虑而运动——如铁路罢工、煤炭短缺、欧洲复杂的局面、国会的迷惑，甚至是 11 月的国会选举等——而是根据整个国家几个月前可以看到的经济情况的综合智慧与信息。随着煤炭罢工的解决，生产将迅速跟上，并且农业大丰收肯定会告诉我们什么，即使这些表面的利多争辩在主要牛市中不像那些频繁提到的利空论据易于被相同的评论与接受。

但是，现在股市一直在证明其作为交易晴雨表的独特身份。它的解释或许完全可以说，这些利空论据像往常一样已经反映在次级回调中了，工业股票在 6 月 12 日到 8 月 7 日间回调超过 6 个点，且铁路股票回调将近 8 个点，而基础条件使主要的牛市继续处于支配地位。并且综合其所有远见，我们可以认为，市场没有预见到这个大运动的结束。

《华尔街日报》 1922 年 9 月 19 日

价格运动研究

过去的经验已经表明，解读股市平均价格指数的方法体现在道氏理论的价格运动中，并且在这些专栏中使用了 20 年或更久，这在可靠性和实用性上达到了很高的层次。市场晴雨表不会假装做不可能的事情。它预测、界定和确认主要波动，就像自 1921 年 8 月以来运行的牛市。它不会假装可以预测次级回调，只会清楚地预测出主要熊市中相应的反弹。

这是因为次级回调不同于主要运动，它受不可预测因素的支配。我们记录过的最重要的次级回调发生在 1906 年，主要是由旧金山地震和火灾导致。在目前的牛市中，最显著的次级回调是在 5 月 29 日到 6 月 12 日期间，工业股票出现了近 6 个点的下跌，铁路股票下跌了 5 个多点，这次次级回调由于工业和铁路劳工状况中意外的复杂情况而更

加严重了。需要注意的是，市场要比事件发生超前许多，它总是在能看到这些事件的地方，因为反弹已经建立起来了，而且即使煤炭罢工还未解决，主要上涨也已经完全回到了正轨。

9 月 11 日，工业股票的平均价格指数上涨到 102.05 点，铁路股票上涨到 93.99 点，此后，市场出现了下跌，并且还有一些不稳定的感觉。近东地区也出现了一个不确定因素，其影响可能很广泛，但也有可能不是这样的。至少，目前看来，没有国际银行可以预见到土耳其或许会做什么，并且其他国家可能采取的行动也超出了我们可猜测的范围。这两个因素综合在一起，其结果完全可能扰乱世界经济局势。市场行为有十分严格的特征，那就是市场应该利用牛市中的次级回调保护自己，达到综合所有情报影响所

有运动能看见的点位，而主要运动的恢复肯定没有结束。

掩饰近东局势的严重性是没有用的，但一个可以恢复信心的重要方面很容易被忽视。我们不要忘记，大英帝国无疑远离当下的纷扰地。动乱发生在印度、埃及以及一般美国人从未听说过的其他地方。但是这次动乱毫无疑问已经平静下来并且处于控制之中了，否则英国政府不会在君士坦丁堡事件中行动如此果断。

这样的考虑终将统治市场，但目前股票平均价格指数更多地指向了次级回调。这个回调可能不会走得太远，或超过 6 月初的水平。技术条件将起到决定作用，包括潜在的巨大贷款适用于保守的投机，比如现在农业收割需要的资金回流到金融中心。

《巴伦周刊》 1922 年 9 月 25 日

价格运动

《股市晴雨表》中对股市次级运动的一个方面做出了更详尽的讨论。这可能被描述为牛市回调与熊市反弹间的根本区别。在道氏理论的市场运动中，每个运动都依附于主要运动，但经验表明它们的起因可能都根本不尽相同。熊市极少因为外部的经济状况而反弹。它几乎总是是建立在超卖的条件上，借助于最聪明的投机者所拥有的勇气，使空头账户受到攻击，当价值线明显低于价格线时，空头账户发展起来（也应该如此）。

但是，次级运动在其他方面类似，牛市回调如目前证券交易所中运行的那样，除了考虑到超买的多头账户情况，总是有许多其他事情也要同时考虑。这样一个账户当然有利的原因，并且其能量受到意外事件的考验——结合股市所有的情报，获得所有不可预见的信息。我们可以在《股市晴雨表》中注意到，旧金山大地震后紧接着出现了过度扩张的多头账户涌出，导致牛市发生了过于严重的次级回调，这几乎相当于一个主要波动。这个运动的分析构成了书中完整的一章并连载在"股市晴雨表"的这些专栏中。

目前牛市先前的次级回调中肯定存在不确定的因素，也就是 5 月末开始，6 月中旬结束的次级回调。意外的复杂情况来自于劳动局，并且几乎从没有因罢工而下跌的市场，在平均价格所反映的复杂情况中，发展出了不安情绪。根据来自近东的战况消息，9 月 11 日，当不稳定局势再次开展，变得活跃起来，然后几乎成为威胁时，下跌远没有得到恢复。到 9 月 21 日收盘时，这导致工业股票下跌了 3.68 个点，铁路股票下跌了 2.63 个点，或许一个明确的次级回调会出现进一步的发展。

晴雨表中读不出任何预示可以表明

回调到什么程度就可能发生次级反弹，但却清楚地表明了牛市尚未结束。当股票平均价格指数超过 9 月 11 日的点位时——工业股票在 102.05 点，铁路股票在 93.99 点，将显示出主要运动的恢复。有一点再怎么强调都不算多，那就是股票市场会不断调整自身，以应对意外的事件，就像是在次级回调中。它并非基于周边状况，而是基于综合市场所能看到情报尽早做出预期。目前的牛市已经运行了 1 年多，而在过去的 25 年中，最短的牛市持续了 1 年又 8 个月。这并不是特别费力，最重要的是，其中没有出现目前市场这样几乎无限制利用廉价资金的状况，尽管现在季节性的农业收割在资金方面有明显的需求。

《华尔街日报》 1922 年 10 月 18 日

价格运动研究

当任何一个预言家成功做出预测时，都可能会感到紧张。大家会猜想，他知道接下来会发生什么，然而，预言往往会在这里失败。因此，我们可以认为，股票价格运动的研究建立在足够多的股票基础之上，消除任何人为操纵的可能性，这不是预言，而是基于合乎逻辑的前提进行推理。我们在这里多次详细阐述过分析股市晴雨表的原理。今天的股市，在典型的次级回调后，几乎都指向了 1921 年 8 月发展起来的主要上升运动的恢复。

那些不熟悉道氏理论市场运动的人可能认为，对市场波动超过 25 年，日复一日，年复一年最严密的分析，表现出明确的主要和次级运动为第三种运动赋予了意义，也就是平均价格指数的日间波动。一个主要的牛市有典型的次级回调，就像一个主要的熊市受到反弹的阻碍且变得稳定。目前的牛市表明，两个平均价格指数在上个 6 月出现了一次回调，并互相给予了必要的确认，回调幅度在 5 至 6 个点。在回调回来以后，主要上升运动也恢复了。

严格按照先例来说，这个主要运动再次被从 9 月 11 日高点以来的次级回调打断了，工业股票下跌了 5.75 个点，铁路股票下跌了 4.39 个点。目前就工业股票而言，10 月 14 日的回升幅度已经超过了这次下跌。在撰写本文时，20 支铁路股票比 9 月 11 日的最近高点差不多低了近 0.5 个点。根据前期的经验，如果铁路股票平均价格指数进一步反弹到 94 点以上，将很可能给出做多点，因此也确认了工业股票 10 月 14 日给出的试探性的做多点。

两个平均价格指数必须相互确认是不变的经验。工业股票甚至可能从 10 月 14 日 103.43 这个高点开始回调，但是，如果铁路股票上涨到 94 点，市场的做多点将仍然有效。在《股市晴雨表》中，所有这些分析中，从没有一个比这更一致的市场运动，《股市晴雨表》表明，20 多年来，《华尔街日报》是怎样以惊人的精确度来预言整体的市场运动的。

这并不是什么经验主义，更不是什么江湖骗术，而是一种方法。如果股市没有提早预测出整体经济的进程，那么对混乱状态来说将毫无意义。目前预测出市场会出现一个一致的运动并持续到 1923 年，我们很难说道氏理论是一个简单却又专业的方法解读晴雨表。

《华尔街日报》 1922 年 11 月 3 日

价格运动研究

一位波士顿的股市价格运动研究者，如本专栏记录的 20 支活跃铁路股票平均价格指数在远超 25 年的运动中那样，正确指出了目前次级运动的性质。他发现这非常类似于《股市晴雨表》书中分析过的 7 次牛市中的 3 次。在每个案例中，一个清楚界定的主要上升中都有一次温和的次级回调，并且大于回升幅度，而之后是更严重且更不规则的次级回调，就如图表中显示出来的那样，但在主要牛市结束前，超过回升的幅度。沃恩在 1919 年、1916 年和 1906 年的牛市中看到这些运动。

许多研究者要求股市晴雨表——也就是基于道氏理论的三种价格运动——在数学方面，甚至是几何图形方面具有一定程度的精确性，但道氏理论并不具备这一点，也不需要具备这一点。他们中间有些人问过，如果 10 月 31 日的平均价格指数卖出价低于目前次级回调中 9 月 30 日出现的前期低点，会不会因此预示出主要上升波

动的结束？答案是否定的。9 月的价格是 10 月 14 日还没有完成的顶部中的一部分。当工业股票已经创下了新高，但铁路股票没有如此时，再次证实已建立起的规律，也就是当股票平均价格指数之间没有相互确认，所给出的信号总会令人迷惑。

这是一个关于牛市中次级回调的哲学，不应该在没有经验主义或者江湖骗术的科学研究体系中被忽略掉。我们在这里注意到，这是不可能在这种次级回调开始前被预见到的。它们的出现很明显是要有效地除去市场中超买的仓位。市场正在进行其最有价值的服务，这让牛市可以健康地发展下去。价格不断朝向更加安全的点位后退，直到那些模糊不清的市场不利因素变得彻底清晰为止。我们甚至可以说，一个对下跌运动辩论的理解就是这个下跌运动所反映出的一切。目前，市场打断了其主要上升运动，以保护自身不受那些不可估计因素的攻击。

这个威胁可能出于任何人的猜想。

最近法国抛售所持有的铜业股票，这对市场产生了一些干扰，但其原因并不完全清楚。整个美国中西部的银行持有证券抵押贷款，当地为了不向纽约要款以及向农业发展提供资金而要求催缴这些贷款。尽管这并不是在纽约清算，不过股市反映出了这一点。不止一支股票在经济上出现了过度扩张，并且一些关系户已经被追踪了，

而预期的钢铁企业合并仍迟疑不决。这里可能还有其他方面没有清楚到可以令市场满意。

然而，根据平均价格指数的分析经验，1921年8月左右开始的牛市仍然是主要和根本的影响。股市晴雨表中没有证据证明，它是按照常规发展的，而且推测它发展的时间长度也是没有价值的。

价格运动研究

《华尔街日报》 1923 年 1 月 16 日

我们没有理由收回本栏强烈表达的以下观点，目前12支工业股票和20支铁路股票的平均价格指数所反映出来的股市是牛市的延伸，但这绝不是牛市中史无前例的次级回调。主要的上升波动，工业股票开始于1921年8月63.90的低点，而对于铁路股票，早在同年6月65.62这一低点就开始了，这使工业股票平均价格指数在去年10月达到103.43点，铁路股票平均价格指数在去年9月达到93.99点。市场在这些点位开始了次级回调，工业股票回调到92.03的低点，铁路股票回调到82.17的低点，这两个低点都是在1922年11月27日创下的。工业股票在本月初发生了超过7个点的反弹，同时铁路股票反弹了大约4个点。

特别有趣的是，根据道氏理论众所周知的价格运动研究，有指导性与帮助性的是被称为窄幅盘整的微小运

动。目前，这种运动正开始创造最有意义的表现。或许可以说，工业股票从去年12月的第二周开始做窄幅盘整运动，在连续的30个交易日中，工业股票平均价格指数既没有低于97点，也没有高于100点。铁路股票在同一时期表现出同样显著的限制，在大于工业股票波动1个点的范围内波动，并在连续的37个交易日中，已被确认的铁路股票平均价格指数既没有低于83点，也没有高于87点。

道氏理论，发表在汉密尔顿先生如今众所周知的《股市晴雨表》一书中，根据这个理论所推测出的结论，清楚地预示出这是一段时期的派发或吸筹，因为这一事件可以被证实。交易者宣告所谓的"内部抛售"并声称没有看到与之相等的买入，但股市长期的经验已经表明，最佳的买入是其最好的掩饰。其他情况也不尽相同，

声名狼藉的"内部抛售"可能是一个做多的论据。派发大量股票的人们通常不会一起行动。

这是一个或许可以更早解决的问题，尽管我们害怕充满政治活动的夏天，期间有一场国会很难解决的特别会议，这些可能有助于一段时期充分平衡的观点。但是，如果工业股票平均价格指数触及 100 点，且铁路股票同时或接近上涨到 87 点，这种表现是明确的上涨趋势。如果工业股票平均价格指数达到 96 点，且铁路股票达到 82 点，我们可能会从中得出一个不太肯定的推断。这将指向更低的价格，但绝不暗示着主要上涨运动已经完成了。这些专栏及汉密尔顿的书中频繁地指出人为操纵整个平均价格的不可能性，这应该可以消除市场运动研究者的疑虑。

按照现在的情况，这个位置极其有趣，且具有一些毋庸置疑的乐观因素。

《巴伦周刊》 1923 年 1 月 28 日

"受人爱戴的预言家"

一个人，因其就在身边，我们对于其优点的认识往往很迟钝，这并不正确，尽管公众的观点对构成优点的原因飘忽不定。只有身在异处，先知们才会得到尊敬，这显然不好。但是，威廉·彼得·汉密尔顿发表在专栏中关于"股市晴雨表"的一系列文章，现在引起读者们对单行本更深层次关注与兴趣，不是因为公众们起初的认知，即那些被明智地判断为照亮了前进道路的股市投机法则；而是因为它的含义及教义，这些不是来自于这里的大学，而是来自于伦敦。在威廉·阿尔沃斯先生的提名下，英国最著名经济学家之一哈特利·威瑟斯两次提名，《华尔街日报》的编辑被任命为皇家统计协会研究员的候选人，并将按照相应的程序进行选举，因为提名不局限于英国学术团体，除非假设这个新成员会为这个团体增添光彩。

更为显著的是，汉密尔顿书中在方法和概念两方面阐述了对股市晴雨表的解读，本质上是美国的，并且其所有资料都是来自美国的。这里没有提出一个理论，并假设这些事实做出回应。它显示出过去 25 年的事实已经证实了这个理论，并且也显示出了查尔斯·道的价格运动理论是怎样被《华尔街日报》使用，以及今天是怎样将这些理论运用到这些专栏中，并合乎逻辑且成功地预测股市的进程，以及股市的进程反过来预测了经济进程的。这些著名的英国经济学家不难发现，回顾过去涉及他们身边对于证明这一原则所发生的一系列事实，首次清楚地在汉密尔顿的书中提出。正如书中所说，从一个或多个板块的日常价格来分析股市，在任何地方都很容易且有用，因为这一理论对任何大市场来说都是合理的。

事实上，有趣的是哈佛大学经济服务社正为其自己添加伦敦服务，20 支英国工业股票被用于创造必不可少的投机线。哈佛大学是否是从汉密尔顿先生那里得到这个想法，我们无从得知，但是我们可以确定的是至少不是汉密尔顿本人自己给出的。哈佛大学服务产生从 1919 年建立起这条投机线时就已经开始使用了，假设这是基于道琼斯平均价格指数的股市晴雨表，而汉密尔顿的第一篇文章发表于 1920 年 6 月。

价格运动研究

在交易量不到 10 万股的情况下，20 支活跃铁路股票平均价格指数在周一下跌了 1.31 个点，并根据窄幅盘整派发的理论，给出了一个独立（且因此不可靠）的做空点。目前，在市场中应注意的重点是，平均价格指数只是以一种虚假的方式进行了相互的确认。上一次一致的预示是，当工业股票在 100 点时给出了一个做多点，并且得到上涨到 105 点的确认；铁路股票几乎同时在 87 点给出了一个做多点，且在相同时间得到了上涨到 90 点以上的确认。

从那时起，一段新时期的派发或吸筹开始了，但这绝不是非常明确或清楚的。工业股票在 105 点到和 101.51 点之间波动，而铁路股票波动范围在 3 月 3 日的 90.63 点到 4 月 2 日 85.84 点之间，它们处在幅度大于 3 个点的窄幅盘整范围内，并且没有与先前上涨同样清晰的推断。如果铁路股票平均价格指数跟着工业股票创出一个新高，这个上涨就表示出到现在已经运行了一年半的主要牛市的恢复。但是它没能这样做，并且目前从股票平均价格指数得出的唯一推测是，我们正处于主要牛市的另一个次级回调之中。

根据先前的经验，目前市场似乎不大可能是一个持久的或扩大的次级回调，就像所有的次级运动，部分是受到意外事件的影响，部分是受到技术条件的影响，其中包括一些易怒的市场评论家，也就是那些如果国家没有在不久的将来破产，他们显然会强烈地感到失望的人。我们在本专栏中已指出，在那次通货膨胀前，讨论完全基于更高的商品价格。这没有得到货币、经纪商贷款、存货清单、零售商购买等条件的确认，并且直到现在，也没有得到过度劳动力需求和个人生产力减小的确认。事实上，关于股市的探讨已经发生了转变，在股市，来自教室里纯学术的无所不知的理论家，通常只有"学识浅薄"的影响。这个国家还没有用杜仲胶制（一种昂贵的材料）的纸币作为金融媒介。

市场每天都会带来新的经验，但是

差不多可以确定的是，我们没有一个牛市是，其中很少有投机商从报纸的连环画中获取信息，成功在市场顶部清仓。对市场的批判似乎多半来自于那些紧张害怕大家都赚不到钱的人们。从技术上来看，股票的浮动供给量很少，并且只要最温和的活跃性发展起来，就可能发现其中浮动筹码的不足。

平均价格指数没有显示任何上涨的观点，例如表明市场在未来 6 个月整体经济缩减的观点。事实上，这或多或少是由专业人士掌控的，并且目前只需花费很少的脑力且以名义上的风险，就可以获得显著的结果。看得更远的交易者更倾向于认为，反通货膨胀论者制造了他们知识上的不足的喧嚣。

《华尔街日报》 1923 年 4 月 27 日

为什么不任由它发展呢

已经证实，为了使每个人都达到满意程度，而不被法国人所说的无法消除的错误观念所困扰，对股票市场通货膨胀的恐惧会使它温和且早于预期。尽管事实上，不妥当的税收驱使流动资本脱离其自然的市场，但银行家们渴望资金的贷出与借入有所不同。零售商仅购买勉强糊口的商品，生产力由于劳动力不足而受到限制。同时，股市就像一个可靠的的预言家，沉默时和健谈时一样，预示着稳定的经济可以预见到最远的未来。

看看晴雨表显示的数字，并且记住市场总是正确的，尽管在那时我们并不能理解，因为没有力量，即使美国财政部与美国联邦储蓄联合起来，也不能够有效地操纵 40 支活跃股票，或者使它们的记录转向可以忽视的程度。今年，工业股票的最大波动幅度为 9 个点。20 支活跃股票的平均价格指数于 1 月中旬在 96 点之上，3 月中旬在 106 点之下，现在远高于 101 点。同一时期，并且几乎在相同的日期，铁路股票平均价格于 1 月中旬在 84 点之上，3 月中旬在 91 点之下，现在位于 86 点之上。工业股票中的波动幅度在 6 至 9 个点，同时两个平均价格指数具有一致的运动或稳定性。

经历过 25 年的考验，道琼斯平均价格指数指出股市往往超前于国家经济 6 个月左右。哈佛大学经济服务社，从战争时期就开始致力于重新构建图表，以证实道琼斯公司在那时记录的多年来作为晴雨表推断的证据。记住，这是晴雨表，而不是温度计。那些过早地急于挽救一个非常完整的市场使它不发生转变的人们，似乎认为他们正拿着一块冰靠近温度计的水银球。但是一个无液体的晴雨表对冰镐或通红的拨火棍是没有反应的。他们所能做的是使其脱离平衡，那些课堂中的经济学家甚至根本做不到这点。

股市已经经历了各种各样的卖空、下跌论及其稳定性的考验，就像过去4个月股票平均价格指数的表现那样。没有丁点儿迹象表明主要上涨运动结束了。此时不但没有夸大的多头账户的危险，而且从这个术语最严格的意义来说，从来就没有过这样的危险。那时，市场确实处于超卖，就像1919年秋天，许多人都等待机会揭穿它。在国家整体经济认识到已出了一些问题的数月前，市场本身其实已自动地通货紧缩了。

没有人需要关心关于防止市场不要进展太快的问题，尽管联邦储备体系频繁地被要求做出那些不可能的事情。在1920年的通货紧缩中，华尔街在国家其他地方苏醒过来前很久就已经清空了危险仓位，因此如往常一样，华尔街准备好要帮助国家的其他地方了，包括通货紧缩之年最后表现出的联邦储备中心的比较数据。

《华尔街日报》 1923年6月13日

价格运动研究

目前，没有任何迹象表明平均价格指数所预示的1921年8月发展起来的主要上升运动已经过去了。这是一个很长的次级回调，但在记录中最缓慢的牛市里，这绝不是前所未有的，在这一点上，我们注意到，速度与这个问题有很大的关系。过去所有的经验都表明主要的上升运动和下降运动在长度上有很大的不同，但是当它们很剧烈时。目前的次级回调又长又慢，但这两个方面都不是前所未有的。1906年有一个类似的次级回调，但在那次回调发生在当年年末长期上涨运动的顶部，铁路股票更为显著。

或许目前的次级回调在某种程度上像是自我重复，从而导致平均价格指数研究者寄来许多不安的信件。5月21日，两个平均价格指数在反弹到前期高点后，给出了跌破1922年11月27日最新低点的预示。当时工业股票平均价格指数触及92.03点，铁路股票触及82.17点。在这个例子中，只有一个平均价格指数，也就是20支活跃铁路股票的平均价格指数突破了11月的低点。一个指数给出了做空信号，却没有得到另一个指数的确认，这常被证明是一种误导。在这种情况下，我们似乎要对这一结论持几分怀疑，事实上铁路股票达到低点，是因为路易斯维尔－纳什维尔铁路公司股票派息，导致铁路股票平均价格指数下跌了2.68个点。如果没有这事，这个数字应该一直在11月的低点之上。

这并不是在说，股票分红或者其他大量派发影响的价格价值不应该冷酷无情地被扣除，因为平均价格指数会因此变得毫无意义，除非它建立在足够稳固的基础上，能抵抗任何命运

的打击。显然，如果路易斯维尔－纳
什维尔公司分配一些有价值的东西，
在股票价格或平均指数中就不会再有
这些东西了。曾有人明智地建议，考
虑到特别的和偶尔误导的这类影响，
我们应该设计出一些等式。这个问题
非常复杂，至少目前可以算是学术方
面的兴趣点。

就股票平均价格指数目前所处的
位置而言，铁路股票差不多比 11 月的
低点高了近 2 个点，而工业股票差不多
比 11 月的低点高了近 4 个点。为了明
确预示主要上涨运动的恢复，工业股
票指数需要涨到 103.43 点以上的价格
卖出，也就是 1922 年 10 月 14 日的高
点以上，而不是 105.38 点以上，也就

是过去 3 月末得到铁路股票确认的高
点。铁路股票需要超越 93.99 点，也就
是 1922 年 9 月 11 日的高点，而就目前
的点位而言，必须上涨超过 10 个点，
市场范围内的两个运动似乎完全在缓
慢地聚集这能量，以面对主要上升波
动顶部极少或从没遇到过的沉重抛售
变现的特征。

我们在这里常说的，并且在汉密
尔顿的著作《股市晴雨表》中也多次强
调过，精确估计一个主要运动的顶部任
务超出了任何一个晴雨表的范围。市场
中没有过度投机的地方就更加困难了。
如果目前的上涨运动没有这样的发展就
结束了，这将是平均价格指数历史中的
首次。

《华尔街日报》 1923 年 6 月 21 日

股市心理学

也许永远不会有那么一天，门外
汉彻底理解一个技术上的观点，如金
融市场，它与国家经济的关系，它的
国际影响及它可靠的晴雨表，日复一
日记录下的证券交易所的平均价格指
数。但毋庸置疑的是，一般公众正变
得更加经验丰富，至少消息灵通多了。
现在人们看到任何一个交易量，都不
再相信任何个人或利益联合体可能有
效地操纵 40 支活跃股票了。

确实，股票平均价格指数晴雨表
已经有效地证实了这一点，由于这些
专栏在 25 年里做出的解释，人们应该

更明白，这不被认为是一种手段，而
是本质上的结果。目前，好像有一场
运动在影响晴雨表往保守的方向发展，
这很难被描述为一种有政治远见的产
品。无论是用一根通红的拨火棍刺激
无液气压计还是用一块厚厚的冰猛敲
它，气象都不会受到影响。但是，有
一种看法认为这个时候活跃的牛市可
能在即将到来的选举年产生令人不愉
快的结果。在理性认知上，差不多与
以下想法等同，也就是认为，为了不
激怒激进主义的力量，铁路股票持有
者应该避免更慷慨的分红。

在每个主要牛市中，都有三个众所周知的阶段。第一个阶段是价格范围远低于价值；第二个阶段是目前价值的调整，包括那些所谓的次级回调；第三个阶段，主要牛市的最后一个阶段，就是反映可能性，这是人类的本性，不可避免走向极端。可以说股市晴雨表及主要牛市，自1921年8月已经清楚地表明，第三个阶段还没有任何开始的信号，同时市场始终没有产生过主要的牛市，且最终也没有形成。

牛市的三个阶段

《巴伦周刊》 1923年6月25日

对于汉密尔顿的《股市晴雨表》中的评论，都有一个实质的理由，目前的股市就是一个非常好的例证。价格运动方面已被公众接受的权威人士坦率地说，汉密尔顿没有重视双重顶或双重底。25年间股市运动紧密的分析，只是数学数据，并没有得到心理方面考虑的支持，并且在一定程度上受到了偶然事件的影响。例如，从平均价格指数中扣除路易斯维尔－纳什维尔的股息，可能或应该是权威的，这没有依据他的经验。我们可以指出，股市用平均价格指数提出的预测方法进行详细的说明，而这个方法需要用到更高级的推理，而且事实上，这种方法揭示了为什么大量机械的猜想如此不值得信赖且如此一致的错误。

不仅在过去的25年，而且在任何时候，任何地方都存在主要的大牛市，在其发展过程中，有三个精准界定的阶段。先前的熊市已经使证券价格远低于其认可的价值，因为好的理由是证券交易所在某些价格上为它们呈现出一个市场，其他的东西已经都在那个位置上一起消失了。股市晴雨表的部分效果是它必定会第一个感受到整体清算的压力。

牛市在第一阶段存在着一个回归到大家都认可的价值。第二阶段，通常是最长的阶段。这一阶段是价值的调整，随着整体经济的改善，它们也变得更加稳定了，并且在这段时期里，主要牛市中会经常出现持久且令人迷惑的次级回调。牛市的第三阶段同样清晰，并且仍旧在目前的市场中被预测出来，除非所有的记录都失败了。在这个阶段，整体信心反映出来的不只是当前的价值，还有未来的可能性。

从1921年8月以来发展出来的牛市，我们已经看到了完整的第一个阶段，而且至少还有第二个阶段的一部分，也就是价值的调整，但我们还没看到最后一个阶段，那时调整已经引起了对运动的整体信心，这时人们根据未来不确定的发展买入股票。或许也可以说，这其中的每个阶段都随后反映在了当前的整体经济中。

我们几乎可以肯定的是，没有熊市曾经是由目前存在的这样一个条件而产生的。市场必然会从某一高点下跌，并且如果从平缓的斜坡向下滚动，就不会有人受到严重的伤害。

《巴伦周刊》 1923 年 7 月 2 日

保卫股票平均价格指数

6 月 24 日，《波士顿先驱报》在周日版，肤浅地批判了《华尔街日报》和《巴伦周刊》使用了多年的道琼斯平均价格指数。它显而易见的攻击点是 20 支活跃工业股票，以及它的抱怨是它们比市场中更活跃的股票有更高的质量。他们声称，平均价格指数中有 10 支传统类型的股票，如果包括更多的不稳定的股票，那么平均价格指数将显示出更大的波动幅度，而且这些评论家关于下跌的观点将得到更加充分的证实。

然而，这一观点并没有被很好地采纳。20 支工业股票不只单纯地平均了价格。显然，随着年份的变化，它们还平均了质量。当其中一支股票通过特性及优秀的管理，变成完整的投资型证券，然后自动从投机市场中退出，另一支更活跃的股票将被取代。这位评论家提出的剧烈波动是由思图兹汽车公司的股票制造的，就平均价格指数而言，它们如流星，也就是很既不可靠又无法测量的星星。

只要这 20 支股票确实是活跃的，那么平均价格指数的每一个必要条件就都能实现。它们反映了真实的市场，平均的市场，而不是猛烈的极端，并且这正是平均价格指数打算做的。频繁的变化，特别是用那些又新又狂热的活跃股票来替代稳定市场的股票，会使整个平均价格指数变得无序。

更严重的是，有太多公众像我们的评论家一样，必须无休止地胡乱修理一台运行良好的机器；而我们的政治家喜欢连根拔起来观察股票的运行趋势。道琼斯平均价格指数中股票稳定性本身是对选中它们的智慧所做出的一种褒奖，并且也是对它们形成晴雨表一部分合理结构的保证。

《巴伦周刊》 1923 年 7 月 30 日

一些晴雨表读者

1921 年下半年，《巴伦周刊》发表了一系列关于《股市晴雨表》的文章，如果一个观点比另一个更完整且不断被强调，那么这个理论就是道氏理论的价格运动不是战胜股市的一种方法，也不是在个股中以任何方式对投机者的指导。然而，渴望不劳而获的人太普遍了，以至于《巴伦周刊》和《华尔街日报》也是如此，最早的道氏理论价格运动的倡导者，在股市最近的下跌中，受到了投机者来信炮轰。在这里我们慷慨地将他们称之为投资者，只凭靠微小的证据，但事实上，市场在发生了转向并显示出顶端力量的那一刻，接连不断的批评，甚至是辱骂的信件都立即终止了。我们可以从这个现象中得出一个非常重要的推论。那就是绝大多数投机者站在或者愿意站在多方。

汉密尔顿先生在书中指出，预测一个下跌的市场是件吃力不讨好的事。可以肯定的是，不理智的人们，不能根据影响原因做出推论，这将不可避免地使其因随后的下跌而指责预言者。在人类的心中，希望春天永恒，从性质上说，这从不是一种悲观主义的态度。《巴伦周刊》和《华尔街日报》都不曾给市场中的个股一个提示，而只根据未来的可能性及危险指出目前的整体趋势。

"但是，当一个人选错了投机购买的股票，或者更罕见的是，在错误的时间选择了正确的股票。这时候，他总会找到其他人，以转嫁自己错误的判断。他并没有用股市作为国家经济的晴雨表。他相信他可以通过预先解读经济晴雨表，然后了解国家经济，或者根本不做任何研究，就可以赚到钱。我们告诉他应该完全颠倒整个过程，难道是一个无望的任务吗？最近，试图同时关注两方面研究会导致无法解决的困惑，这在威尔斯利得到了证实。"

《华尔街日报》 1923 年 8 月 29 日

股票平均价格指数中的一个新因素

我们收到《华尔街日报》读者大量来信索取对股票平均价格的分析，以及对股市晴雨表中明显的反常行为的解释，这种行为在过去 25 年的历史中未曾说明过。价格运动研究在大多数情况下会在这里发表，如果没有在这里发表，那就是研究这些讨论的读者忘了，把平均价格指数作为经济晴雨表分析，而不是作为股票投机的指导。

这是因为，这样的讨论已经被应该更明白事理的人，放在了与只靠股票内幕消息者的预言那里一起进行了，不管他们是否自称为分析家，我们都能感觉到这样的讨论暂停一段时间可能是有利的。《华尔街日报》在任何这样的领域都没有竞争力。但是，有一个原因解释了为什么晴雨表在过去几个月受到影响转向了，这个影响以前在主要的牛市中是没有被感觉到的。这个影响无疑是收入所得附加税的累积效果。

经纪人可以说出支付普通股票的红利是多么的稳定，这代表了两个平均价格指数 40 支股票中的 30 支，它们在任何相对力量的发展中被大额持有者卖出了。将其称为一个新因素是正确的，尽管牛市从 1921 年秋天开始以来，一直在成长。股市晴雨表的整个理论受到了来自股票的压力，仅能预测出整体经济即将到来的清算。但是，这是平均价格指数在历史中首次受到股票抛售的压力，并与即将到来的事件无关。

它就像一块火热的煤炭或一大块放在温度计水银球上的冰。如果它太大，却不能抱希望于国会考虑在税收上回归正常，这只不过是一个自我治愈的情况，但只有一段时间会超出目前的计算。当 20 支活跃铁路股票和 20 支工业股票中的每支股票都被广泛持有，就像宾夕法尼亚铁路公司，每个持有人平均持有大约为 50 股，市场会达到这一阶段。

一个富人承担不起持有回报率为 6% 的普通股票。他不但很容易就会看

到一半以上的收益被税务官扣除了，并且还要为其他所有收入交税。因此，他在过去的数月中是一个稳定的抛售者，然而，这就是"内部"猛烈的抛售。这在某种程度上是消息灵通的抛售，但显然他不需要预测经济的整体进程。国会正在强征不可能接受的税收，这不只是给国家经济设置了一个障碍，还歪曲了实际的经济晴雨表。

我们的读者会因此明白为什么目前平均价格指数不具启发性，甚至产生了误导吗？汉密尔顿先生的《股市晴雨表》，写于上一次熊市的最低点，并且在 1921 年的最后几个月连续发表在《巴伦周刊》上。他成功地预测出了接连不断的牛市。他不能预测出恶劣税收的破坏性影响，因为在写评论的时候，这样的税收被认为只是临时性的，并且很可能与世界大战时期留下的其他紧急措施，在适当的时候一起被取代。

《巴伦周刊》 1923 年 10 月 15 日

股票平均价格指数窄幅盘整运动

为了交换免税债券，铁路及工业股票的抛受分红的压力或许完全损害了道琼斯平均价格指数晴雨表价值，在这一前提下，我们依旧饶有兴致地注意到，在过去一段时间，市场正在形成一条吸筹或派发的窄幅盘整运动，特别是铁路股票平均价格指数，根据其最终产生的方向，可能对市场的未来进程产生重大的影响。

在过去 60 个交易日，或从 8 月 4 日起，20 支活跃铁路股票的平均价格指数既没有低于 77 点，也没有高于 81 点。它的上限大幅往回延伸，事实上一直持续到了 7 月初。尽管 20 支工业股票的运行已经得到了部分确认，但并不那么明确，或者说并不那么长。不管怎样，自平均价格指数在 9 月 13 日从 92 点以上跌落到 90 点以下，工业

股票出现了波动范围大约在4个点的窄幅盘整，并一度上涨到90点以上，但是如果有做多点都被收回了，并且任何时候都没有触及87点以下的数字。如果铁路股票81点的价格，得到了工业股票91点的确认，将会是一个上涨的趋势。

由两个平均价格指数判断，价格似乎已经达到了大量小额投资者乐于吸筹的一个数字，这一判断似乎足够明确且意义重大。就股票而言，至少这种需求必然暗示着一个供应，而且我们或许可以假定，为了逃避税收，大额股票持有者一直在销售股票，并且不考虑与经济无关的可能发展，甚至是那种非常有利的发展。如果所有这些普通股票的持有状况，如同宾夕法尼亚铁路、美国钢铁，甚至大北铁路那样，那么免税债券对平均价格指数的影响，不再如目前严重的因素那样毋庸置疑。

政治家们一方面谴责免税证券，另一方面，却不能抵抗挥霍的诱惑，不诚实地鼓励这些证券的发行。他们不能让这种行为与他们所主张禁止收入所得附加税的政策相符，并且我们应该记住新的国会在这方面的态度比先前的国会更加激烈。财政部长梅隆正确地说道，附加税的减少将大大增加财政收入。这对经济和繁荣景象是巨大的刺激，并且其中的一个效果是，股票几乎不可避免地发展出了一个极具攻击性的牛市。

《巴伦周刊》 1923 年 11 月 5 日

股票平均价格指数窄幅盘整运动

我们10月15日发表在这些专栏的评论中，股票平均价格指数中具有意义重大的窄幅盘整。在这一探讨中，从支付股票红利到免税证券不断投资转移的影响，可能在一定程度上被忽略了。无论是什么原因造成了抛售，无论是否是由一个有缺陷的税收体系或对经济前景的忧虑导致的，不变的事实是，市场目前已经达到了饱和点，如果跌破窄幅盘整的下端，就是下跌的预示，根据先前安全的原则，铁路股票平均价格指数应该确认工业股票平均价格指数。当最近一次讨论到技术条件时，20支活跃铁路股票的平均价格指数在60个交易日内既没有低于77点，也没有高于81点，并且事实上它的上限一直向前持续到7月初。工业股票的窄幅盘整没有这么长，但是从9月13日起，平均价格指数在大约4个点的范围内波动，并且没有低过87点。

当时，我们辩称，铁路股票反弹到81点以上，并且得到工业股票上涨到91点的确认，将会看涨；而工业股票跌到86点以下，如果得到铁路股票跌到77点以下的确认，就会看跌，自8月4日以来铁路股票的价格还以这个价格卖出过。铁路股票平均价格指数最近多次非常接近这个点位，同时工业股票确实略微跌到了 86 点以下，但是，紧接着额外的钢铁普通股票红利宣布了随后的反弹，收回了做空点。

除非直到这个反弹发展出足够的动力，使平均价格指数穿过上面提到的限制，即铁路股票 81 点，工业股票 91 点，否则在解决窄幅盘整是吸筹还是派发的这一问题上，没有任何重要的技术意义。

股票的消息变得如此盛行，直到平均价格指数如 1923 年 3 月显示的上一个顶部，股市晴雨表在本专栏的使用，有点不情愿地被抛弃了，但是其价值对于那些必须考虑整体经济趋势的人来说，除了受到身税债券和收入所得附加税的影响外，仍没有被削弱。这里没有与巴布森先生以及少数几个未被神化的预言家竞争的渴望。因为《华尔街日报》把关于价格运动的讨论解释为被抛弃的股票的消息。

平均价格指数研究者将带着极大的兴趣观察它们未来几天的进程。如果这种新乐观主义的结果是一个大量重要的建设性买入，那么市场合理的预期可能是突破其常轨的顶端，并且向更高的价格前进，但是，如果急剧上涨的价格，在钢铁股中意外地顺利发展，那么这个买入代表的只是胆小的空头快速平仓，并且没有刺激多头账户的重要买入，这个时机会更支持看空的观点。

《华尔街日报》 1924 年 2 月 4 日

根据道氏理论解读平均价格指数的方法，在记录中仅持续了 8 个月的最短下跌运动后，市场处于一个主要上升运动中。就当前运动的最低点而言，它可能是从 11 月 1 日开始的，但在工业股票和铁路股票平均价格指数都创出了记录中最一致的吸筹窄幅盘整后，到去年 12 月的上涨方给出了做多点。铁路股票落后了，这可能表明了市场对国会充分合理的害怕。

《巴伦周刊》 1924 年 3 月 10 日

修正晴雨表

对已被大众接受的股市晴雨表解读方法做出非常重要的修改，我们需要在这里提出，并且强调这么做非常值得探讨。这个修改基于紧随本世纪初大幅上升运动后发生的停滞状态。从 1909 年到 1914 年，它可能成立，

这似乎有一些道理，股市平均价格指数中更大的波动不足以表明此时是一个主要下跌运动，还是一个主要上涨运动。

汉密尔顿先生的《股市晴雨表》，选取的是到 1921 年末的一段 25 年的时

间，当时一个大幅下跌趋势结束了，就像此书清楚正确地展示出来的那样。我们需要承认的是，过去5年这里用作例子的运动，在任何一个方向都不重要。但是，我们要记住的是，主要波动的长度及程度给晴雨表的预测增添了很大的价值。没有规则明确指出，多少点可以构成一轮主要波动，这就像没有方法能够界定运动可预测的经济繁荣与萧条的程度。

通过把这样的观点引入到改善股票平均价格指数的解读中，我们可以从中获得什么呢？这适合许多所谓的具有一分为二观点的人。比如，从经纪商大量的商情报告书中选取了如下叙述："股市中所有进一步整体向上运动的机会在今年春天可能都不用考虑了，但迹象表明目前明朗的经济活动会持续一段时间。"这里虽什么都没说，却令人印象深刻。事实上，在一些维度，航线晴雨表很难长时期每天变化。但是在美国经济的维度，一个通常显示"晴朗"的晴雨表，是没有什么作用的，还不如一个不好不坏的晴雨表。

引用的这个不活跃的实例是所有记录中仅有的一个，并且确实证明了晴雨表的正确性，因为平均价格指数中窄幅和缓慢的波动预先反映了经济狭窄缓慢的上升变化。只有根据多年进一步市场经验，似乎才有必要把这种修正性的观点添加到晴雨表的构造中。

《巴伦周刊》 1924年4月7日

股票平均价格指数中的窄幅盘整运动

股市平均价格指数研究者很可能会注意到，当20支工业股票和20支铁路股票做技术上所谓的窄幅盘整时，一段重大时期波动范围局限在3个点或最多4个点之内，当两个平均价格指数如显示出的那样变好或变坏时，其中一个给出了未确认的看涨或看跌的提示，有时给出相反的预示。窄幅盘整运动可以大体上被认为预示着派发或吸筹。如果一个平均价格指数确认了另一个，上涨超越窄幅盘整区域意味着市场中股票的浮动供给已经走到头了，并且极可能上涨。在下端，同样的预示表明了所谓的饱和点，并且同空气湿度达到饱和点一样，随后出现降雨。

在2月中旬到3月中旬，或一个多月的时间里，工业股票下端没有触及95点，上端没有触及99点；并且在此期间，铁路股票从没非常接近到83点或79点。但两个平均价格指数各自分开了。工业股票在95点给出了一个做空点，此后跌到92点左右。事实上，它们回调了从101点以上的顶部到11月85点这一低点差值的3/5左右。

尽管铁路股票的波动不值得考虑，

但这是一次真实的次级回调，并且与上一年 11 月开始的主要牛市完全一致。铁路股票的窄幅盘整非常明显，其平均价格指数自 1 月 15 日以来一直没有高于 83 点，也没有低于 79 点。这是一个非常有趣的情况，或许一个平均价格指数中的窄幅盘整比平时更显著。例如，如果铁路股票上涨到 83 点以上，两个板块很可能都看涨，并且可以预测出整个市场的主要上涨运动明确恢复了。

可以说，敌人的火焰集中在了工业板块上，而铁路股票指数停滞不前，且没有受到很大的压力，在不到 3 点的范围内波动。因此，这极其可能是铁路股票的吸筹，且明确地处在价值线以下，同时工业股票好像已经抛售到了静止的点位。铁路股票平均价格指数特别值得观察，达到 83 点或以上将会是一个做多点；如果跌到 80 点以下，则预示着次级回调尚未结束。

《华尔街日报》 1924 年 4 月 29 日

股市晴雨表

一个读者这样问道："根据你们对股市平均价格指数的解释，我们现在是处于牛市还是处于熊市？"

讨论股市晴雨表，以预测整体经济进程方面的价值，在这些专栏中是多年的惯例。在汉密尔顿的《股市晴雨表》出版这一主题以后，流行趋势是，采取这样的讨论为所打算的投机目的做准备，是一种对用保证金交易的指导。

这本书及这里发表的文章完全没有这样的意图。市场中有大量的内幕消息提供者，假装诚实的人或公然唯利是图者，《华尔街日报》在他们的领域没有竞争力。不过，平均价格指数做出一个有趣的表现，尽管目前它们的预测价值并不大。

首次出现最为显著的特征是，20 支活跃铁路股票自 8 月的第一周起既没有低于 77 点，也没有高于 84 点。这是两个平均价格指数曾创造过的最显著的窄幅盘整运动。因为在近 9 个月时间里，它的最大波动幅度不到 7 个点。当窄幅盘整运动被创造时，预测吸筹或派发是很危险的。这两种过程可能同时发生，但是一些证据表明，市场中大量的派发掌握在了相对小的投资者手中。股市的浮动供给好像很小。

根据道氏理论的价格运动可以推断，1923 年初以来的熊市在 11 月 1 日左右转变成了一个主要的上升运动，工业股票平均价格指数更为明显。10 月底在低点 85 点和高点 101 点之间，差距为 16 个点，接着又出现了一个完全可以被称为次级回调的下跌，把价格带到低于 90 点，然后出现了一个反弹，这个反弹至少没与铁路股票相矛盾。我们曾真实地说过，市场受其所能预见事件的总和影响。很明显，它也受到其不能预见到的事件的影响，例如国会的异常行为等。

尽管整体经济收缩的报告来自不同方向，但是这种状况与早些年波动幅度更窄的缓慢上涨市场不协调。我们至少可以肯定的是，两个平均价格指数不能说与股票平均价格指数中任何一条股票收益价值线和可分红利的盈余高度相关。平均价格指数似乎对整体经济的看法是，随着税收方面信心的恢复，可以预期到它的好转。

《华尔街日报》 1924 年 5 月 24 日

从平均价格指数来看

从平均价格指数的观点来看，我们把它们严格地看作是经济的晴雨表，而不是对保证金交易的指导，经济前景十分不确定。当目前的国会召开会议讨论早期合理的税法时，曾承诺整体经济将会有所改善，然后，股市就分享了这个希望。晴雨表能预测的就是其所能预见的，这是广泛且明智的原则，因为股市的交易代表着每个人对将来的知识。没有人能预知到国会在目前会议无效的6个月后，会对国家经济做什么。

但是，至少平均价格指数不会说经济在走向崩溃，11月1日的反弹把工业股平均价格从略低于86点带到了101点之上，从2月中旬开始的稳定且令人沮丧的次级回调，持续超过了3个月，除了保住2个点的上涨外，其他都是下跌。如果铁路股票平均价格指数中存在相应的次级回调，将是看跌的推断。但是，铁路股票平均价格指数，不但没有分享这个次级下跌，反而记录了其历史中最惊人的窄幅盘整运动。它的最大波动幅度自8月4日以来，不到7个点，

从12月中旬以来，或者说在6个月内，20支活跃铁路股票平均价格指数既没有低到78点，也没有高到84点，波动范围不到6个点。最近3个月，波动范围不到5个点。自4月初以来，窄幅盘整还在进一步变窄，波动范围大约在3个点，并且与长期的吸筹或派发的低点相比，现在的价格比任何时候都更接近高点。

在一次运动中，平均价格指数没有相互确认，就国家经济前景而言，不确定性仍在延续。铁路股票指数中反映出一股潜在的信心，它的购买力量无疑在很大程度上是所有买入者中最稳定的，也就是那些小投资者，这似乎是一个清楚的推断。那次窄幅盘整运动确实低于股息率加上未分配盈余计算出来的任何一条价值线。经济前景在大选前通常是不确定的，并且这么多年也没发生过显著的市场运动。国会使经济前景比以往更不确定了，经济晴雨表恰好在表达这一点。

平均价格指数肯定没有给出上涨或下跌的明确预示。它们好像并没有预示出一个所谓的安全水平，就投机的仓位而言，经纪人大幅减少放贷足以表明市场并不脆弱。红利扰乱市场似乎没什么效果。

《巴伦周刊》 1924 年 6 月 9 日

股票平均价格指数中的强大基础

尽管目前股市平均价格指数没有对主要运动做出指示，但是铁路股票创出的窄幅盘整运动却非常值得注意。其平均价格自 1 月中旬以来既没有低过 79 点，也没有高过 84 点。波动范围不到 5 个点，并且自 5 月 1 日以来，这个范围缩减到 3 个点以内。事实上，从 11 月初开始，这个波动范围不到 6 个点。至于这个窄幅盘整是吸筹还是派发，或者两者都是，人们看法各不相同；但清楚的是，从经纪人的放贷量就可以看出股市的浮动供给不大。平均价格指数涨到 84 点以上，就是一个明确的上涨趋势，这表明股票已经在手中了，因此，在足够多的浮动供给阻止上涨前，这些股票有能力支撑它们适时地发生实质性的上涨。

根据广泛观察的平均价格指数，这是牛市最好的基础，至少工业股票与此并不矛盾。工业股票平均价格指数比这个次级回调低点高 4 个点，也就是把其平均价格指数从 2 月初 101 点以上带到 5 月 89 点以下的次级回调。考虑到国会的不确定性对国家整体经济有干扰影响，至少可以说，股市晴雨表的公正读数指向了一个转好的趋势。晴雨表预示着它所能预见的一切，但是国会自身都不能预测其下一步会干什么。它普遍可靠的预言是宣布延期的意图。这个宣布肯定会伴随股市力量，从这个平均价格指数的看似最可靠的基础中发展起来。

《华尔街日报》 1924 年 6 月 13 日

股票平均价格指数中的一个预示

自 20 支铁路股票平均价格指数记录下 84 点这个数字以来，已经 1 年了。事实上，这个数字是在 1923 年的 6 月初，从一个 81 点以下的反弹中达到的，但这个反弹并没有维持住。然而，自去年 8 月 4 日以来，铁路股票平均价格既没有低于 75 点，也没有高于 84 点。1 月中旬以来，直到 6 月 11 日的上涨，它从未触及 78 点，也没有超越过 84 点。事实上，它过去 6 个月都在 4 个点的范围内窄幅波动，形成了窄幅盘整运动，然而，现在其平均价格指数向上突破了。

在这里对股市晴雨表的讨论，不

是为股市提供窍门，而是在于它对国家经济的预测价值，我们常指出，平均价格指数需要相互确认。工业股票中没有相应的窄幅盘整，但自4月初以来，其波动范围远超5个点，已经形成了类似的窄幅盘整运动，并且现在的工业股票十分接近这次窄幅盘整区域的上限。晴雨表中重要的是，铁路股票的平均价格指数已经完成了，更精确地说，没有与工业股票相抵触。

一些似是而非的观点指出吸筹和派发差不多是同一件事。随着公众对股市投资的兴趣增加，平均价格指数似乎像是吸筹的窄幅盘整运动，而实际上是确保到小投资者手中的广泛派发。在过去，市场中存在单个利益集团或利益小群体为吸筹买入。但是，通过在公共市场购买股票，获取铁路公司的控制权的时代已经彻底过去了。铁路股票基于它们的投资价值、有无红利被买入，而且

重要的是，根据实际红利和可以分配的盈余计算出来的任意价值线，目前都远高于铁路的平均价格。

这是一个很好的信号，因为它表明国会过去6个月的异常行为没有干扰投资者的信心，这也证明对国家整体经济的潜在信心。甚至很可能，最终获准的法律税收议案刺激了小额投资者，也就是所有收入的总数一年最多不超过10 000美元，有可能更少。这并不是说，梅隆的方案对他来说没有更好，因为这趋向于使人们的生活成本，比低于1/10所得税还少1000美元。

不管可能是什么原因引起的变化，铁路股票中的做多点都是少有的令人感到愉快的信号。这个做多点在被记录下来以后，市场的进程好像预示出必须建立起一个更高的水平，以便提供股票浮动供给与日益增长的投资需求相等。

《华尔街日报》 1924年7月15日

低息资金与晴雨表

正如克利夫兰信托公司提到的，公司副总裁纳德·艾尔斯决定弃用股市晴雨表。他说："现在看来，股票价格及债券价格，都由现行利率决定，而不由其反映出来的未来经济前景决定，而未来经济前景期被看成是股市运动决定因素。"

这似乎是一个合理的概括，而它唯一的缺陷是它不是真实的。如果较高的利率没有达到迫切的程度，当其

他因素有利时，股市将上涨。如果货币像恐慌的1893年到复苏的1896—1897年期间那样廉价，股市将不会上涨。在过去的25年间，低利率时期出现了牛市，高利率时期也出现了牛市。1894年，英格兰银行利率达到了2%的最小限度，并且在这个水平上持续了近2年。那时候很容易获得国外资金，却没有激起牛市，尽管1895年伦敦德

兰士瓦黄金股出现了暴涨。

艾尔斯上校得出了其有限的推论，这不比根据生铁窑炉运转的记录，提出创建新的晴雨表强多少。股市晴雨表考虑到了高利率和生铁窑炉的运转、农作物产量、谷物货运量以及其他一切因素。活跃股票的平均价格是这一切的结果，并公正地反映在了没有利益集团操纵的市场中。目前股市晴雨表预测到前方经济有转好的趋势。

股市晴雨表能够做到这一点，是因为它反映了每个人对每件事的了解程度。当大制造商看到前方趋势不好，便会抛售手中的证券，保证自己拥有强大的财务状况。然而，他毕竟只是成千上万卖出股票的人之一。股市会在他和其他人预测到灾难发生前的很长一段时间里，就已经开始下跌了。只要股票价格水平有吸引力，并且大多数其他影响都是有利的，那么廉价资金在股市中就是一个很好的做多理由。

股市中，大家都知道的事情不是新闻，且不再影响交易。每个人都知道资金是廉价的。市场反映出了大量的事实，而仅有少数人能够知道，通常每个人只了解他自己的业务。比如艾尔斯上校，他只知道自己银行方面业务。这位新的预言家值得赞扬，即使出了其银行墙外，他能看到的也只是生铁窑炉。如果他在废除股市晴雨表前，真正努力做一下研究，对他自己和那个机构都是有利的。

《巴伦周刊》 1924 年 8 月 11 日

股市平均价格指数研究

所有股市平均价格指数的研究者都认同，在略微倾向一边的且持续很久的次级回调后，现在市场运行的是主要运动的恢复。从 1923 年 3 月中旬到随后的 11 月初，市场出现了一个主要熊市，具有所有下跌趋势的特征，只是短暂的长度比较显著。从技术上看，铁路股票实际上没有在那时创造低点。需要指出的是，根据大众已接受的晴雨表的解读理论，两个平均价格指数在同一天，甚至同一周创造了低点或高点，当这种情况碰巧同时发生时，这只是一种巧合。就对未来所有可能发生事件应具有的知识的总和而言，股市只能预测到它所能预见的。对结合每个人的智慧来说，这并不能说出新的国会下一步将做什么，或它的拖延和阻碍会对国家经济产生什么样的影响。

工业股票的这次次级回调，从 1924 年 2 月的 101 点以上，到 5 月的 89 点以下，接下来的反弹把其平均价格指数带到了一个高点的上方，尽管这次回调的时间较长，但它是一个典型的运动；并且，不管怎么想，即使它持续了近 6 个月，也不能把它分成两个主要运动。不同寻常的是，铁路股票在这期间并没有跟随整体趋势上涨，它们创造了显著的窄幅盘整运动，波动范围在 5 个点之内；然而，工业股票平均价格指数下跌了 13 个点。铁路股票窄幅盘整进一步最大程度地降低了工业股票中次级回调的重要性，使 5 月开始了主要上涨运动，到 6 月中旬这一运动变得非常显著，也因此变得更具说服力了。我们可以回忆一下，不是任何没有意义的"我告诉你是这样了"的提醒，每次这样时机，我们都在专栏中正确指出了市场真正的趋势。

所有人都在猜测这个主要上涨运动会持续多久。在这里不值得我们做出科学地讨论。这里既没有给出关于市场提示的意图，也没有把平均价格指数作为其他指导的意图，只是作为整体经济的晴雨表。这个晴雨表毫无疑问地预测出年底经济会更好，并且这完全可能关系到大选的结果。

工业股票与平均价格指数

《华尔街日报》 1924 年 8 月 28 日

一位巴尔的摩的读者，明智地怀疑平均价格指数的业余解释，准确地指出了一条错误的推理，而这条推理已经发行在了一般报纸的金融版面上。这就是"20 支工业股票平均价格指数在 8 月 20 日记录下的 105.57 点——这是自 1919 年的通货膨胀牛市以来的最高点，这段期间经历了两个主要熊市和一个完整主要的上涨运动——有必要达到顶部并应该相应地卖出"。

反驳这样一个漏洞百出的推理没什么困难。两者情况不是类似的。在汉密尔顿的《股市晴雨表》中，他具有说服力地引用了 1919 年的牛市作为一个例外来证实这个规律。市场所有的投机行为都在工业股票上。铁路股票归市政府拥有、控制和担保。那时没有人认为它们可能回归到私人所有。

持有铁路股票是为了固定收入，也就是政府保证的收益。当工业猛涨时，它们实际上却随着债券市场下跌，因为当生活成本膨胀和上涨时，固定收益的有价证券趋于下跌。

因此，在 1919 年，工业股票中膨胀牛市把其平均价格指数带到了 118.92 点。紧接着是一个持续近两年的主要下跌趋势中的迅速下跌。由于 1919 年工业股票垄断了太多的投机，以至于它们的价格远远高出了价值线，这个异常的市场不大可能再次出现了。它们以一种农场主从未有过的方式一致下跌了，事实上，这给了不注意的农场主及其他朋友关于即将发生什么的晴雨表式警告。

我们不能说今天工业业务是在膨胀，或是在考虑获取有效的分红和实际收益，目前的价格甚至高于价值线。可以更加确切地说，1923 年 10 月 85.76 点的平均价格指数，或上个 5 月的 83.33 点，已经反映了所有可能的通货膨胀，并且为目前的牛市打下了一个扎实的基础。工业公司的价值不体现在任何可能的膨胀上，而是体现在抛开净资产和生产力后的真实价值上。在过去几天的次级回调恢复后，目前的上涨运动可以走多远，股市晴雨表没有假装做出预测。

但是，根据这样一个单凭想象的双重顶和上一个上涨市场，做空工业股票的观点只以一个谬论作为其唯一的基础。

价格运动研究

《华尔街日报》 1924 年 9 月 11 日

按照解读股市平均价格指数预示的方法，也就是为人所知的道氏理论，平均价格指数研究者们必然受到它们一如往常的运行方式的打击。但是查尔斯·道于 1902 年年末去世，他几乎没有希望在一个主要牛市中得到一个比目前的次级回调更清楚的例子来阐述他的观点。从 1924 年 5 月 20 日的 81.37 点上涨到 8 月 18 日的 92.65 点，或者说上涨超过了 11 个点。

从那时起，20 支工业股票回调到 100.76 点，回调了不到 5 个点；同时，铁路股票回调到 88.78 点，或者说回调了远低于 4 个点，也就是每个平均价格指数差不多都回调了 30%。然而，在缅因州选举结果出来的前一天，两个平均价格指数都出现了一个反弹。从技术上看，铁路股票上涨到 92.65 点以上，只要工业股票也出现一个相应的回升，就是强烈的上涨趋势；并且两者同时或几天内，互相分别重新建立起铁路股票 8 月 18 日和工业股票 8 月 20 日的高点，将明确预示着主要上涨运动的恢复。

我们从次级运动 20 年的观察经验中可以看出，次级运动本身并不与牛市主要运动的规律一致。牛市中的次级运动只是在方向上与主要下跌运动相同，而本质上却并非如此。正如研究者所知，股票平均价格指数无疑是最公正的经济晴雨表。目前的主要牛市预测出，现在商业和工业活力的恢复完全近在眼前。次级回调的原因主要是技术上的。

把这个次级趋势归因于缅因州选举的不确定性是市场便利的问题。基于这种解释，账户中的焦虑可能会导致一些抛售，即使面临柯立芝 4：1 惊人的赔率也会如此。华尔街到处寻找原因，并且相当软弱地总结出，一个低劣的原因总好过没有原因。在任何一段主要上涨运动期间，多头账户总会筋疲力尽，并且专业原理一直在测试其疲软程度。

我们有把握推断出来，这个主要上涨运动没有结束。这3个月的上涨给出的预示仍然有效，不会受到质疑，除了在重新建立两个平均价格指数8月第三周的高点失败之后，出现了一次严重的回调。

《华尔街日报》 1924年11月12日

一个正常的牛市

没有一个人像他那样保守，一直错误地理解了牛市的初期，并且看到了所有悲观猜想都被歪曲了。这就是他的评论，这个评论非常不恰当地出现在《纽约日报》的新闻版块中：

"目前激烈的市场将持续多久是一个猜测。许多保守的银行人士认为市场已经上涨过快，并且大多数股票因其潜在价值而值得被卖出，市场存在失控的危险。"

"这个沸腾的市场应该继续吗？我们建议银行机构和富人提供大量抛售，这对投机的热情来说，实际起到了闸的作用。另一种可能是，也许通过货币市场，给市场强加上某种人为的闸。"

在道琼斯股票平均价格指数中，从没有一个牛市比铁路股票和工业股票11月8日和11月10日分别创造的新高更加合理。当麦金利在1900年再次当选时，这种评论准确地设想出了职业人士的态度。公众的视野要更清楚。外部人把内部人乐意抛售的所有股票都买走了。一个牛市开始了，尽管被北太平洋公司的恐慌打断，这纯粹是意外而不是过度交易的结果，并且直到1902年秋天才结束。

从来没有一个牛市在比这更令人满意的条件下开始。每年这个时候，资金通常会十分紧张，并且短期拆借利率为2.5%。现在制造商的库存很少，而且零售商的货架上有相对较少的商品没有售出。经纪人给华尔街客户的放贷量不到其安全放贷量的1/3，他们可以更有效地增加到40亿美元，并且对任何人来说都没有一丝危险。

但是，为了这种没有经验的业余人士因他自己的糟糕猜测而得到某种补偿，联邦储备系统，甚至国会都干预到牛市的初期中，并且说，不应该允许全国人民把他们自己的钱用于公平的证券投机中。因为已经有好几天交易都超过了200万股，不到记录的2/3，随着进行交易的设备不断变好，股市被描述为"十分激烈"，并且任何人依靠聪明在其中赚到了钱都将受到银行的谴责。

看在上帝的份上，难道我们就不能拥有一个允许我们自我反省的美国主义精神吗？追溯股票的历史，纽约股票市场没有一次不在很早以前就预见了危险的到来，并且相对安全地自我清算了。

在道琼斯平均价格指数长期且有用的记录中，与铁路股票在 11 月 8 日收盘创造 94.10 点的新高比，两天后得到工业股票 105.91 点的新高确认，没有比这更明显的做多点了。大家可以认为，自 1923 年 5 月以来，市场已经处在一个迟缓的主要上涨运动中，最近被一个 10 月中旬左右开始的次级回调打断了，现在市场恢复了不少。市场总是远超前于国家经济的发展，这是值得信赖的经验。平均价格指数在过去预示的警告和整体活力即将衰退远在 10 个月以前，交易记录就已证明了晴雨表的敏感性。现在或许可以说，国会到期后明年会是什么状况，从整体来看，国家经济弊大于利。

目前上涨的一个特点是股市的专业人士没有看到它的到来，并且低估了它的力量。没有几个人能比证券交易所大厅的交易者更好地判断出每日买卖的相对力量，他们对主要运动的判断就像其他人一样业余。最好的解释是他们只见树木，不见森林。他们没有处在超然的位置，而这种位置恰好是解释晴雨表式预示所必须的。当专业人士记录下共和党在民意投票中的胜利时，总体来说，理论上获利和售出股票都是大家知道的好消息。这个理论是可靠的，因为好消息直到对整个美国的影响已反映到股市中才会被大家知道。奇怪且有些丢人的是，专业人士犯了 1900 年麦金利重新当选时完全相同的错误。

就市场的机械运动而言，从平均价格指数的运动来看，清楚的是华尔街没有持有大量的股票，并且在浮动供给补充进来前，价格将必然实质性地上涨到更高水平。

《巴伦周刊》 1924 年 11 月 17 日

《华尔街日报》 1924 年 11 月 24 日

价格运动研究

选举刚过，尽管大量目光短浅的专业人士和半专业人士，根据"利好出尽"的理论卖出股票，但市场还是展开了一个强有力的上升运动。我们当时在专栏中指出，20 支铁路股票 105.91 点的新高得到确认，这预示着主要上涨波动的恢复。随后的市场运动仅证实了得出这个推断的信心。

为了一直保持这个纪录，我们认为，股市目前的主要上升运动在 5 月中旬发展起来了。就铁路股票而言，它是十分从容的，但两个平均价格指数的趋势是一致的。在每个平均价格指数中，都出现了一次从 8 月创造的上个新高开始的次级回调，接着是一个缺乏热情的反弹，并且在 10 月中旬出现了一个技术上看空的低点。由于主要上涨运动最短市场超过了 1 年，有时会持续超过 2 年，所以次级回调无关紧要。

对平均价格指数研究者来说，有句警告的话是必要的，研究者期望从道氏理论的价格运动中获得一定程度的数学精确性，例如，在汉密尔顿的《股市晴雨表》中探讨过的这种数学的精确性，人类并不能有效获得。我们在这里讨论这个主题，是因为对于未来整体经济有晴雨表的价值。在市场整体趋势上，其中一个平均价格指数或两个都一起给出预示会具有惊人的正确性，而只给出特定市场的预示则完全可能是误导。因此，提出根据这些市场预示为基础建立一套投机方法

的人，这样做会自担很大的风险。

如果给出充足的资本和一个没有限制的赌场，那些数学公式可能会击垮蒙特卡洛的银行。在真实的实践中，并且一定是在华尔街的实践中，拥有这样"手法"的投机者不会打败银行。经纪人出于自我保护，会查看投机者确保他们没有把所有鸡蛋都放在同一个篮子里。银行，甚至交易所自身，会迫使经纪人执行这类监管。

有人在写许多关于股市"赌博"的无聊文章，特别是那些错过了市场或预测回调的人。金融中心从没处在一个比这更好的条件下应对大幅的合理上涨了。那种令人焦虑的时刻会在数月之后，除非所有信号都失效了。

《巴伦周刊》 1924 年 12 月 29 日

价格运动

我们 6 个多星期前在这些专栏中指出，当铁路股票在 11 月 8 日收盘创造出 94.10 点的新高，而在两天后得到工业股票 105.91 点的新高确认时，20 支活跃铁路股票和同等数量工业股票的道琼斯平均价格指数，从没给出更加确信的做多点。如果称这个结论为一个预言，将违背讨论的方针和目的——这是利用所谓的"道氏理论"分析得出的结果，汉密尔顿《股市晴雨表》彻底解释和说明了道氏理论。自从给出这个看涨的预示以来，随着铁路股票平均价格指数上涨

超过了 5 个点，以及工业股票平均价格指数上涨超过了 10 个点，市场已充分证实了这个预示。我们可以认为这个主要上涨波动在过去的 5 月已经开始了，这是主要上涨波动的延长部分，当随着前行以一贯的方式聚集动力。其中断具有典型性，被 10 月中旬左右开始的较大次级回调打断了，而且我们还可以说，次级运动是价格运动理论中必不可少的一部分，就像主要方向一样。

股市是一个晴雨表，不只是一个不必要的日常记录，这强调再多次也

不为过。它代表了所有人知道的一切，并且一定超过了华尔街最有经验和消息最灵通的每个人知识的许多倍。它表明，早在过去的 5 月，就可以看到经济有一个大发展并且整个秋季和早冬都是如此，这个发展的确定性显得更加清晰了。它清楚地预见到大选的结果，预示了铁路货运积载量记录，以及工业每个领域的改善也变得更为显著。它预示到道斯计划的成功，以及整个大英帝国的大幅经济扩张。晴雨表轻松超前于它所预示的事件许多个月，并且就目前所见，我们可以合理地推断，来年经济会有一个扩张，以及低库存和廉价资金将保护健全市场，却在任何地方都没有通货膨胀的信号。

有时人们问到，怎样去识别一个主要上涨运动的顶部。根据过去 25 年的经验，一个主要上涨运动的平均时长不少于 20 个月，并且在 1925 年后期以前，没有理由设想目前的主要上涨运动会结束。市场顶部中偶然的暴跌可能完全是意外，但是原因是过度交易，并且给出了明确的证据证明世界资本中的闲散资金都被占用了。从技术上来说，股市随后会出现反弹，但不会把平均价格指数带到前期顶点以上。当我们来到前期顶部时，可能会穿过它。接下来，出现的就是一条清晰的道路并全速前进。

《华尔街日报》 1925 年 2 月 23 日

一个次级回调

用汉密尔顿的书《股市晴雨表》中阐述的方法分析股市价格运动，这里的评论是一种实验，应该对其自身提供有用的测试。这个评论写在出版前 4 个交易日，接着主要上涨运动中出现了快速回调的信号，因此在结论发表之前，什么事情都有可能发生。2 月 16 日周一，20 支工业股票平均价格指数仅在 1 个交易日就下跌了 2.90 个点，铁路股票下跌了 1.05 个点。事实远不止如此，因为它们跌破了 1 月初以来正在形成的窄幅盘整。在这段时间里，工业股票平均价格指数既没有低于 120 点，也没有高于 124 点，同时，铁路股票既没有低于 98 点，也没有高于 101 点。铁路股票波动范围是 3 个点，工业股票波动范围不到 4 个点。工业股票在上周跌到 118 点以下，铁路股票跌到 98 点以下。

我们很清楚的是，市场那天已经充满了太多的股票，并且在支持更有吸引力的价格水平的新买入力量中找到支撑前，市场可能被迫降到更低的水平。自从大选后积极发展以来，牛市中没有发生大的次级波动，这在牛市中的回调没有什么特别的。市场似乎充分表明这不是主要牛市的结束，而是即将发生的次级运动，想要描述出来很容易，但要做出任何精准的预示就难了。它以窄幅盘整开始或以窄幅盘整结束，或者都不是。如果主要运动缓慢且清楚界定，那么次级回调则倾向于急剧且伴随相对缓慢的回升。查尔斯·道不害怕给出它的持续时间长达 3 个月，尽管我们记录了 25 年的股票平均价格指数的经验和分析通常表明，主要运动恢复前，这段时期更短。

根据公众所接受的解读平均价格指数的方法，我们可以说，一个次级回调似乎将要到来，但是这个主要运动还没有达到其顶部，除非柯立芝牛市一直是前所未有的短期运动，就如我们计算它的起源，是从 1923 年 10 月末开始。

《巴伦周刊》 1925 年 3 月 9 日

汉密尔顿谈市场

著名市场分析家说，股市还没有看到最好的价格——平均价格指数新高。

在一次访谈中，《华尔街日报》的编辑汉密尔顿，即《股市晴雨表》的作者说，在华尔街，总有一群人与大趋势相反，他们基于愤世嫉俗的观点：群众很可能是错的，每个人都知道的事并不值得了解。

"一些专业交易者在做空，但是他们承认他们没有赚到钱。他们论据的主要前提就是错误的，因为公众总是错误的观点并不正确，至少就市场的整体趋势而言如此。"

"最好的事实是，主要牛市的平均持续时长是主要熊市的 2 倍，这表明公众的观点没有错误到愤世嫉俗的专业者所假定的程度。"

顶部还不在眼前

"至少要承认的是，我们处在一个主要的牛市中，这个趋势到现在运行还不到 1 年半，它在紧随柯立芝当选总统后的 2 个月，就显示出其最大的能量。我从任何角度看股市晴雨表，都没有看到主要牛市结束了，或者甚至看到了危险的高水平。"

"牛市中的次级回调很难猜测，甚至有时的预示是错误的。2 月 16 日，铁路股票和工业股票平均价格指数做窄幅盘整运动后都给出了做空点，但要记住通用电气公司的认股权已经被扣除了。我们或许可以公平地说已经给出了下跌的预示——跌破窄幅盘整的下限，没有往常那样具有说服力。至少，这个下跌预示被收回了。"

"3 月 1 日周一，工业股票平均价格指数上涨到前期高点之上，并且高出了平均价格指数在 4 个点范围内创造的窄幅盘整区域，这给出了一个上涨的预示，并且在第二天得到了铁路股票部分的确认。"

股票派发到全国各地

"我们应该一直记住市场的技术形态。股票与前期的牛市相比，被更好地派发了。证券交易所自身把经济行所持股票数量限制在其资金能力之内，随后的结果是长期持股人正为购买股票自筹资金。他们以合伙或在家乡贷款的形式持有它，并且这些被分散在全国各地。我收到了远在西雅图、圣地亚哥、得克萨斯州的休斯敦和佛罗里达州的坦帕各地的来信，询问关于以较低价格购买股票的建议。"

"这个情况有两个结果。第一个结果是股市遭到专业的突然袭击，没有震出大量的股票，因为华尔街经纪商所持有的股票数量有限。如果没有极其糟糕的消息来证实这个袭击，那么袭击者处在必须平调空仓的处境。"

"第二个结果更加遥远。如果某事出现一种意外的特征，扰乱公众信心，将会出现来自全国各地的大量抛售。而且，华尔街未必能够像从前一样精确计算出股票仓位的信息，因为以前的持仓情况大多发生在纽约。"

"我没有看到任何这样有威胁性的发展。"

整体经济稳步改善

"我的建议是，尽管经济不是十分繁荣，但它在一周又一周的改善。如果股市晴雨表是我想象的那样，甚至猜测晴雨表已经达到顶部或离顶部很近的地方——事实上，目前没有预示——那么经济的改善还会运行数月。除非所有先例都失败了，那么股市会在经济转向前早就转向了，并且通常的经验会告诉我们，华尔街是全国唯一的沮丧点。"

"就晴雨表预示对市场不久的将来而言，两个平均价格指数——工业股票在周一，铁路股票在周二——上涨到建立起的窄幅盘整之上，并给出一个最强的做多点。这点由更强的事实得出，三周前的前期看空预示被收回了。"

《巴伦周刊》 1925 年 3 月 16 日

修正晴雨表

上周，本专栏发表了对《股市晴雨表》作者的采访，没有强调股市技术形态的变化是怎样修正平均价格指数记录中的重要运动，也就是次级波动——不是主要熊市的反弹，就是牛市中的回调，也许是因为这在那个时候没有必要。相当明显的是，在估量它们的资本财力后，经济行客户的多头账户受到了限制（这种评估方法是由高度保守的证券交易所监管委员会制定），牛市中被挤出促使回调的股票外在供应量比它过去小了，因此市场也不那么脆弱了。毫无疑问，美国公众有大量金钱投入股市，并且如果经济行不能持有股票，客户即使必须从其他地方借钱，也可以继续持有它。

牛市的一个保护措施是次级回调，这对抑制过度投机是最有效的。据说，当投机商号繁荣时，敲诈正在获利的客户这种事时有发生，尽管非常认真地看，他们没有做类似的事情。任何一个牛市都趋向使顶部沉重，并且大多数多头账户在眼前并可以碰到，一个客观的回调确实自行发生了。但是由于许多的多头账户以客户合伙或向外地银行贷款的方式分散在全国各地，所以绝不可能像往常一样轻易地震出这些多头。正如汉密尔顿先生指出的，罕见的市场创造意外的事件，是潜在疲软的原因。市场预见到世界大战，

晴雨表 1914 年早期的走势图就已经清楚地表明这一点。但它没预见到旧金山大地震，也没预见到 1890 年末巴黎银行的投资失败。

支配股市晴雨表走势的原则没有变，但相当清楚的是，它们的走势受到新的条件而改变。也许可以合理地说，市场不像过去那样自由了，因此，它作为晴雨表的有效性，也轻微地受到了损害。

《巴伦周刊》 1925 年 3 月 23 日

一个真实的次级趋势

在一段长时间的犹豫后，股市平均价格指数已经显示出所谓的牛市中典型的次级回调。这在 9 个交易日内使工业股票从顶部下跌了 7 个点，同时铁路股票下跌了 5 个点。这个运动从逻辑上来说会运行得更远，很可能是因为浮动供给以前没有发生过如此的动荡。由于大量被持有的股票等待上涨，或以私人合作形式锁定，及以外地银行贷款形式持有，已经很清楚的是，市场基于设想的超买情况，对于开始次级回调是必须的，这些影响绝不只是当地的疯狂抛售。在这一点上，我们很容易在寻找原因时出错。显然，这次回调的原因，除了脆弱的多头账户状况和新买入力量的缺乏，还必然包括在全国范围内的影响，以至于产生了外部压力。

总有一个古老的谬论存在危险，

那就是因果关系，但是至少有两个原因明显到足以引起全国的注意，而且已经扰乱了多头的信心。其中一个是，脆弱的芝加哥——密尔沃基和圣保罗公司股票和债券以破产形式结束，许多人曾希望这可以被避免，但是每位信息灵通的权威人士都感觉到这是必须的。华盛顿的政治局势也在转差。不应该被我们忽视的是，新的参议院正在议程中，并且这显然对总统不利。部分信心来自于柯立芝当选总统，并且这也反映在股市的上涨中，因为一旦新的国会被召集起来，国会和白宫就会变得和谐。美国参议院表明自己几乎和前任一样没什么思想。在它自己的内阁提名中，已经给总统造成了一个羞辱性的挫败，大约在 60 年前，出现了第一个这样的指责。这或许已经完全扰乱了公众的信心，足以带来

不可避免的股市外部压力，就股市晴雨表而言，这将导致众所周知的次级运动，也就是主要牛市中的回调。

晴雨表的任何信号都没有表明这超出了次级运动。略微剧烈但完全典型的回调的终止很容易表现为迟钝，随后是一个缓慢的回升，达到主要运动的新高点。没有方法可以估计这个次级回调能运行多远，或持续多久。根据任何一个对平均价格指数与价值增长线之间关系的合理分析，情况依然是，这个主要牛市还没有完成它的波动。

一个次级回调

《华尔街日报》 1925 年 4 月 1 日

我们先前在专栏里指出，根据汉密尔顿《股市晴雨表》中详细阐述的道氏理论的价格运动，讨论股市平均价格指数中，一个牛市的次级回调被延期太久已经向更严重的方向发展了。平均价格指数运动中没有证据表明，这个自 3 月初起的回调标志着主要下跌趋势的开始。

我们还指出，技术条件中有一个变化几乎可以让我们肯定的是，自从柯立芝总统当选以来，或者更确切地说，自 1924 年 10 月 14 日以来连续上涨后的次级回调，当它来到时会特别剧烈。证券交易所监管委员会在其成员操作时执行一个封闭的审查制度。因此，它们对客户的承诺限制在委员会考虑到他们资金的使用安全。

结果，全国各地大量的股票以客户合伙或在本地银行贷款的方式持有。这就产生了一个新的情况，因为在过去对于有多少股票可以在激烈震荡的压力下回到市场，华尔街有一个清晰的概念。看得到的就是全部，或者几乎是全部。现在不可能以任何准确性估计这个数量。为了自我保护及维护自由的市场，因此记下了他们能够达到这个目的的价格。次级下跌的一个特征是平均价格指数第三种运动的波动幅度，也就是日间波动。

次级回调的原因通常是技术上的，并且与市场超买情况的关系远大于与事件过后报纸评论员发表的看空论据。大部分的原因都是高利率，这只是因为联储提高了利率，而英格兰银行也以同样的方式自我保护。对资金的需求仅随季节而变化，如果它还没有完成，其力量将在几天内被耗尽。

"一燕飞来不成夏"，圣保罗这样的弱点构不成一个主要的熊市。然而，这样的事故毫无疑问地影响了纽约之外的股票持有人，及贷款给他们的乡村或地方银行家们的判断。目前就价格运动而言，我们不可能认为这是次级回调的底部，但在夏天那段时间，牛市最终应该在比两个平均价格指数目前所达到的点位更高的点位上恢复。

《巴伦周刊》 1925 年 4 月 20 日

价格运动

道氏理论的股市平均价格指数有三种运动，包括主要的上涨波动和下跌波动，次级回调或反弹，以及日间波动，尽管其自称这只是一个理论，但是这个理论很好地经受住了市场的考验。《华尔街日报》和相关专栏中，在 25 年多的这段时期，道氏理论作为预测整体运动的方法，及观察经济进程的晴雨表预示，经受住了考验。几乎没有任何情况比最近发展起来的情况更典型的了。从 1923 年 10 月底左右，一个主要的牛市缓慢呈现出来，逐渐获得力量和权威，并且从大选前两周来看，它显示出了巨大的活力。牛市在三月初看到了其暂时的顶部，当一个迅速且典型的次级回调开始，使上涨 40 个点的工业股票回调了 10.68 个点时，上涨超过 22 个点的铁路股票回调了 8 个点。

这个次级运动，使两个平均价格指数都在 3 月 3 日分别创下了 115 点和 92.98 点的新低。从那天起，在一个不太活跃的市场和一个更为从容的价格运动中，工业股票回升超过了 6 个点，铁路股票回升近 4 个点。达到这个次级回调的低点后，市场的行动非常典型，这也与过去的许多次十分相似，实际上总是预示着被打断的主要运动的重新开始。

我们上周在专栏中提出了另一种合理的情况。股票平均价格指数形成了经济晴雨表，如果 3 月初开始的回调被认为是主要熊市的开始，那么美国市场的整体经济状况将十分不同。除非所有信息都失效，且整体繁荣的例外被看作是建立一个新的规则，显然，现在没有实际的基础可以建立起一个熊市。我们可能建议股市或许不会后退或膨胀一段时期，这预示着整体经济中有同样的不确定性。但是，从价值来看，主要牛市绝对没有超出其可以看到的股息，利润和可能的发展所反映出来的价值。如果市场失去其主要上涨的 1/4 到 1/3，那时因为其他理由，主要是技术上的，市场趋势仍将回归到 2 月底的高水平，在主要运动结束前建立新的高点。根据先前的所有经验，市场目前的走势是一个明确的证据证明其内在的力量。

《巴伦周刊》 1925 年 5 月 25 日

价格运动

任何一位股市平均价格指数的研究者都能够灵活运用汉密尔顿《股市晴雨表》中详细阐述的规则，他们会认识到那些规则始终发挥着作用。例如，在这些专栏中发表的市场运动研究，会不时地指出，当 20 支铁路股票 3 月 3 日记录下 100.96 点，以及 20 支工业股票在 3 月 6 日记录下 125.68 点时，这个主要上涨运动还没有到达顶部。大量的股市撰稿人利用一种更做作的指数和图表系统，宣称那时牛市已经结束了。我们在这里正确指出，这个被滞后许久的次级回调，其自身具备了主要运动的特征，并已经发展成熟。这次回调结束于 3 月 30 日，并导致工业股票下跌超过了 10 个点，铁路股票下跌不到 8 个点。

工业股票价格指数不但恢复了这次的下跌，还创造了主要上涨运动的新高，这个运动是从 1923 年 10 月开始的，如果通过仅有的具有价值的 7 个牛市做比较，计算出来略少于 2 年的时长，那么这个牛市的时长会远低于牛市平均的时长。铁路股票指数还没有创出新高点，并且在撰写本文时，仍比 3 月 3 日最新高点低 2 个点。这两个平均价格指数必须得到相互确认，这已经成为可靠的经验。这也是为什么我们要选择记录两个不同的板块，每个板块 20 支股票，而不是记录一个板块 40 支股票的原因了。就主要趋势的预示而言，我们认为目前主要波动预示的是熊市中的反弹和牛市中的回调，这一预示似乎更加可靠了。

《巴伦周刊》 1925 年 7 月 6 日

股市考验

6 月 29 日周一，股市出现了一个有趣的考验。圣塔芭芭拉地震出乎意料，这是即使我们凝聚了对股市的所有知识也不能预见的事情，许多人随后做空了市场，成功地在 20 支工业股票中创造了 0.5 个点的下跌，且在 20 支铁路股票中创造了 0.77 个点的下跌。令人吃惊的是，人们怎么会冒着风险把大量的钱用在最肤浅的检验和禁不起分析的表面相似的事件上。至少，这些交易者在潜意识里希望重复 1906 年旧金山地震后严重的市场下跌，旧金山地震后的严重下跌促使市场产生了道琼斯平均价格指数记录的牛市中最长且最严重的次级回调。目前情况中做空的结果根本不可能鼓励激进的空头，因为第二天工业股票就回升了 1.78 个点，铁路股票回升了 0.61 个点，后者的回升差不多等同于空头袭击中发生的下跌，而前者回升远超过空头袭击所造成的下跌。

几乎无需说明，圣塔芭芭拉地震和旧金山地震并没有真正的相似之处。1906 年，市场正在衰退。一个可观的次级回调被建立了起来，市场中存在着一个脆弱且敏感的多头账户。但是，上周一的突袭是对市场技术力量最好的证明。我们几周前在这些专栏中估计证券交易所一半以上的交易都是大厅的掉期合约，专业基金运作大概占了30%，剩下的则代表普通公众的兴趣。显然，没有任何一个多头账户在那样的下跌压力中于几个交易日内平仓。市场现在不可能产生一个熊市，除非有一个过度扩张的牛市。

尽管，证券交易所目前主要的上升运动是从1923年开始的，但它仍基于价值，而不是基于前景。当快速致富的神话在当下十分流行且公众的追随人数十分巨大时，市场将被击中。

《华尔街日报》 1925年8月14日

价格运动研究

当20支铁路股票超越前期100.96的高点时，清楚地确认了工业股票7月1日达到131.76点时仅有部分地暗示了上涨的趋势。在这些价格运动的研究中，也就是基于20支工业股票和20支铁路股票的道琼斯平均价格指数运动的研究，我们常发现，只有当股票平均价格指数相互确认时，考虑预示才是保险且明智的。

工业股票在6月初创造了一个新高，但是又被收回了。然而，它们没有收回随后在7月1日达到的更高的高点，所以我们可以把它与铁路股票的新高点联系起来。完成这样一个做多点，我们总会得到一个合理的推论，也就是股市的浮动供给应该被吸收了，并且如果要吸引新的抛售者，是时候创造一个新的高水平了。就铁路股票而言，目前的牛市可以说是从1923年8月4日76.78的低点开始的，并且得到了工业股票从随后的10月27日85.76的低点开始上涨的确认。

我们可以看到，在这个牛市先前就有的长度中，工业股票上涨超过了51个点，铁路股票上涨超过了24个点。这绝不是一个新纪录，因为1906年的高点跟随工业股票上涨超过了60个点，铁路股票上涨近了50个点。以此类推，这个新确认的进一步上涨的预示似乎在铁路股票中有明确的上涨趋势，而在目前牛市中并不十分活跃。

许多市场评论员认为目前达到了一个长期上涨的危险点，因为有限的板块中有壮观的波动，主要是在工业股票中。这种现象更多的是令人惊奇而不是令人信服。根据整体的市场趋势以及股票平均价格指数作为晴雨表的特性，部分交易可能几乎没有比斯图兹汽车难忘的烟花展示更具有意义。经纪商要求禁止在麦克火车公司这样的股票中用保证金进行交易，并且如果它们几个中有一些投机暴跌，其下跌的影响可能就是瞬间的，然而最终整体影响很可能是好的。

在经历了持续将近2年的牛市后，主要上涨趋势的第三阶段，也就是反映希望而不是价值的阶段就不会太远了，甚至在一些个股中已经达到了这个阶段。尽管如此，事实依然是股票平均价格指数宣布市场将进一步上涨。

《巴伦周刊》 1925 年 10 月 5 日

价格运动

我们常常在这里严格界定对经济大趋势的指导，并且用汉密尔顿《股市晴雨表》中所阐述的方式进行股市研究，这揭示了一个非常有趣的状况。20 支工业股票平均价格指数在 9 月 19 日达到了 147.73 点，从那时起，它们回调了近 4 个点，然后再次反弹，所向无敌的上涨运动遭遇到的阻力比市场至今经历过的都大。与任何一个牛市的记录相比，工业股票总上涨量是相当大的。这 20 支股票股息收益略低于 40%，并且就工业股票而言，市场可以因此被认为达到了其第三个阶段，人们基于希望和潜力购买股票，而不是基于被证明的价值。

与之相比，20 支活跃铁路股票的表现更为保守。它们在 9 月 23 日创造了 103.78 点的新高。而且，没有出现工业股票那样可观的回调，在达到这个数字的一周后，平均价格指数距顶点不到 1 个点。值得一提的是，铁路股票的股息率仍然接近 5%；或者换句话说，当利率似乎十分呆板的时候，铁路股票可以每年一次筹集资金自我持有。因此，铁路股票没有非常明显地扩张到价值线以上或超过牛市的第二阶段。当然，对于小投机者来说，它们的价值比工业股票更明显，且趋向上涨。

根据可靠的原则，不管怎样解读平均价格指数，清楚的是主要牛市仍在持续，不过需要观望。它已经到了代表光鲜亮丽的阶段，值得注意的是，即使这在一定程度上鼓舞了多头，但大部分专业人士仍表达出了看跌的观点。他们认为，现在工业股票的盈利如"火中取栗"。他们声称，铁路股票中发现的更高的价值只能使这一板块更加脆弱，因为在熊市中，人们可以以某种价格卖出，甚至是一种他们不能以任何价格卖出其他东西的特许价格。所以这一切都是合理的，并且值得我们好好考虑，尽管也应该说，如果工业股票独自上涨到 147.73 点以上，这在本文发表前是完全可能的，就预示着接下来将是进一步的上涨。在从 1923 年 10 月开始已经运行了 23 个月的牛市中，应该引起注意了。

牛市预测的巨大交易量和明确的繁荣已经成为现实，并且似乎仍在继续。事实上，就股票平均价格指数而言，不久的将来最可能发生的一个预言被很好地建立了起来，也就是一段时期在高水平进行调整和巩固。这个时刻，先前双重顶的理论被证实非常

有帮助，例如，任何分别接近 9 月 19 日和 9 月 23 日的高点的收盘，接下来

目前，就由道琼斯股票平均价格指数得到的推断而言，主要牛市仍占

两个平均价格指数都会出现回调。

唯一需要重复的是市场值得观察。

《华尔街日报》 1925 年 11 月 3 日

支配地位，一些次级回调在预期当中，但还看不到熊市。

《巴伦周刊》 1925 年 11 月 9 日

展望未来

不断增长的动力让牛市持续前进超过了 2 年多，保守的人自然会问他们自己并互相询问，什么将最终阻止这个上涨运动，带来技术上的主要熊市。我们不可否认，股市巨大的力量已经在以下方面得到了证实，即显著的繁荣，充足的低息资金，农作物丰收及铁路好于历史中的状况。

我们也可以认为煤炭罢工被股市和整体经济合理地忽视了。我们也指出，这些地方即使存在总额为 20 亿美元的分期付款，房屋除外，这个数额也非常分散，以至于不会对经济造成伤害，除非同时在违约支付中出现一个不可能的数字。但是，这种状况的确预示了一些事情，这就给了我们一个清楚的预示，看到了经济接下来的回调。

在我们的历史中，从没有出现过现在这样从流动资金到固定资本的巨大转变。房地产的发展超出了所有的想象，并且其成本远高于以前任何时候。部分郊区没有开放土地销售，现

在，混凝土路从设计到完成，一英里的成本在 30 000 美元以上。在北卡罗来纳州阿什维尔半径 20 英里范围内，许多项目中，每个项目都涉及 7 英里的路，每英里耗资 44 000 美元。美国的每个城市都在进行这样的事情。佛罗里达州只是这次洪水中的泡沫，但是几乎无需说明的是，当迈阿密的土地比纽约第五大道卖出更高的价格时，最终的购买者必定会受到伤害。

尽管未来 20 年资金的趋势，与工资、租金和生活成本一起很有可能是向下的，但偶尔也会穿插着货币紧缩。有时，或许就在明年，我们将经历投资和投机资本明显短缺的时期，并且股市会首先知道这点。当整个国家随着繁荣和过度扩张的希望产生泡沫的时候，将会发展成一个主要的向下运动。我们像往常一样被告知："华尔街是这个国家唯一沮丧的地方。"

华尔街无疑能够经受住得住，因为它已经在过去的许多打击中变得顽

强了。目前就道琼斯股票平均价格指数得到的所有推断而言，主要牛市仍占支配地位，一些次级回调是合理的，但仍不到熊市。

《华尔街日报》 1925 年 11 月 12 日

价格运动研究

基于汉密尔顿书中阐述的道氏理论，我们在 8 月 14 日发表于这些专栏的价格运动研究指出，尽管工业股票自 1923 年 10 月以来出现了 51 个点的上涨，但进一步的向上运动仍在预期中。主要的牛市相应地继续运行，接着工业股票在 9 月下旬稍微回调了超过 3 个点后，10 月 20 日两个平均价格指数都记录了新的高点。

正如这些研究的读者所知，这样的新高点是进一步上涨的明确预示，这次上涨持续到 11 月 6 日，且包括 11 月 6 日，当时工业股票达到了历史纪录的最高点 159.39 点，铁路股票达到了 105.19 这一高点。11 月 7 日，一个次级回调成为了《华尔街日报》11 月 3 日过期的头条，它被描述为已经延期。我们可以注意到，与工业股票烟花似的表现相比，铁路股票的上涨非常保守。当 11 月 10 日工业股票出现 5.83 个点的剧烈下跌时，它们的平均价格指数回调了不到 1 个点。

这样的下跌十分壮观，甚至就像已有的上涨一样。《纽约世界》这样的报纸，遭受了所谓的反华尔街情绪的折磨，以 30 年前尚在争论的话题为依据，把这个趋势描述为"剪羊毛"。其他的报纸，以它们一贯的报道方式，自我满足于谈论最大的恐慌，就像 1873 年时那样。真正发生的是牛市中的一个次级回调，不多不少。

次级回调通常十分迅速，且回升得很从容。在目前整个上涨趋势中，这一直是实情。它们是一个警告，特别是在至今已经运行超过 2 年的牛市中。例如，如果铁路股票回升到 105.19 点附近，但没有完全达到这一点，同时工业股票从暴跌中反弹到先前 159.39 的高点，却没有穿过这个高点，两个平均价格指数随后展开了新的下跌，这将是一个强有力的理由怀疑主要上涨运动已经结束了，但是，在一个主要熊市可以被明确诊断前需要数周的交易。

我们在上次价格运动的研究中提到，目前已经到达牛市需要仔细观望的阶段。正如市场在过去 25 年中所表现的那样，平均价格指数仍是最可靠的晴雨表。

价格运动研究

《华尔街日报》 1925 年 12 月 17 日

　　尽管在这些价格运动研究中，使用了超过 25 年的道琼斯股票平均价格指数，它们大体预言了未来经济的进程，甚至自己的发展方向，它们有着与所有预言家不同的判断能力。它们并不是一直在给出预示。从读者兴奋的回应判断，对于这个话题的讨论十分流行，尽管研究者们一般正在学习使用这个主题的教科书，也就是汉密尔顿的《股市晴雨表》。鉴于平均价格指数正确预见到牛市的高水平，我们可以根据目前状况给出一些合理的看法。

　　铁路股票平均价格指数在过去几天已经创造了新高点，但 20 支工业股票在 12 月 15 日收盘时比 11 月 6 日记录的高点 159.39 点低了 5 个多点。很清楚的是，平均价格指数没有给出任何整体方向上有任何变化的信号。尽管工业股票中典型的次级回调还没有结束，但自 1923 年 10 月以来正在运行的主要上涨运动仍然有效。工业板块上涨到 11 月 6 日的水平以上，或者达到 159.40 点，整个市场将强烈地看涨。

　　事实上，为了给出一个下跌的预示，铁路股票需要有一个回调，类似于 11 月 6 日到 11 月 24 日期间工业股票 11 个点的回调，但幅度不要这么大。如果在这个回调后，或许仍旧只是持续上涨运动中的次级回调，铁路股票就不能完全恢复这次下跌，同时工业股票接近前期高点，但没有穿过这个高点，那么这可以大体预示出大趋势会有一个改变。一个主要熊市的开始不会太远了。全面考虑了各种可能性后，目前主要上涨运动的恢复有极大的可能性。无论如何，建立晴雨表显示出前方不好的状况需要花费相当长的一段时间。

　　我们在这些研究中常说，经验完全证实了两个独立板块的平均价格指数需保持一致，拒绝一个平均价格指数给出预示，却没有得到另一个指数确认的情况。目前，两个平均价格指数没有以任何有意义的方式一起行动。平均价格指数再次给出的最可靠的预示证明，现在铁路股票中出现了一个不低于 101 点，也不高于 105 点的窄幅盘整区域，当铁路股票的数字被突破时，将给出一个最可靠的做多点。

　　当然，这表明股票被大量地吸收了，最终限制了市场的供应量，并且迫使市场上涨到更有吸引力的水平，带来了新的抛售者。尽管工业股票有些犹豫，但平均价格指数仍预示着强烈的上涨趋势，当然这还有待观察。

《华尔街日报》 1925 年 12 月 22 日

测试股票平均价格指数

除了在这些专栏中，道琼斯股票平均价格指数被赋予如此大的重要性，经济晴雨表已经被有效地应用了25年，而且对它们典型特性的测试应该会受到全国各地研究者的欢迎。20支工业股票平均价格指数能正确反映整个工业市场在过去几年的大幅扩张吗？

这是一个独立的测试，它来自于一个国家级的专家，克利夫兰信托投资公司的伦纳德·艾尔斯上校。最近一次融合了200多支工业股票的价格比较中，他得出了一些推断，使他最终形成独立的观点成为可能。他说：

"《经济快报》中的201支工业股票构成了指数线，它们是进入了标准统计公司的表格的股票。这201支工业股票基于每个周一的收盘价格。这些数据并不是直接的平均价格指数，而是相对的。因为这201支工业股票，1917年到1921年的股市平均值被看做等于100，而随后的数据都以这个值为基础。"

"我认为这个结果加强了人们对指数和采样方法的信心。这是建立在根本不同的原则上的两个指数。一个基于另一个的10倍，不仅如此，标准公司的数据会根据外发股本量进行加权。然而，道琼斯平均价格指数仅在原始数据之下，几乎显示了每个微小的变化，以及第一系列的主要波动。1921年有些不同，而其他方面，两条线惊人地吻合。"

这个可靠的测试得到了非常有趣的确认，它来自于所谓的另一端。华尔街另一个真正的朋友，除非他要发表什么看法，否则也不会写信给编辑表达他的感情。他回忆道，在战争爆发后，证券交易所重新开张前，工业股票平均价格指数中只有12支股票。那时不需要更多的股票，并且在罗斯福执政时期，为获得足够的活力，将西部联合包括在这个板块中是必须的。

这位分析家的观点是延续使用1914年使用的12支股票，这样做为的是与道琼斯20支股票比较，看它们会怎么样。结果是，如果不比艾尔斯上校那样勤奋且有效地从201支股票中获得的结果更接近，那么也肯定与结束时差不多。当然，数量的减少可能会导致更大的偏差。希望3支股票就能显示出同样程度的可靠性是十分荒谬的。

我们似乎可以合理地推断出，假定有一个自由的市场，仔细利用活跃股票代替那些已经失去投机市场的股票，一个相对较小的股票数量构建了工业股票的一半，是完全值得信赖的——事实上，是股市晴雨表中铁路股票的一半。

《华尔街日报》 1926 年 1 月 26 日

价格运动

道琼斯平均价格指数反映出的和道氏理论解释的股市价格运动研究，在这个时候极具启发性。从 1923 年 10 月开始一直运行的牛市以后，结论很可能是踌躇不决，但又充满了趣味。20 支工业股票已经显示出了一个非常清晰的双重顶现象。1925 年 11 月 6 日，它们创造了这一运动的高点，这也是历史纪录的最高点，159.39 点。从这时开始，市场出现了一个非常显著的次级回调，且具有这种运动所有的典型特征，从而使工业股票平均价格指数下跌超过了 11 个点，在 11 月 24 日跌到 148.18 点。随后又反弹到了159.00 点，市场从这点再次发生了回调，并在 1 月 21 日回调到 153.20 点。

如果 20 支铁路股票给出了几乎相同的确认，这将具有极其重大的意义。但铁路股票没有分享到工业股票 11 个点的回调，它们轻微地下跌了 1 个点左右，又在 1 月 7 日创造了目前运动的高点113.20 点，并在该点出现了一个小于 5 个点的回调，在 1 月 21 日回调到 108.26 点。

如果要预示主要上牛市的恢复，就必须完全依据先前的所有经验，工业股票必须上涨超过 11 月的高点，而且铁路股票也必须上涨超过 1 月 7 日的高点。但是，由于工业股票已经创造出了一个意义重大的双重顶，如果铁路股票平均价格回升到 113.12 点附近，但又不到 113.12 点，随后出现回调，则预示着这个长期上涨运动快要结束了。

1906 年的例子向我们展示了，一个主要牛市不需要猜测，尽管它是从股票平均价格指数高点相互确认时开始的。由于股市晴雨表通常超前于国家整体经济 6 个月或更长时间，推断当然是 1926 年下半年贸易的扩张将受到抑制。

《华尔街日报》 1926 年 2 月 15 日

价格运动

道琼斯股票平均价格指数从没有比现在更难解读，也从没有过如此强的诱惑力。工业股票在 11 月创造了高点，铁路股票却没有响应。铁路股票在 1 月 7 日创造了 113.12 的高点，但是工业股票同时已经有了相当大的回调，然后又再次上涨，却没有创造新高。如果那个时候它创造了一个新的高点，那么整个市场将呈现出上涨的趋势，并且还预示着自 1923 年 10 月以来一直在运行的主要上涨运动的恢复。铁路股票从 113.12 点回调到 1 月 21 日的 108.26 点，然后，又反弹到 1 月 30 日的 111.36 点，随后开始下跌。这里还有另一个双重顶的情况，工业股票上涨到 160.53 点的新高，却没有确认铁路股票 1 月 7 日看涨的预示，这也许是表面的假设。它要求，并在写本文时仍然需要，铁路股票收回双重顶给出的看跌预示的确认。

在写这些研究评论的 25 年间，预测市场顶部的转变比预测底部的更难，这一直是经验。在经历了一个长期熊市之后，平均价格指数与假设的实际收益的价值线、股息收益和价值尺度间的矛盾，显而易见。但是在经历了一个长期上涨后，许多股票价格都依靠希望及可能性被卖出，尽管有部分股价还处在其真实价值内。任何一支

股票都有可能存在没有反映出来的巨大潜力。此外，市场或许是因为情况复杂，并且更确切地说，是因为晴雨表预示着国家整体经济的繁荣稳定，可能会在一段确切的时间里维持在距顶部相对较小的范围内波动。这样的例子确实很多，在猛烈的熊市被建立起来以前，市场在离顶部不远的范围内维持了近一年。

我们很难说平均价格指数目前上涨的趋势令人信服，并且两个平均价格指数中一个相对小的变化，明确地使它们呈现出下跌趋势。市场目前的波动至少像过去那些长期上涨运动的顶部所发生的波动一样令人惊奇。

《华尔街日报》 1926 年 2 月 22 日

理论上的价格循环

道琼斯平均价格指数的研究者有时会问，为什么不能同样从价格记录中推断出更长的周期？他们认为从 1909 年到 1917 年的熊市可以从 20 支活跃铁路股票图表中推断出来。如果我们这样明显地忽视主要运动，那么可以描述出工业股票从 1897 年持续到 1919 年的牛市。这些年，没有一个低点达到过 1897 年的水平，并且 1919 年的水平至今仍是工业股票上涨运动的顶点。

对于我们这样的评论做出的回答是，如此长的周期相对于任何预言都是毫无意义的。差不多可以说，美国 100 多年前的上涨运动开始了，并且，

它仍然处在次级回调的过程中，类似于饥饿的 90 年代，或恐慌的 1873 年到恢复硬币支付（1879 年）的期间。这只能说明，在生命安全和财产得到保证的情况下，拥有巨大地理优势和进取市民的国家能够有所发展。

这还得不到晴雨表式的推断，即使我们国家的历史中一直存在着一个股市晴雨表，那么可能所有人都能一致预测到国家经济的增长。道琼斯股票平均价格指数建立起的股市晴雨表相当重要，它预测了经济中有帮助的变化，3 年的上涨，12 个月的回调及 2 年的回升。使用望远镜观察那些就在

我们脚下的东西，是没有意义的。股票平均价格指数多年中都以一种不规则的确定性领先于价值线向上的趋势。

就这些长期的运动，其中最重要的一个是铁路股票平均价格指数于1909年的巨大下跌，正好到了工业股票1921年和平时期后的独立上涨运动。那时我们收到了无知的立法及过度监管的严重影响。如果愚蠢的政治家们有自己的方法，那么这个富裕的国家可能就不会永远继续兴旺，这是一个警告。市场中有一个回升，很大程度上是受到了政府铁路管理中大实验教训的刺激。在过去的4年中，我们的运输系统一直在不断恢复，如果铁路不是政治煽动家们的目标，那么铁路贷款就不是它们应该怎么样，而是它们会怎么样。

我们反映在平均价格指数中的主要运动，与超过2年的牛市及超过1年的熊市，足够长到具有了代表性，又足够短到了具有帮助性。平均价格指数的功能不是为了记录历史，而是为了反映即将到来的事件，正如谚语所说，事发之前必有征兆。

《华尔街日报》 1926年3月4日

测试股票市场

当20支工业股票在两个交易日内下跌超过了7个点，一种情况被建立起来了，那就是这不但相当精确地测试了多头账户的力量，还测试了投资需求的真实性和确定性。平均价格指数下跌如此严重，是由消化股票部分异常脆弱引起的，并且在这样一个暴跌中，用保证金持有股票的人抛售股票，因为在某种价格上存在一定的市场，为了在这一问题上自我保护，市场几乎已经消失了。

这样的一个市场大跌后，市场出现了一个完全一致的反弹。下跌运动趋向于自我泛滥，并且就像过去25年的历史中所显示的那样，通常会出现60%左右的回升。这次回升期间，支撑市场以帮助脆弱的持股人的强大利益集团，派发了他们被迫购买的股票。市场未来的发展是依靠它的能力吸收这些股票。

市场在自动回升之后，接着出现了半恐慌式的暴跌。市场通常会再次缓慢地一天天廉价地抛售股票，罕见地接近了前期的低点水平，也就是在第一次狂热抛售时建立的低点。这样的暴跌并不标志着主要运动的结束，虽然它们在这种情况下已经发生了。在可查的股市记录中，最严重的就是北太平洋公司1901年5月陷入困境时所引起的暴跌。

市场在那种情况下，出现了一个像这里描述的回升，接着是一些迟来的清算。这次以后，随着麦金利第二次当选开始的主要上升运动继续运行，直到 18 个月后，1902 年 9 月才结束。

与股市总上涨量相比，周一和周二的下跌还没有建立起 1901 年那次暴跌后极具吸引力的低水平。目前回调中的购买者或许已经感觉到，尽管工业股票已经比平均价格指数的高点低了 14 个多点，但这个价格仍高于所有的记录。假设已经运行了近 2 年半的牛市进一步上涨，将意味着一定程度的乐观主义，可能最终不能得到国家整体经济的证实。

有一种古老的逻辑上的错误推论，即"因果谬误"，它把镍牌铁路决议与股市中最近的暴跌联系起来。我们可以更明智地说这个牛市已经运行得太快且发展得太远了，以至于业余的基金变得过于冒险，银行资源受限，并且投机结构被建立在一个不稳定的基础之上。真正的考验并不是现在，而是在为支撑市场购入股票的下一个回升清仓时。

一些股市心理学

《华尔街日报》 1926 年 3 月 5 日

我们 3 月 3 日在这些专栏中指出，镍牌铁路决议不可能是引起工业股票在持续超过 8 个交易日里下跌 18 个点，甚至再铁路股票中下跌 8 个点的原因。在决议公布前就已经发生了 6 天的下跌。唯一与这个决议相关的新闻是，《美国纽约报》在 2 月 27 日直截了当地做出声明说："这个决议将受到欢迎。"这在别的地方像是一个不幸的猜测，并作为"新闻"受到了谴责。

当股市使其自身成为报纸头条时，总编辑要求其中有一些惊人的理由。这些标题的作者不会知道如何处理心理上的和数字上的成因，即使这种报纸的所有者，即一个好奇的无知阶层，不能理解已经超过其原因的牛市的心理学。由于这个专栏的读者是以不同顺序解释了市场发生了什么，结论也就变得十分简单。

假设一位投机者正确认识到了主要上涨趋势，并且在价格为 90 点时，买入了 100 股。当价格涨到 100 点时，他赚取了 1000 美元的利润，并且再次买入了 100 股。他的账面利润每上涨 10 个点，就买入 100 股，直到在 140 点时做出最后的买入，这时他账面的总盈利是 15 000 美元，总共买入了 600 股。如果市场之后回调到 120 点，他则损失了 12 000 美元的利润，这里没有计算他的佣金和持股成本。我们可以注意到，50 个点的上涨中如果发生 20 个点的回调，就可能消灭掉其大部分的利益。

这正确描述了上涨后达到的牛市第三阶段和最后阶段的实质性弱点，这个阶段是基于希望和可能买入股票，而不是基于它们的价值，即使一些股票仍然值这个价格，也就是按照它们实际的收益能力和股息收益卖出。任何微小的事情都会破坏这样的一个市场，并且随后的猛跌使好的股票与差的股票一样受创，因为人们为了某种价格上存在保障的市场而抛售股票，以保护他能以某种价格卖出。

我们不能抱怨晴雨表没有给出警告。2月15日，在这些专栏从《巴伦周刊》转载的"价格运动研究"中，上涨运动就像过去25年的这些研究一样，清楚地显示出了它的结束。汉密尔顿的《股市晴雨表》中清楚地阐述了这个记录，自20世纪初开始，《华尔街日报》的预测都是针对于15个主要运动。

在这里讨论的下跌中，一个内在力量的证据是市场从来不会无法控制。愚蠢的报纸喜欢用的"恐慌"，其实这个词并不适用。

《华尔街日报》 1926年3月8日

价格运动

2月15日，在专栏发表的价格运动研究中，铁路股票和工业股票的平均价格指数在本周初达到距最近牛市最高点低于2个点的位置，接着就有了下面的这段话：

"我们很难说平均价格指数目前的上涨趋势具有说服力，并且两个平均价格指数较小的变化，使它们明确看空。市场目前的波动至少像过去那些长期上涨趋势的顶部发生的波动一样令人吃惊。"

这种含蓄的分析可以说已经表明了市场的顶部，或者说对于所有实际目的来说，已经十分接近了。工业股票和铁路股票都创造出了意义重大的双重顶。2天之后，在2月22日，前者记录下了161.09点，而后者记录下了111.22点的点位，创造了先前提到的无法令人信服的实例。从那点产生的回调足够令人信服。3月1日和3月2日的暴跌显然十分严重，但在这些研究中，时间并不是最根本的因素。解读平均价格指数，以及明确界定主要和次要趋势时，如果需要花费两周或十周的时间，后者之一则同样具有说服力。

似乎足够清晰的是，主要运动在即将到来的一段时间里将呈现出向下的趋势，并伴随着熊市中市场可以观察到的次级反弹，这通常在其早期阶段具有极高的欺骗性。关于它，没有规律，但要完成这样一个运动最短需要8个月，而且记录中至少有一次熊市，也就是在世界大战前的那次，下跌耗费了2年多的时间。就如许多事件是由战争引起的一样，这也是一个例外，因为我们似乎不可能再次看到市场必须承受几乎所有持有美国股票的欧洲人的清仓。

根据股票平均价格指数目前的预示，1926年将是一个下跌年，尽管当前的前景是熊市中的次级反弹。在价格运动中考虑市场下跌的原因，超出了这些研究的范围。我们可以肯定地说，过去每次下跌最终都会得到国家经济随后发展的充分解释。

《巴伦周刊》 1926 年 3 月 29 日

道氏理论的测试

当明智的人们讨论解读股市的方法时，不是作为股市未来进程的指导，就是作为整体经济的晴雨表，他们不会问这样的方法是否符合形式逻辑上最严格的规则。他们采取的态度显然与威廉·詹姆斯的实用主义一致。他们问这个方法是否有效。他们不期望不可能的事，并且就像已故的詹姆斯教授，完全准备好抛弃任何证实是错误的或者能被更好的方法替代的假设。毫无疑问，道氏理论的股市价格运动再次成功通过了对其有效性和可靠性的严格测试。这要求在完整的牛市顶部，市场恰好转变，以及主要下跌运动的开始。我们在专栏中以这个理论为基础进行推理，甚至指出了价格持续 8 天暴跌后反弹的程度，并成功预测出这个走向低点的暴跌随后会自动反弹。

需要记住的是，汉密尔顿先生的《股市晴雨表》拒绝采用像生铁价格、运转鼓风炉，甚至是货币利率等信息补充晴雨表。他说，如果价格运动没有包括这一切，加上其他每个可能对股市产生的影响，道氏理论和他最近对理论的解释都不可能得到认同。冷静的晴雨表是无私的，因为构成每次抛售和购买的行为都是个人兴趣。它的结论是那些买入和卖出股票的人们所有愿望、冲动和希望的平衡。整个国家的经济必定被反映在所有思想的结合中，它不是作为一个不负责的辩论社团，而是作为一个善于倾听的陪审团，其成员一起，促使律师或法官告诉他们应做出所谓冷酷的市场决定。

《巴伦周刊》 1926 年 4 月 12 日

市场预言

我们事后才明白，我们中的一些人能够看到困境到来，然而他们不会得到感谢。或许，他们最终可能会得到感激，例如，过去当《巴伦周刊》记录道琼斯平均价格指数显示出主要上涨运动正随着即将发生的经济衰退而结束时。那些不幸在顶部被套牢很久的股票，完全是人性使然，人们倾向于说预言家要对其预见到的回调负责，因为他扰乱了公众的信心。这是一种肤浅的影响，很快就会逐渐消失。当《巴伦周刊》说，市场在未来某个时间将转向主要上涨运动时，对正确预见下跌而感到愤怒的人，只需一两次幸运的购买，就会告诉他所有的朋友，这个出版物是多么正确。这些都是日常工作，没有出版物会在解释新闻的意思中缺少责任感，这只是因为它的推理结论会冲击其读者一些乐观的预期。

如果报纸愿意抬高价格，提高发行量，是相当容易的。真正困难的是维持客户，没有什么特别的方法，除非有一个政策可以控制他们的信心。我们不难看出，股票市场在 2 月中旬转向之前，一个数量相对巨大的合伙经营过度利用了"控股公司"的概念，期望能以过高的价格卖给不明情况的公众，如果市场曾出现过这样的价格，只能被持续繁荣发展的现象证实。当市场使得这些合伙经营的人遭受到重大损失时，人们或许会对他们表达出一些同情。至少可以把部分同情留给这种投资者，他总是真诚地对待他们所有关于自己严重损失的陈述。专业投机者没有辩护，他们怀疑这种脆弱性，并且卖空攻击市场。空头只有当其他人亏损时才能赚钱，并且他的行为在某种程度是不合群的，但却极其有用，因为卖空完全可使市场在危险的点位下跌，并且减少经纪商放贷的数量。

就目前市场而言，它的激烈震荡结束了。钟摆的弧度回缩到合理的日间运动，目前没有给出特别的预示，并且肯定不用收回 7 周前研究价格运动时在专栏中得出的推断。

《巴伦周刊》 1926 年 4 月 26 日

道氏的晴雨表

道氏理论的股票价格运动，与它主要的上涨或下跌波动，或反弹及其第三种日间波动运动，产生了一些吸引力，希望获得一些东西指导聪明的投机者，而不只是做出判断。同样，查尔斯·道几乎没有发展道氏理论，如果他更加完善理论，也只是给市场运动本身在有限的范围内设计出一种值得信任的指导方针。汉密尔顿在书中指出，《股市晴雨表》对国家整体经济具有更大的参考价值，并且在这方面有高度的晴雨表价值。许多平均价格指数研究者给《巴伦周刊》和《华尔街日报》写信做出明智的批判或询问，然而，事实是，他们对市场运动的预测比对整体经济的预测更感兴趣。结果是，他们总是对晴雨表抱有过多的期望。

他们似乎曲解了它，或试图从公众情趣的细节特性中把它抽取出来，这不但不能有，而且不应该有。但事实上，当市场开始一个主要下降运动，优质股票会和劣质股票一样遭受损失，接下来 20 支工业股票或者 20 支铁路股票，任一板块的平均价格指数绝不能够对任何特定的股票提供可靠的指导。这支股票当前的趋势可能与整体趋势相反，特别是在迟钝且没有特征的市场中，主要运动的严重性已经被减轻了许多。当这些咨询者们也试图根据双重顶或双重底所显示回调或反弹转变策略时，这是非常不明智的。

如果道氏理论能够提供任何有用的指导，至少也是有争议的，并且不应该被忘记的是，它规定了一个平均价格指数需要被另一个确认。这一直发生在主要运动的开端，但当市场转向次级波动时，通常不会相互确认。对于始终以保守著称的"股市晴雨表"，其核心理论也如书名一样谨慎。在得出判断时，它很少做出绝对化的结论，所以作为经济晴雨表的价值也因此得到了提升。

《巴伦周刊》 1926 年 9 月 20 日

股票平均价格指数与孤立性

20 支工业股票的平均价格指数在 9 月 13 日下跌了 3.19 个点，但事实上，通用汽车抛售之前股票的股息导致了平均价格指数减少 3.35 个点。这固然与市场中等量的暴跌不同，因为没有明显的下跌是因为对这些证券信心的缺乏。因此，问题是为什么没有产生出一些区别呢？答案是简单的平均价格指数没有受到影响。由那个数字测量出的价值已经永远从 20 支工业股票中扣除了。无论原因是什么，它们的平均价格指数都已经贬值了。当没有真正的不同时，为什么要有区别呢？投资者不可能两者兼得。实际上，在已证明的价值和投机预期中，长期上涨结果应该是这样一种积累财富的分配。

克莱伦斯·沃克·巴伦最近写了

他把所谓的"独立性"作为攻击证券及确立特性的一种启发和理解。股票在寡妇、孤儿和小额持股人间被派发，以至于管理者发展保守主义到了堕落的程度。我们可以认为，通过把收益放回资产中，强化其合理的股息，却不料它实际上在与自己竞争，并且新资本的投入不会产生先前的收益。对既好强且又有远见的管理的激励被移除了，公务员们有了一份安稳的工作，并且不用冒险。他们认为自己终生都有了保障，却忘了股票持有人某天醒来发现对任何实际的收益来说，这种表面上坚不可摧的再投资盈余已不复存在了。

通用汽车从平均价格中扣除股息是一件好事，如果这种分配更频繁发生，那么这会对国家的经济更有利。

《巴伦周刊》 1926 年 9 月 27 日

平均价格指数与意外事件

股市是如何看待意外事件的呢？它的运动绝对是基于能被预见到和评估出来的事件的总和。然而有一些事情的发生显然不在这个范畴内，例如，旧金山1906年的地震和火灾，或者上周的灾难，破坏了佛罗里达州一些最新的且最有希望的发展。我们可以认为股市对意外事件的态度是有预防性的。周一随着加勒比海飓风新闻过后，20支工业股票的平均价格指数下跌了1.6个点，同时20支铁路股票平均价格指数也下跌了0.51个点。根据极端估计，这次飓风造成的损失大约为6亿美元的1/4，而6亿美元被认为是旧金山地震及火灾的全部损失。没人会怀疑，后者现在的总额比20年前严重得多，要求持续超过数月的重建总额不会超过1亿美元，这并不会改变股市的大趋势。

这是对市场不夹杂任何感情的评估，然而对于旧金山灾难指出的牛市中合理程度的次级回调会产生什么，完全没有价值，飓风打断了市场1天左右，市场在主要趋势方面，或许可以说一直在明确地上升。因此，小回调可以被看做市场的保险费。它接受了报纸的歇斯底里及有保留的估计。正如《华尔街日报》以编辑的身份所指出的，破坏不是绝对的，虽然十分严重，但只是表面的。投入房地产发展的基本部分维持不变。修理污水管道系统、街道和其他新建社区基础设施只是几天的问题。建筑物的损坏造成了损失，然而那些显然不是最昂贵的建筑类型，即大型钢铁结构。这毫无疑问完全让股市掌握手中的力量。

《巴伦周刊》 1926年10月18日

价格运动

尽管20支工业股票和20支铁路股票平均价格指数都没有预示出一个主要下跌运动的开始，或者预示出超出主要牛市中常见的次级回调，但是平均价格指数的表现出现了一个清晰的变化，这个变化足够严重到需要解读股市晴雨表。在一个到现在持续了3年，或者说从1923年10月开始的主要上涨运动中，工业股票指数在8月14日创造了这个运动的高点166.64点；同时铁路股票指数在9月3日创造了高点123.33点。从那时起，市场形成了宽幅但一致的派发窄幅盘整运动，工业股票指数在大概7个点的范围内波动，铁路股票指数的波动范围也很接近这个数字。可以说，两个平均价格指数都跌破了这条窄幅盘整的低点，但需要记住的是，这个低点是建立在一个巨大的交易量上的。事实上，这个交易量大到足以消除意外情况的影响，如在一个板块中少数几支股票发生了轰动性的上涨；或者通用汽车股息的扣除，引起了工业股票指数出现一定程度的技术性下跌。

应该在这里提到的是，鉴于平均价格指数的高点，我们可能允许自己在这样的窄幅盘整所局限的范围内有更多的自由,特别是在工业股票指数中。很明显,价位在 166 点的股票出现 7 个点的下跌,其波动远没有价位在 83 点时的严重。如果数字在 40 多点,将会是一定比例的暴跌。

关于 2 月中旬到 6 月中旬的严重暴跌和反弹,我们必须采取一致的态度。就工业股票而言,它们达到了 27 个点的下跌。如果我们能忽视时间因素,在先前的几天,其自身几乎已经构成了一个主要的熊市。这既不在春季暴跌中被看作是主要牛市中的次级回调,也不是反弹中铁路股票如此大的波动。从 3 月 30 日低点到 6 月穿过了 1 月高点的范围,以及一个新牛市的建立,与工业股票中更剧烈的运动相比,这只是一个保守的全面波动。

就股票平均价格指数现在的位置而言,市场显然存在一个大量的股票派发,在耀眼的工业股票中如此,在更冷静的铁路股票中也是如此。后者

表面上的投资买入目前没有被充分证明可以吸收大量的新股,并且维持之前的高水平。对于任何一个预言的价值,任何方向的大幅运动都要求人们合乎逻辑地解读晴雨表。

主要牛市的重新建立要求铁路股票发生超过 8 个点的回升,及工业股票发生超过 17 个点的回升。相反,如果进一步下跌,使铁路股票下跌超过 12 个点,工业股票跌到 135 点附近,低于 3 月暴跌的点位,若进一步下跌 14 个点,将产生一个不可否认的看空信号。

根据股票平均价格指数先前的经验,反弹没能达到之前的高点,接着是实质性的下跌,就像最近发生的那次下跌,将明确看跌,即使在两个平均价格指数于 3 月底重新建立起之前的低点以前。

目前,上涨已经不在这个大牛市中了,并且,如果我们忽视了记录在平均价格指数中最短的主要熊市,那么追随这个市场达 3 年,甚至 5 年的投机者,就不能抱怨他没有长期拥有资金。

《巴伦周刊》 1926 年 11 月 8 日

平均价格指数对照

道琼斯平均价格指数的研究者似乎没有注意到 20 支工业股票和 20 支铁路股票中存在一个显著的矛盾。然而,事实是除了 1919 年结束的牛市外,铁路股票通过政府所有制退出了投机类别,平均价格指数总是在它们主要运动同时向上或向下时相互确认。这个

矛盾是一个熊市或牛市范围内组成更长时期运动的对照,无论如何,这个矛盾都扩大了。1903 年,铁路股票创造了一个低点。1907 年的低点显示出了进一步回撤。1917 年的低点依然更低,1920 年和 1921 年也是如此。从 1906 年获得最高点 136 点是事实,此

后再也没有达到过这个高点。在同样的18年间，工业股票1907年的低点也没有下降到1903年的数字。这比1917年的低点更低，而1917年的低点再次低于1920年的数字。

我们在这里看到了铁路股票18年间的回撤，并伴随工业股票的上涨，且工业股票的上涨在过去3年一直继续。内布拉斯州参议员诺里斯不久前说道，铁路总是成为政治问题，而补救办法就是政府所有制。铁路股票已经被强行拉入政治中，工业股票则不受干涉，相对自由，这还不明显吗？我们不能在其他方面解释如此惊人的利润与价值的比较。如果国会试图在其固定利率或定价的准司法职能中压倒洲际商务委员会，铁路将被迫保护他们的股东。处在类似无能力情况下的工业公司有必要采取同样的政策。但是，就每天没有理由的政治迫害，有什么事情能更清楚地表明国家基础工业面临着巨大破坏呢？世界上多少其他国家能面临如此的障碍而继续它的运输业？

《巴伦周刊》 1927年1月17日

诊断市场

对于那些遵照众所周知的道氏理论和重视技术性不强却通常令人满意的"双重顶"思想的股市平均价格指数研究者，目前的位置应该十分有趣。我们认为，1923年10月开始的牛市高点，创造于工业股票8月14日的166.64点，铁路股票是9月3日的123.33点。10月7日工业股票回调了，然后又再次反弹到166.10点，制造了一个双重顶。同时12月18日铁路股票出现了类似的情况，达到122.48点，它们从这个价位开始，发生了回调。工业股票从9月7日到10月19日下跌超过了20个点，接着是超过了16个点的反弹，随后又回调到目前的水平，在写本文的时候，它远低于12月的高点。像往常一样，铁路股票的波动远小于工业股票的波动。但是粗略地说，两个平均价格指数显示出相似的趋势，并且各自都没有恢复先前的高点。

这是一个警告信号，特别是在持续3年之久的主要牛市后，使至少两次的壮观回调显得突出。目前情况十分壮观，铁路股票的一些力量可以合理地归因于这样一个事实，20支铁路股票的股息率超过一年时间就可以轻易高于支撑资金市场的上涨位置。这通常是一个好的看涨论据，但是它在过去为了一个好的理由而被足够频繁地过分考虑了，而低息资金自身也证明不了什么。扩张工业的要求可能使资金市场紧张，但这仍是一个股市强烈看多的论据，它们甚至不能基于股息率继续进行。银行家可能在公众信心动摇与工业活动收缩时所关心的相比，拥有更多的资金可以贷出。市场中明显存在一个开放的大多头账户，它在资金支持方面没有任何困难，却可能被怀疑为渴望的派发。如此存在的下跌讨论可以被描述为潜在的。市场似乎需要更多的提示，根据不完美的诊断，平均价格指数相当明确地发出了警告。

价格运动研究

《华尔街日报》 1927 年 4 月 23 日

股市 4 月 21 日收盘时，工业股票平均价格指数创造了目前牛市的新高，一直在 166.66 点，刚好穿过 1926 年 8 月 14 日创造的高点 166.64 点。根据久经考验的道琼斯股票平均价格指数的解读方法，尽管这个向上的主要运动持续了不同寻常的一段时间，但是铁路股票对这种新高的确认一直是积极的看涨。

事实上，牛市可以被认为是从 1923 年 10 月开始，发生在记录中最短的熊市以后。我们似乎不能确定准确的开始时间，但至少工业股票在战争前就已经开始了，因此回调，也就是道氏理论的第二种趋势，一直十分严重，并且在 1926 年春季发展得相当显著。价格已经很高，所以不能涨得更高，这种想法是错误的假设，已经再三地被证明是不正确的，对于做空投机者的挫败，实际上是因为他们与那时盛行的看涨情绪不一致。价格虽然很高，但铁路股票仍比在 1902 年的记录低了几个点。

一个强有力的情况或许适合假定工业股票已经在一个多月前给出了做多的信号，因为市场中出现了通用汽车和伍尔沃斯两次大的股息扣除，要不是这些特殊分配碰巧在关键时刻出现，工业股票平均价格指数可能已经确认了铁路股票的平均价格指数。然而根据道氏众所周知的理论，超过 25 年的平均价格指数解读方法，认为这样的扣除与市场下跌相同。这个推理十分充分并看起来令人信服。

毕竟，我们不能两者兼得。我们不可以拿走平均价格指数中一个或多个股票的价值，以一种或多种形式分配给股东，而不使股票的价值降得更低。我们发现这个问题在很长一段时间里自我调整，并且如果我们一旦开始破例，就会对晴雨表的真实性产生怀疑。然而，这种观点在类似的探讨中值得考虑，即使它现在与过去相比已自动变得更加学术了。

我们从再次强调看涨的情况中可以得到一个结论。晴雨表告诉我们，对于国家经济来说，前方是转好的趋势。市场代表了每个人所知道一切的总和，它超前于任何可能的经济表格或图表数月，这是长期的经验。平均价格指数将在繁荣时期记录顶部，并且，当它们向下转变时，我们应该像往常一样被告知，华尔街是"这个国家唯一沮丧的的地方"。同时，平均价格指数表明，经济似乎维持着其总量与特征，一直到最高效的贸易望远镜所能看到的前方数月。

《巴伦周刊》 1927 年 5 月 30 日

看一下股票平均价格指数

自从《华尔街日报》4 月 23 日发表了《价格运动研究》，并在专栏中转载以来，道琼斯平均价格指数的表现一如往常，几乎一直连续不断，这没有任何价值。当时工业股票平均价格指数被解读为确认铁路股票给出了做多点，并且根据所有先例，设想市场很快会有进一步上涨。在撰写这篇文章的时候，工业板块已经上涨超过了 5 个点。股市晴雨表通过没有任何方法都不可能预示这样的上涨幅度。日间微小的回调根本没有价值。一个次级回调后，接着是一个回升，却没有延续到前期的高点，基本上两个平均价格指数必须相互确认，才有重要意义，谨慎的观察者时刻注意着双重顶有益且通常可靠的警示。对于一段低息时期，一些总体考虑是值得人们片刻的注意。这种状况有时具有欺骗性，因为所有信号都在干燥天气时失效。

在这里提到的价格运动的讨论中，假定上涨中许多的购买实际上是投资，因为在资金利率低时，股票仍可以被认为是基于股息率使自己继续进行的。就此而论，我们可以粗略地说，市场存在永久性和试探性两类投资。

如果股票被带出华尔街，这必定会减轻证券交易所经济商放贷的数量，并改变它们的重要性，这些股票很可能以银行贷款的方式遍布全国各地，形成良好的流动抵押品，银行家将拥有比他知道如何有利用资金更多的资金。这种情况十分危险，如果不利状况的积累导致公众信心受阻，股市将会是第一个感受到的地方。纽约以外持有的股票将迅速回到市场，并且即使一些抛售看起来像是一个空头账户，保护性的价格暴跌还是很可能非常严重。当一直在旧金山借款持有股票的人通过电报卖出股票时，他不能在 4 天内把股票完好地送到，所以在这段时间，经纪商必须借入股票。这是脆弱的空头账户假象。这种技术状况正变得十分有趣，并且未来的几个月更加如此。

《华尔街日报》 1927 年 7 月 15 日

价格运动研究

我们把道琼斯平均价格指数作为市场运动的晴雨表进行谈论，并且，根据过去经验，它同时可以作为国家整体经济出色的指导。我们在 4 月 3 日指出，铁路股票和工业股票平均价格指数预示了 1923 年 10 月开始的长期牛市将出现进一步上涨。股票平均价格指数表现一直如此，并且两个板块都进一步上涨了 6 个点左右。

市场随后出现了下跌，20 支工业股票下跌了 5 个点，铁路股票也出现了相同程度的下跌，这次下跌在 6 月 27 日结束了。这是一次典型的回调，也就是主要牛市中的次级运动，这次回调像前期上涨一样表现相同。市场在下跌后停顿了好几天，但是很快就发展了力量，并且不只恢复了这个次级回调，两个平均价格指数还在同一天各自创造了新高。因此，根据所有先前的经验，这强烈地预示着上涨趋势。

如果平均价格指数都各自恢复了 5 月 31 日和 6 月 1 日开始的次级下跌的大部分，却没有达到之前高点，然后又发展出另一个回调，这个常见的双重顶预示就很清楚了，根据前期经验，这或许标志了记录持续到现在近 4 年的长期牛市的结束。

当两个平均价格指数都穿过之前的高点，似乎清楚的是，股票的浮动供给在这些水平被吸收了，对于那些携带股票去其他地方的持股人所持有的股票，已经成功地被一些新的买入者持有了。因此，在认识到任何数量的股票被刺激变现前，这个技术位置都是上涨趋势，并有一个更高水平的预期。市场在说，就每个人所能看到和股市所能反映出的最远未来，国家经济前景良好。市场似乎已经反映出了不利的状况，如洪水产生的不利影响，密集的新债券发行，以及最重要的农作物之一玉米令人失望的前景。

当然，没有一棵树能长到与天亦高。但事实是市场已经反映了一切，除了完全意外的事件。它没有公开声称可以预见到旧金山地震，或者类似于北太平洋公司陷入困境的事故。而且对于世界大战是否被预见，以及在实际爆发之前，是否已经在一定程度上反映在那个长期的熊市中，人们意见各不相同。

无论如何，股市晴雨表目前指明前方天气大好。

股票平均价格指数的结论

《巴伦周刊》 1927年8月15日

值得注意的是，当股市于一个长期上涨期间在非常高的水平产生快速回调时，总会有一些特定的理由吸引公众的想象，不是那显著的报纸头版的理由。自从专栏中上一篇"价格运动研究"预示了壮观上涨以来，市场经历了一次典型且几近粗暴的次级回调，这个回调表面上是因为不确定的政治前景。方向改变或主要运动中断通常有其他解释，至少会补充出一个吸引公众想象力的解释，这是一条好经验。换句话说，股票上涨已经变得有点粗鲁了，并且许多事情中的任何一件都可能构成最后一根稻草。相反，正如《华尔街日报》前几天指出的，当大幅上涨的市场看不到它的路时，会通过回调到所谓的安全水平来自我保护。

这就像密西西比洪水和特定的不利发展在一个上升市场中被忽视一样。因此，很可能如果平均价格指数揭示的状况一直基于更可靠的基础，华尔街就不会给予柯立芝先生退出总统竞选太多的关注。公众倾向于急切地下结论，我们常常会收到关于目前回调是否标志着熊市开始或只是次级运动的询问。答案是，根据众所周知的股市晴雨表的解读方法，现在只不过是主要牛市中典型的次级运动的预示。我们可以看到，较高水平的次级运动比它们在平均价格指数早先历史中的更加剧烈，但有两个暴跌例外，分别是1910年北太平洋公司陷入困境和1906年旧金山地震。

因此，市场可能发展出各种常见的运动。即使根据去年的先例，这个次级回调也可能会走得更远。市场可能发展出吸筹或派发的窄幅盘整运动，根据具体情况，平均价格指数也可能回升到之前高点附近的地方，然后再次下跌。最后的运动意义相当大，因为它将涉及牛市中的双重顶，持有一支待涨的股票已经得到了全国筹集资金。

价格运动研究

《华尔街日报》 1927年10月4日

用25年前由已故的查尔斯·道制定的道琼斯平均价格指数的解读方法来看，目前显然是看涨的预示。长期经验证明，20支工业股票和20支铁路股票创造主要运动的新高时，预示了整个市场将会出现进一步上涨。这绝不包括两个平均价格指数同时运动，但是一个指数必须得到另一个指数的确认。

工业股票次级回调后创造新高以来，已有好几个星期了。铁路股票直到上周六才确认工业股票的新高。事实上，如果铁路股票没有与工业股票相互确认，且开始了新的次级回调，那么将是明确地看空预示，这在一定程度上表明了主要运动的变化。在影响和实施中，这相当于价格运动研究者认为的双重顶。

这样的预示可能发生在熊市结束时，也可能发生在大牛市的顶部。1921年秋季，在持续2年左右的相当长的市场下跌后，一个平均价格指数创造了新低，却没有得到另一个平均价格指数的确认。这实际上标志了市场转向，并且开始了一个上涨运动，只在1923年被简短的熊市运动打断过。市场现在没有那样的复杂情况。20支工业股票超越8月2日先前高点的确认行为，或许可以被认为是证实了股市晴雨表。

所有这些都没考虑一个事实，那就是股票价格相对来说非常高，并且到现在上涨了整整4年。除了提出了"没有一棵树能长到与天齐高"这个老套的概念外，也不需要说教了。股市明确地说，交易看起来不错，并且似乎可以延续到一般信息所能估算到的最前方，假设华尔街是储水池，包含了人们所了解的与交易有关的一切信息。这个假设已经被充分证实了，就是为什么平均价格指数能反映出来的事情，比任何个人所能了解的，或者最富有的团体所能操纵的事情还要多得多。

我们应记住的是，在这些高水平，次级回调趋向于比平均价格目前数字一半的位置更加剧烈。在目前的上涨运动中，至少有两个回调，具有一个准确的次级特点，它们几乎与实际的主要下跌运动的幅度一样大。

《巴伦周刊》 1928 年 3 月 5 日

价格运动

相当谨慎地说，就主要运动而言，股票市场平均价格指数看起来或许是下跌趋势。工业股票在1月3日创造了203.35点的新高。没有得到20支铁路股票创造新高的确认，而是铁路股票中的双重顶给出了下跌的暗示。铁路股票反弹了10个点，达到143.44点后，没有再次回到10月144.82点这一高点，因此，预示变成相反的了，暗示已经持续4年多，且记录在道琼斯股票平均价格指数中最长时间之一的主要运动可能已经结束了。

尽管一个板块跟随另一个板块创出新高或新低的失败强烈暗示了主要趋势的改变，正如这些研究中指出的，直到两个平均价格指数都没能创出新高或新低，我们才能充满信心地做出趋势改变的预测。

尽管偶尔有一些向下端进行的运动，回调变得平缓，但是十分明显的是，在写本文时，两个平均价格指数差不多都回调了10个点。我们常说，股市晴雨表从来不在价格运动的讨论中预示持续的时间。即使目前的运动有希望可以温和且人性化，但熊市比主要上升运动短得多。整体经济情况中没有实质性事件会导致巨大的下跌，就像1919年后期开始的那次。

似乎预示的是，那些用远低于目前水平的价格买入股票的人，或者发现不能对多头侵略性行为做出回应而感到失望的交易者，创造出了在不确定时期以保护性抛售为特征，大部分获利了结的行为。目前的状况有些选举年的特征，接下来市场会表现出商业利润减少和部分政治及工业的不确定性。基本价格没有受到影响，也几乎没有暗示人们应该抛售可靠的投资，只因为表面价格调整没有依循任何获利能力的真实下跌或经营恶化的要求。这样的市场很可能在与前期高点差别不大的水平上停止不前，至少在等待总统选举提名，或许也在等待这种提名对公众情绪的影响。华尔街在其政治预言中总是惊人的准确。30年中仅出现过一次错误，就是它相信休斯将在1916年当选时。每个人都记得选举结果多么接近，并且在相对较多的票数中，伍德罗·威尔逊是少数人选举出来的总统。

我们无需在这里对经济状况进行整体讨论，只需要说的是，平均价格指数反映了一种不确定性，可能会在经济中于未来几个月慢慢呈现出来。

《巴伦周刊》 1928年5月4日

价格运动

道琼斯股票平均价格指数中的20支铁路股票，在4月27日记录了比1927年10月的前期高点144.82点更高的点位145.61点，最终确认了20支工业股票惊人的上涨。根据道氏理论解读股票平均价格指数，这是一个强烈且明确的做多点，并预示着到现在已经运行了超过4年半的牛市，其进程现在还没有结束。所有整理《巴伦周刊》的人都能在1927年10月10日专栏中看到，当前记录的工业股票本年高点和铁路股票平均价格指数的运动，明显与1927年10月类似。

自从铁路股票的高点在132.60点这个低点卖出，不到3个月前的水平，然后又出现了实质性的反弹，但是没有达到先前的高点。事实上，平均价格指数看起来会创造出双重顶，表明了对工业股票上涨的否认，并且如果这不是一个下跌预示，至少构成了一个警告。不久前，我们有必要指出这个警告的证据，特别是当价格比以往任何时候都要高的时候，而这些解释当然没有决定市场的任何一方。晴雨表一如往常，因为许多研究者现在可能感到他们自己有保障。4月27日的做多点在随后的市场运动中得到了确认，不管是铁路股票，还是工业股票。

市场产生巨大的能量有各种各样的理由，其中最突出的一个是，巨大的信贷供应，这在经纪商的放贷和短期拆借市场相对较低的利率中得到了证明。我们或许应该牢记股市晴雨表的一个预示，因为这在过去已经证明了它是国家经济的可靠指导。如果现在股市坚挺，根据先前的所有经验，我们可以给出一个合理的推断，在一些收缩，甚至失业后，国家经济在未来几个月将呈现出显著的扩张。我们可以合理地说，华尔街资金充裕，因为资源没有在其他地方被完全占据。即使股市投机同时趋向于收缩，流动资本在初秋被大幅使用似乎也是不可能的。晴雨表没有假装能预测出扩张持续的时间，这几乎不需要说明。

《巴伦周刊》 1928 年 6 月 25 日

价格运动

如果 1920 年 11 月去世的查尔斯·道至今还在世，用他自己设计的方法解读道琼斯平均价格指数中显示出来的股市情况，可能就会让他在看到 1923 年 10 月开始的牛市，并在 1928 年 5 月 6 日创造出高点后，陷入深思。当工业股票在 5 月 14 日于 220.88 点这个价位卖出时，创出了新高；接下来是铁路股票于 5 月 9 日相应地创出了 147.65 这个高点。工业股票到 5 月 22 日回调了 9 个点，回到了 211.73 点；而铁路股票回调于 5.63 个点，回到了 142.02 点。这是主要牛市中的一次典型的次级回调。

但是，工业股票 6 月 2 日创造了 220.96 点的新高，却没有得到铁路股票相应回升的确认。查尔斯·道通常忽略这种没有得到另一个平均价格指数确认的运动，并且自他去世以后，经验多次证明了这种解读平均价格指数的智慧。他的理论是，一个次级下跌运动，或许最终是主要的。当两个平均价格指数的新低都低于先前回调的低点时，就建立起了重要性。观察市场目前这个月发生了什么是十分重要的。

6 月 12 日，铁路股票比 5 月 9 日的高点低了差不多 13 个点，而工业股票跌到了 202.56 点，从 6 月 2 日未被确认的高点下跌了 18 多个点。市场在随后的两天中出现了一个短暂且快速的反弹，6 月 14 日，工业股票回升了下跌的 8 个点，而铁路股票回升了不到 3 个点。我们再次观察到，铁路股票给予了工业股票的回升非常少的支持。在随后的回调中，两个平均价格指数都在 6 月 18 日分别创造了 134.15 点和 201.96 点的新低。查尔斯·道将其称之为明确的下跌趋势。

1926 年初，市场出现了一次实质性的次级回调。那时候，我们在这些研究中说，如果这个回调发展成一个主要下跌运动，那么这就是记录最温和且最仁愁的运动。从那时起，市场被证明出现了一个次级回调以及大幅上涨，其中包括出现了从未有过的最活跃的股票。但是，为了重新建立先前的牛市，从6月18日开始算起，工业股票需要回升超过19个点，并且铁路股票需要回升13.5个点。平均价格指数的研究者也许会得到他自己的结论。

《巴伦周刊》 1928年7月30日

人为操纵股票平均价格指数

一位《巴伦周刊》和《华尔街日报》的读者，本身是一家重要的证券经纪公司里士满分公司的经理，他认为由于本年初起基金操纵的原因，道琼斯股票平均价格指数一直具有误导性。他说，基金经理们知道平均价格指数给出的预示非常重要，并且他们能够操纵上涨，特别是在工业板块中，足以使记录产生误导。这种看法听起来似乎十分合理，但其实这是说不通的。

人为操纵两个平均价格指数并不是件容易的事，一个平均价格指数的预示没有得到另一个平均价格指数的确认，这样的情况是可以被忽略的。但是，为了把财力集中在如此巨大的操作中，操纵者必须在一个拥有超过700余支于不同时期活跃的股票的市场中，放弃他在市场中持有的其他股票。他不能持有所有的股票。工业股票平均价格指数中除了那20支股票外都要被抛售，否则这20支股票的抛售会极大地影响平均价格，带动股票到处抛售，首先受影响的股票是基金中正试图操纵到更高价格的那些股票。

还有，我们很难指责平均价格指数确实一直具有误导性。工业股票在6月2日，且铁路股票在5月9日，记录了平均价格指数本年的最高点。铁路股票6月出现了实质性的回升，但没能达到5月的高点。当时给出的警告，至少在某种程度上令人对工业股票中显示的力量产生了怀疑。两个平均价格指数都已经显示出了重大的次级回调并只反弹了其中的一部分。在此之后，我们6月25日发表了一份关于价格运动的分析报告，并且在那里指出，根据道氏理论，市场给出了一个明显的警告，要求忽略那时已经持续了超过4年半的主要上涨运动，这是任何人都承受不起的。事实上，这个预示相当清楚，以至于可以合理地说，股市晴雨表中增长的信心已经被证实了。这个预示受到了最密切地注视，人为操纵的诱惑显然很大，我们只需指出，如果一个平均价格指数接近关键点位，并且能够确认另一个平均价格指数已经给出的预示，那么这也是很可能的。

《巴伦周刊》 1928 年 8 月 27 日

价格运动研究

道琼斯平均价格指数中 20 支工业股票触及到 6 月 2 日本年那时的高点 220.96 点后，发生了严重的回调，这使它们跌到了 201.96 点，或者说下跌了 19 个点；铁路股票也同时发生了下跌。从那以后，铁路股票在上个高点和这个次级回调的低点间出现了窄幅盘整运动。工业股票出现了壮观的回升，建立起本年的新高，这也是历史新高。因此，读者问，根据 6 月 25 日专栏中对它们的讨论，平均价格指数目前的预示是什么？

我们有一个相当安全的规则解读平均价格指数，虽然看上去是个消极的规则。那就是，一半的预示不一定好于完全没有预示。两个平均价格指数必须相互确认，才具有权威性，自从道氏理论发展出实际的研究，这个观点在晴雨表使用中就非常可靠，而道氏理论 27 年前在《华尔街日报》的评论中也多次对此做出过阐述。工业股票中单独出现的新

高并不是市场的做多点。如果铁路股票从目前的水平上涨到高于前期 147.65 点的高点，这在撰写本文时意味着铁路股票平均上涨了约 6 个点左右，预示则变成了强烈的看涨趋势。

这样的改变，显示出市场在 1923 年 10 月以来仍然活跃的主要牛市中经历了一个强烈的次级回调。另外，如果铁路股票没有呼应工业股票的力量，并且工业股票只是温和回调，一半的预示将被取消，而次级回调仍然有效。自 5 月的高点以来，任何时候都没有出现过可以被明确认为是预示着主要熊市的情况。市场在 6 月给出了警告，次级回调前的做空点就是一个强烈的警告。这样的波动在选举年的不确定性是可以被预期到的，或许在不允许按照自然过程进行的货币市场中也可以预期到。平均价格指数中另一个明确预示应该也由铁路股票指数给出。这时候交易量的增加可能具有相当重要的意义。

《华尔街日报》 1928 年 9 月 11 日

基于新基础计算道琼斯股票平均价格指数

编写方法的改变消除了由个股的增加所引起的失真。

9 月 20 日周一开始，20 支工业股票的道琼平均价格指数将基于一个新的基础计算，这消除了由于个股增加

而引起的偶尔失真，同时也保持了平均价格指数 31 年的顺序。

在过去，通过增加拆分股票比例，100% 或更大程度地补偿股票派息已经成为惯例。例如，美国罐头公司在

1926年拆分后乘以6，然后通用电气公司和西尔斯罗巴克公司各自拆分后都乘以4。尽管这个方法在短期内会精确地反映平均价格指数相对的波动，同时也保持了平均价格指数的顺序，但这最终会引起失真。例如，当一支倍增的股票像整体趋势相反的方向运动时。另外，根据先前的惯例，对于股票派息不到100%的补偿有时会导致连续的严重下跌，例如，发放40%的股利之后的情况。

编写新方法只是基于一个简单的数学手段。用没有任何倍数的20支股票的总和除以12.7，而不是用20支股票及其倍数的总和除以20。这个不变的除数是根据上周六的收盘价获得的，并且，这个数字表明了根据新基础计算出的平均价格指数与这个新方法生效前根据先前的基础给出的平均价格指数相同。基于之前的基础（包括美国罐头乘以6，美国汽车与铸造公司

乘以2，美国烟草乘以2，通用电气乘以4和西尔斯罗巴克乘以4）的这20支股票的总数在周六是42 888.375，用这个总数乘以20，得到道琼斯平均价格指数是241.11点。没有任何倍数的20支股票总数是3065.5，这个总数除以12.7，得到240.98点的平均值，这差不多与根据先前基础计算出来的平均价格指数相同。

这个不变的除数是12.7，每天都会被使用，并且会延续到这20支股票中的某支股票拆分或由一支股利导致价格大幅减少的情况中。如果在任何时候，股票平均价格指数目录中使用的20支股票决定被替换，这个不变的除数也将改变。

平均价格指数会基于先前的基础计算1至2周，但也会基于新的基础计算，为的是证明新的基础没有破环平均价格指数的历史顺序，也没有在其重大意义或解释中导致任何市场变化。

《华尔街日报》 1928年10月2日

市场在说什么

在股市传递出来的信息中，总包含着一个意义，即使人类的局限性使列出它表达的所有证据十分困难，至少在短时间内不可能。市场传递出来的和市场的沉默都意义重大。总统选举带走了巨大的公众兴趣，但是市场并没有对此发表任何看法，或者这与人们认为胡佛理所当然当选确实相同。

今年的下注相当少，但对史密斯的赔率稳定超过了2:1。

不是每个市场信号都像研究者们认识到的那样会轻易受到支持。在过去两年，接着次级回调后，市场已经趋向于在股票活跃性方面收缩，然后当这些回调恢复回来，并在长期牛市中创造新高时，市场倾向于在大量热

点事件中扩张。在独占许多交易的工业板块中，我们或许可以说，前期上涨幅度更大，因此我们可以想象到其脆弱性。

但是，代表每个人了解的关于美国经济和可能所做出的外国推断，所表现出来的信心是无可否认的。市场在说，农事年的结果大家都知道，并且，如果不是某些价格情况，从价值的角度看是非常令人满意的。尽管货币情况有些混乱，但这是对失业率降低和工业活力更好扩张的反映。我们可以注意到，商业失败的减少预示着薄弱点的缺乏。

没人期望国家在每个方面都一样繁荣。对于国家经济大致的目的，纺织工业就足够了，例如，纺织工业应

该显示出一个更可靠的条件。国家或许并不确切了解其关于房屋建筑的立场，而且华尔街正非常密切地观察着这个情况。低息刺激了投机的建筑业，得到了所谓的房屋证券的资金支持，这种债券实际是在很大程度上希望得到盈利的公司的债券。

这不是完全有利的情况，并且随着利润的缩放比例引起了不满意的结果，这似乎导致了一些非盈利的建筑材料的生产。信贷再次在这里能够清楚地自我应对，并且市场很可能期盼在农作物收割后大规模的释放信贷。

总之，晴雨表的预示十分合理。事实上，如果某些民主党巡回演讲者的意图是让华尔街变得慌乱，那么这场运动就非常好笑，没有结果。

《华尔街日报》 1928 年 10 月 29 日

偶然性

在一个上升的股市中，平均价格指数可能几天总共上涨一两个点，并且这种走势会被认为是理所当然的。没有人给华尔街打电话询问为什么工业股票上涨了 2 个点。但是，一个到现在已经持续 5 年且只有几次显著次级回调的主要牛市，从高于 250 点的点位一天内下跌了 5 个点，将使应对受到惊吓而寻求解释的咨询电话一直保持繁忙。

周五的回调中有一件有趣的事，因为它同步关联到部分联邦储备委员会，他们现在正允许并且鼓励银行通过贷款

继续开展银行业务。一位经验丰富的交易者从有些相似的情况中得到了一个奇怪的结论。他推断，一些基金已经被抛售了，并且股票掌握在相对比较脆弱的人手中。像联邦储备银行这样的政府机构通常是事后变得明智。

各种各样的原因，不论是上涨还是下跌，都可以从整体经济状况中得到。如果股市有它一直所说的任何晴雨表价值，那么在未来的几个月，我们就可以期盼一个活跃的甚至急速发展的整体经济状况。我们推断不出改

善会持续多久，但在整体经济收缩之前，一个主要牛市会数月有效。除了股市，其他任何地方都没有通货膨胀的信号。或许控股公司对公共事业的策略已经被过度使用了，或许投机建造商正经历着自己的麻烦。这些不是危险的事项，并且已经充分被大家知道。

当然，谷物和棉花的价格没有膨胀，同时商品的价格也没有表明任何巨大的存货被除制造商本人外的其他人持有。零售业不错，失业率的危机事实上也不存在了。铁路收入总额呈现增长，就像每年这个时候由于农业收割使其应该增加。搜索它的情况会发现，很难找到任何比资金市场紧俏更加看跌的事情了，然而这在每年这个时候都有破坏性的影响，而且在过去还不止影响了一次。或许担忧的来源是，面对我们认为在联邦储备制度中创造得非常完美的稳定装置，货币市场太呆滞了。我们实际上是假设了，差不多在长期的股市上涨的整个期间，资金不再是一个因素，甚至农作物收割也没有使信贷活跃起来，因为这在过去非常频繁。

或许股市自身就是对它自己最好的解释。

《华尔街日报》 1928 年 11 月 8 日

协调意识

当股市上涨到意想不到的高度，超过 4 年显示出以百分点来计算的个股上涨，道琼斯工业股票的平均价格指数上涨超过了 200 点，铁路股票上涨 70 个点，加权的平均价格指数单日 10 个点的下跌可能不会像看起来那样艰难。这样的下跌相当于在平均价格为 60 点时不超过 2 个点的下跌，尽管工业股票平均价格指数的加权起到了重要作用。

在这个前提下，我们仍然可以认为，股市周四的暴跌传递出了一种警告。它说这主要在于其内在的力量，即使有巨大的公共保证金账户运行，市场也没有失控。交易者慢慢熟悉了大幅波动，即使他们暂时全都朝一个方向。对于明智的观察者，这个评论不是说这个下跌非常严重，相反应该是延迟了很长时间。现在从投机及多年的研究经验显示，普通投资者的市场判断肯定无法与专业人士一样优秀。

显然，已经有一段时间，这个国家有大量资金可用于投机，甚至不用考虑纽约的拆借资金市场。我们仍处在一个高度繁荣的时期，或许有点分布不均衡，并且高工资更是相当普遍。有时有人会宣称，根据完全不充分的证据，这代表了工人将在未重生的时期消费烈酒。但是高工资必然在很大程度上受到移民限制的影响，使劳动力供应下降，并且大规模生产在很大程度上是基于个人效率的。从经济的角度来说，与单位资本产量相比，工资不算很高。

就像社会主义者所说的，富人可能慢慢在变得更富，但可以肯定的是，他们不以牺牲穷人利益而变得富有，或者用相对谦虚的手段致富。与平均工资相比，真实生活成本比较有利。在制造业繁荣的情况下，这是个非常重要的因素，因为我们国内的市场主要建立在中等收入消费者的基础上。华尔街的百万富翁不会分期付款购买收音机、家具，甚至汽车等。

但是，承认所有这些一般情况中的潜在力量，当投机行为延伸到华尔街之外的每个较大的城镇或城市时，由于受它们不稳定性的影响，是时候叫停这种投机行为了。在股市中活跃，且用通常的方式进行金字塔式投机的人们中，许多人都不可避免地受到了个人事情的限制，这些事件不应被忽视或最小化。不是每个人天生就是成功的投机者，但是它在大牛市中做一个检查揭示了重要的事实：平均价格指数的预示什么都没说，因为时间太短，得不到有用的推断。

股票平均价格指数

《华尔街日报》 1928 年 12 月 12 日

最近，订户要求确认道琼斯平均价格指数的有效性，这并不是不合理的。20 支工业股票足以反映整个市场的特征吗？这是一个合理的问题，因为现在有许多活跃股票，并且平均价格指数的上涨应该反映在所有股票中。在最近的轰动性上涨，以及周四、周五、周六的急速下跌中，所有股票都确认了平均价格指数，这太令人鼓舞了。

从 10 月 2 日的 238.14 点到 12 月 1 日的 290.80 点，工业股票平均价格指数上涨了 52.66 个点，也可以说上涨了 22%。在此期间，200 支股票的总市值上涨了 21%。这是个惊人的确认，且很难被称为偶然。因此，对于股票平均价格指数的研究者来说，答案是它们可以明显地构成一个可靠的晴雨表。加权平均值取代了先前简单的 20 支股票的总额，除以同样股票数量的方法的转变似乎效果很好，在准确性中显示出一个有价值的增加。

如果继续使用老方法，那么如此接近相似的整个市场。平均价格指数的高点将不会与现代的方法下证明的高点一样高，并且下跌看起来不会这样可怕。12 月 6 日、7 日、8 日的下跌为 8.5%，按照老方法是 11.5%，然而按照新方法，后者更接近代表整个市场。这次下跌是最严重的，但是必须记住的是，即使在去年，当一个主要牛市运行了 3 年，平均价格指数上涨到这个点看起来似乎完全不可能。

许多年，当记录显示为 60 点这样一个价格时，工业股票或许构成了一个牛市的顶部。因此，从收盘价 20 点这个数字下跌了 10 个点，就相当于点位为 60 时 2 个点的下跌。甚至在 3 个交易日中从这个点位下跌 7 个点，就相当于上周的暴跌，这没有任何值得恐慌的。

然而，对那些在顶部进行金字塔式交易者，记录中的回调是个非常严重的问题。每位经验丰富的华尔街交易者都知道，要沿着正确市场的一端进进出出，但在超过 100 个点的上涨中，从利润中增加保证金的交易者，不需要这种程度的下跌，这会使他的状况比开始时更糟糕。他通常在顶部被发现用金字塔式交易法加码，然后一个相对较小的回调就把他的利润抹去了。许多保守的权威人士说过，市场的暴跌延期了，对公众投机快速的抑制，有相当大的教育意义和实质利益。我们或许从市场运动中得到的最好的教训是，它不揭示经济状况中任何被深信不疑地称为不可靠的东西。

《巴伦周刊》 1928 年 12 月 19 日

价格运动

当道琼斯铁路股票平均价格指数达到了一个新高点 148.29 点，超过 1928 年 5 月 9 日建立的 147.65 点的前期高点 0.64 个点时，胡佛牛市的活力得到了有趣的支持。

由于道琼斯工业股票平均价格指数已经在 11 月 5 日充满活力地进入了新的高点位置，根据查尔斯·道指出的众所周知的理论，从铁路股票运动中得到的确认预示了目前突破记录的股票市场的基本看涨特征，有待出现无限期的进一步持续上涨。

在过去 6 个月中，工业股票平均价格指数数次进入新高位置，而铁路股票平均价格指数却没有跟着发生这样的情况。部分铁路股票的长期犹豫自然地显示出这种可能性，也就是这个历史上最大的牛市可能正在接近派发阶段。现在与进入新高的铁路股票平均价格指数一起，股市晴雨表已经着重表明市场的基本特征仍然是上涨的趋势。

这个预示绝没有否定客观的技术回调已经存在的可能性，这个回调的激烈程度可能与最近的快速上涨有关。

《巴伦周刊》 1928 年 12 月 31 日

价格运动

在三个交易日的异常下跌后，道琼斯平均价格指数反弹了，现在已经建立起了一个既有提示性，又有指导性的条件。第一次回升在 40% 左右，是在主要牛市中我们仍然只可以称为次级回调的运动中发生的，工业股票显然如此。这是严格按照先例进行的，并且存在发生这样恢复的实际原因。

在严重下跌中，一些账户出于各种原因不能被清算，而且这些账户都是受保护的。这些股票通常在接着发生的反弹中被抛售，这给市场提供了一个非常有价值的测试。如果投机者恢复的胃口可以收下这些股票，甚至要求更多的话，那么我们可以预示出市场具有相当大的潜在力量。

在目前的实例中，价格回来了，并且在股票暴跌后，几天就填满了，然后发展出了进一步明确的力量。这显然是上涨趋势，并且表明新投机者为了上涨取代了那些被震荡出去的投机者。此外，工业股票平均价格指数已经上涨超过了前期 295.62 点的高点 1.6 个点左右，铁路股票平均价格指数回升到了距前期高点 152.70 点不到 2.5 个点的位置。如果铁路股票跟着工业股票进入一个新高的位置，将给出一个明确的做多点，确保主要趋势不发生变化。曾经有过其他的下跌像最近的下跌这样突然和规模很大，例如，在 1901 年北太平洋公司的恐慌时期，它只抑制了牛市的主要趋势。在恐慌之后，特别是这个主要牛市持续了 18 个月，直到 1902 年年末才结束。

《华尔街日报》 1929 年 1 月 1 日

希望

有多少个关于 1928 年的回顾和 1929 年的预测呢？又或者一位报刊订阅者能解读其中的多少呢？这两个问题成为了我们每年的老问题，对于满是广告的日报来说是一个补充。一般来说，总结历史比提供预测好。新年尚未走过一周时间，人们就已经忘记了之前的预测。然而，它们仍然留在那些预言它们的人们的脑海中，这些

人或许在使其变成现实的方向上产生了偏见，犹豫不决。

所有这些预示的基础是什么，给信息一般含义让步能被有效地列出来吗？表格后面的运动源泉是希望。每个人都渴望繁荣延续。警告是永远不变的上升，但预测实际是一致的。悲观预言不利于传播。广告商渴望看到随着购买力增长而扩张的经济。我们

都是幼稚的人，喜欢听到我们想要相信的事。

但是，这些预测真的会像听起来那么透彻吗？在分析过许多预言后，涌现出了这个奇怪的想法，而且只有在一种情况下，它才能清楚地被预言家识别到。这就是没有人持有长期观点。克利夫兰的伦纳德·艾尔斯上校11月说过，他拒绝对新年第一季度以外的时间发表看法。前所未有的股市运动显然扰乱了保守人士的估计。或许它在本质上就没有变化，但现在的实际情况真是令人困惑。

1902年10月，已故的约翰·盖茨和他浮夸的追随者说道，用25%的活期借款，甚至100%的活期借款进行投机，是无关紧要的问题，"这个游戏与蓝筹股一起运作"，现在的价格相当有吸引力。盖茨和他的儿子查理、德雷克·利兹，以及剩下的人认为抓住了市场的尾巴，并且可以使它们相应地

波动。他们抓住了市场的尾巴，却不能放开。这个事实对他们来说证明了太多事情，到12月的第一周，他们都被震荡出局了。可以说，交易在白筹股的基础上被重新建立起来。

与持续到现在超过5年的大牛市相比，股市是真正的经济晴雨表，这是最好的证据。投机极度扩张到所有城市，这是购买力巨大增加的证据。这样一个异常规模的发展在事物的自然性质上是不平衡的，确切地说，因为一些股票超过了其他股票的上涨，而一些股票则根本没有上涨。股市正在表达，经济在变糟糕以前会先变好。它没有指出具体日期，但预测中最长的观点很少超过6个月，而且有时还更短。研究1907年的股市情况的研究者们会有所预期。

比肯斯菲尔德伯爵有次把他的再婚描述为希望对经验的胜利。或许我们也可以把这句话运用到股市中。

《巴伦周刊》 1929年1月7日

价格运动

我们12月31日在这些专栏中发表了对价格运动研究并说道，工业股票平均价格指数创出了新高，并且得到了铁路股票的确认，这是主要牛市恢复的确凿证据。道琼斯平均价格指数中的20支活跃铁路股票在新年的第一个交易日就建立了新高点。很少见的是，从股市晴雨表中得到的推断这

么快就被确认了。股市的内在力量非常值得注意。

不到1个月前，平均价格指数，特别是工业股票指数，经历了总共3天的令人吃惊的暴跌。接着发生的紧急清算结束后的正常回升大约为下跌的40%，但有趣的是，这正好是已故的查尔斯·道在30年前发现的比例。这

是仍然只可以被称为主要牛市中的次级回调的测试，但也是个具有危险的可能性。因为它只是抑制，这种抑制是由于股票派发造成的，而且股票暴跌延缓，不过仍然会平仓。

这一切都取决于新购买者的欲望。如果欲望不够强烈，并且平均价格指数上涨到接近先前高点的某个位置，但是不穿越这个高点，然后开始向下，那么这个预示将呈现出下跌趋势，并且或许甚至预示着主要趋势有显著的改变。然而，这类事件并没有发生。

市场意外地几乎没有犹豫，并且年底这段时间的力量非常显著。这是另一个测试，因为其中一些股票毫无疑问地被人们持有，为的是避免税前利润，这些利润在 1928 年的收益中将需要交纳所得税和附加税。

然而，在进入新年后，这种利润将完全正常，并且专业交易者可以预测到，但最终还是没有变成现实。现在有个清楚的推断是，市场背后仍存在着巨大的购买力。晴雨表预示出了未来的好天气，以及进一步的上涨。

《华尔街日报》 1929 年 4 月 5 日

价值测试

一位读者建议，版面上应该有一张图表，包括构成 20 支工业股票和 20 支铁路股票的道琼斯平均价格指数，及一条代表数年前的股息收益曲线，还有一条基于盈利能力的曲线。这无疑将是有益的，但是它的结构绝不像这位研究者设想的那样简单。真实收益会因股票拆分和股息的申报而改变与混淆，这里只列举出两个可能会出现的困难。

就股息线而言，这并不是什么大困难，它允许每支股票的财年不同。所有能被显示出来的都是每年的变化，结果则是图表中的线明显不同于平均价格指数每日波动所产生的线。尽管如此，股息线很可能比估计收益的加权平均值更有用。

看起来读者似乎能够没有什么困难就构建起它来，特别是如果他有道琼斯平均价格指数的图表，就是那些偶尔发表在《华尔街日报》上的图表。他就可以在月初或月底进行粗略的价格计算，例如，今年或以前年份的 3 月，他可以把平均价格指数中股票的总红利分到这些股票自身增加的价格中。例如，他发现 1929 年股票平均价格是它们股利回报的 22 倍，1928 年为 17 倍，1927 年为 11 倍，以及 1924 年勉强达到 6 倍，当这个大牛市已经开始仅 6 个月时，他至少能够推断出今天价格趋向于超过其价值。

这使人想起汉密尔顿在《股市晴雨表》中提供的简单解释，这个解释说过，在一个主要上涨运动开始时，作为前期熊市被迫清算的结果，股票价格明显远低于价值线售出。一般来说，随着价格趋势信心的回归，价值线跟着上升。这是主要上涨运动的第二阶段，接下来是最后阶段，也就是股票的价格高于价值线售出，以及人们不根据目前的收益，而根据未来的潜力购买股票。

那么这是研究目前牛市明智且保守的方法，尽管期间出现了短暂且快速的回调，目前牛市自 1923 年 10 月起跟随在一个持续了 8 个多月的主要下跌趋势之后。研究者应该自问，股票是否在其价值线上售出，做出卖出股票决策时，价格是否显然已经高于其内在价值？人们是否不基于希望购买股票，这种希望被拖延得太久了，以至于会使你的心脏和钱包受损？

在这里，没有市场观点是高级的。这个设计让读者以一种理智的方式形成了自己的观点。

《巴伦周刊》 1929 年 5 月 20 日

价格运动

尽管在专栏中讨论价格运动并没有成为惯例，也就是由先前的晴雨表，即道琼斯平均价格指数显示出来的价格运动，除非市场中有特别意义的趋势出现明确的改变，否则要求在这一点给予启发就太普遍了，所以目前的一些讨论是合适的。我们或许可以马上说出来，市场出现了并非主要上涨运动无可争辩的逆转，这个主要趋势自 1923 年 10 月以来一直有效。事实上，20 支工业股票在最近的 5 月 4 日创出了历史新高。

我们同样可以保守地说，在平均价格指数超过 300 点时，1 天即使 10 个点的波动也不等于超过平均价格指数为 100 点时 1/3 的波动。换句话说，我们完全可以预料到更高的水平上会有更大的波动，并且我们不应该给它们任何夸大的意义，相反应该从价格百分比考虑。市场从 1 月 22 日以来，出现了 13 次波动，2 月有 4 次，值得注意的是，平均波动幅度为 16 个点。

这很可能是意义重大的一个系列波动，就像一个远超 5 年的长期运动的顶部即将到来，在这一点上完全没有价值。尽管工业股票在 5 月 4 日创出了新高，当铁路股票确认工业股票给出的这个做多点时，铁路股票在 5 月 14 日比 2 月 2 日的高点低了近 11 个点。我们不需要武断地提出现在建立起来的位置，也不可能说出任何不可恢复的结论，单个波动或所有波动一起都不能使平均价格指数预示出主要方向的改变。

工业股票所表现的是次级运动逐渐增加的脆弱性。由于次级运动有时会发展成主要波动，这是一个警告提示，平均价格指数研究者不应该忽视这点。作为晴雨表式的预示，铁路股票 11 个点的上涨，是明确的看涨预示，即使这段期间，工业股票停止不前也是如此，因为它们没有收回 5 月 4 日记录的 327.08 点的高点。

自我调整

在《巴伦周刊》的价格运动研究中，即由道琼斯平均价格指数显示的价格运动，我们指出，30 支工业股票不到 4 个月出现了 13 次上下波动，平均幅度达 16 个点。或许可以指出，在价格超过 300 点时，10 个点的波动，甚至只在一天内，其重要性差不多相当于平均价格指数为 30 点时 1 个点的波动。尽管如此，波动本身是非常绝对的，并且对于以保证金形式交易的交易者来说任何价格都意味着同样的事情。

在这里，每个人都可以看到股市在自我调整，除了在华盛顿的某些人，他们乐于调整那些甚至他们都不懂的事情。交易量并不像它在这个钟摆的波动发展前那样沉重。市场自身减少投机的乌合之众，这些粗鲁的人认为华尔街是容易生财致富的地方，每个人都可以捡到金子银子。26 个点的波动对这些人来说，有着令人吃惊的清醒效果。

我们也可以注意到，与此同时发生的短期拆借市场趋于在较低水平发生更加壮观的波动。资金几乎很难被称为便宜，但是短期拆借市场显然处于更正常的情形。这是完全有益市场

健康的事情，如果联邦储备委员会允许提高第二储备区的利率，也是一件趋向稳定经济晴雨表的事情。只要考虑到农作物的收割，联邦委员会自己必须不晚于 8 月前的某个时候扩大信贷。但愿委员会成员也是银行家，说实在的，抓住时机的智慧太明显了，不需要建议。

这不是在说，这个明确从 1923 年 10 月开始的大牛市结束了。剧烈且频繁的波动似乎在一定程度上预示了投机正在探索的方向，这绝不是所有人的想法。大家了解的任何事情，甚至是那些轻微影响到金融的事情，都会以信息的形式流入华尔街；股票市场本身，以它的波动代表了所有这些知识筛查后的价值。市场正传达出来的信息可能听起来像是陈词滥调，但它意味着两边都有许多理由可以叙述。

我们在这次讨论中没有试图做出预测，但是有必要再次强调的是，金融领域的业余者，包括许多杰出的政治家，所不能理解的也就是股市甚至在最广泛的运动中，都比它看起来更安全。不管 24 小时的短期拆借利率是多少，短期贷款自身多半是银行能做到的最安全的数字。抵押物选择是绝对的，

并且保证金是所有放贷者都会要求的。

没有一个正在支付资金和其他办公费用的人渴望一个迟钝的市场。但是，如果它能说服人们讨论除股票以外的事情，那么短期迟钝可能是件非常好的事情。

价格运动

5 月 20 日在这些专栏中讨论道琼斯股票平均价格指数时，我们指出，自年初到现在，平均价格指数波动了 13 次，平均每次 16 个点，这没有传达出任何有必要下跌的暗示，但在价格运动研究中这种不寻常的发展使得人们小心谨慎。那时，铁路股票平均价格指数比上个高点低了 11 个点，因此它没有确认工业股票中的新高点。

现在两个平均价格指数都已经创造了历史最高纪录，铁路股票恢复了其所有的损失。几乎不需要说明的是，根据已被接受并完全建立起来的股市晴雨表的解读规则，随着平均价格指数的相互确认，这是明确的看涨预示，暗示着持续了差 4 个月 6 年的大牛市已经恢复了它的向上运动。正如一些分析表现出来的，这个位置确实是技术上的一个特殊力量。

我们可以清楚地看到，快速延伸的波动，在工业股票价格指数中尤为明显，实际上目前的市场运动完全不同于平均价格指数做窄幅盘整运动时发生在低价位时的市场运动。这样一个窄幅盘整运动预示的不是吸筹就是派发，并且这个趋势可能会朝着任意方向突破，从历史角度来看，都意义重大。派发时期在这种高水平上出现了范围更广的波动，是唯一可以预期到的。两个平均价格指数都上涨到窄幅盘整区域之上时，会给市场一个明确的提示，表明大量的股票不仅没有派发，反而被有效地吸收了，这可能是由于买入的人是投资者或通过使股票脱离市场而负担自己购买股票的人。

始终如一的股市

市场几乎不能提供比 7 月 1 日周一，按照基本原则运行的股市实例更好的例子。在上个周六，道琼斯平均价格指数在新的高点互相确认，并给出了一个久经考验的晴雨表预示，表明了主要上涨运动的恢复。周一活期借款利率达到了 15%，尽管如此，道琼斯平均价格指数中 30 支工业股票上涨了 1.43 个点，20 支铁路股票上涨了 1.95 个点，各自都创造出了新高纪录。

好像随着国会休会期，纽约短期折借市场的焦虑平息了下来。对于同一类的政治家，这是一个令人满意的点，但是就像所有问题一样，不是表面的就是普遍的误解，它失去了自己的驱动力。这并不是在说，随着农作物收割期近在眼前，我们也将进入一个低息时代。这只能说明短期折借市场与国家整体经济有关，真正重要的是，公众恢复了它判断轻重缓急的能力。

不用说，对于已经上涨了 5 年 8 个月，且仅发生过几次次级回调的股市，几乎必然处在这样一个趋势运动的第三阶段或最后阶段，就绝大部分而言，股票不是基于股息收益前行的，并且这个阶段对未来的乐观预期比当前的结果具有更大的影响力。当股票平均价格指数在 6 月 29 日给出这样一个做多点时，它们所说的都是，股票应该出现进一步的上涨。但它们没有预测到上涨的程度。

长期主要上涨运动的一个特点是国家经济建立在股市的力量之上，并且证实了这个上涨。股票的力量已经预测出了经济的改善，这是一贯的经验，我们可以合理地说，市场自始至终给出了无数个对希望的说明以实现预测。

《巴伦周刊》 1929 年 7 月 29 日

一个合理的晴雨表

我们完全可以说，股市的日间波动是没有逻辑的。但在任何一个相当长的时期中，它都以某种方式尊重着事件的逻辑，而国家经济不会这样做，除非它反应太迟了。芝加哥的小麦价格正进一步壮观地上涨了 7.5 美分每蒲式耳时，股市在同一天出现了强有力的回调，工业股票下跌了 4.50 个点，而铁路股票下跌了 2.00 个点。

上个周六买入股票的人争辩道，小麦市场是投机的，并且小麦多头利益集团多半与股市多头利益集团十分相似。没有什么比这更不靠谱的了，因为小麦一直基于这里和加拿大作物短缺的原因在上涨，这彻底消除了国会会议中恐慌价格造成的令人尴尬的过剩。小麦短缺或许意味着投机者口袋中的钱都在这种谷物中，但这意味着重要相关业务的严重损失。

小麦产量不足意味着铁路系统的收益更低，并且对于那些庄稼收成相对失败或绝对失败的农场主来说，这是一个令人失望的年份。人们的消费能力和购买能力在许多方面都被削减了，并且不能从小麦价格仅有的上涨中得到补偿。生活成本增加了，但在其他方面却没有产生任何可以补偿这个上涨的事情。农作物总体歉收对于少数特别幸运的农场主来说，可能是件好事，但这绝不是国家经济看涨的论证。

这就是股市所谓的事件逻辑。事

实上平均价格指数晴雨表没有收回已经给出的强有力的做多点。但是股市再次证明，它可以预测未来，并且只是在表面上被暂时的影响扰乱了。

价格运动

那些遵照道琼斯平均价格指数的分析进行交易的人，常常错在期望值太大。晴雨表不会一直不断地给出交易的信号，根据查尔斯·道的理论，一个预示直到被另一个预示抵销为止都有效，或在某些方面被再次增强，例如，当工业股票平均价格指数确认铁路股票平均价格指数时，反之亦然。

查尔斯·道从没深思过远高于票面价值的平均价格指数，甚至当他在1902 年 11 月去世的时候，每天在市场中活跃的工业股票几乎不到 12 支，不足以构成一流的指示器。西部联合公司一段时期实际上被包括在了那个不完美且是实验性质的列表中。每个人都知道，工业股票的数量已经扩大到了 30 支，选择时没有任何实际困难。

由此可以看出，随着工业股票平均价格指数高于 300 点，我们可以预期到一个更广的波动弹性，不过查尔斯·道推理所依据的原则并没有受到干扰。在他那个时候，一个平均价格指数做所谓的窄幅盘整运动，每次数周，上下波动幅度限定在 3 个点以内。当平均价格上涨或下跌突破窄幅盘整区域时，市场股票的供应或缺乏根据具体情况，预示着价格水平向更吸引人或更保守的点位变化，这是很好的经验，但并不是一成不变的。

但是，在工业股票指数目前的高水平上，这个区域出现更大范围的派发或吸筹或许是安全的假设。晴雨表给出的上一个观点是强烈的看涨趋势，这得到了市场随后走势的确认。但自 9 月 3 日创造最新新高以来，市场出现了 2 个点、3 个点、5 个点，甚至 10 个点的波动，当然，这与它们 25 年前看起来的重要意义比，不到 1/3。目前市场的两个平均价格指数似乎在"寻找自我"。我们可以相信，它的下一步走势或许会听从未派发投资的信托公司的浮动供给的指示。

价格运动

自从工业股票在 9 月 3 日达到381.17 的高点，且同一天铁路股票达到 189.11 的高点，两个道琼斯平均价格指数所显示出来的价格运动出现了一个非常有趣的走势。在一个月内，或者说直到 10 月 4 日，工业股票已经下跌了 56 个点，并且通常小幅波动的铁路股票已经损失了本年高点的 20 个点以上。

当然，56 个点代表着牛市持续 6 年的重大次级下跌，我们要谨记我们是在处理高点位交易。甚至当时，工业股票平均价格指数接近 80 点，相当于 11 个点的下跌。市场运动是否对这一点做出了任何的预示呢？在接连的反弹中，我们注意到工业股票的第一次买入价已经回到了 372.39 点，第二次的买入价已经回到了 355.95 点，10 月 10 日的第三次买入价回到 352.86 点，一次比一次低。

根据查尔斯·道解释的晴雨表式的预测方法，这会是一个明确下跌的警告，并不意味着主要市场趋势会有所变化，但是这要求投资者特别注意未来运动的重要性。比如说，如果下

一次反弹把工业股票带到 352.86 点以上，并且把铁路股票带到 178.53 点以上，那么下跌的预示将在某种程度上被收回。

然而，如果没有穿过前期高点，市场将再次下跌，并且把工业股票平均价格指数带到 352.17 点以下，把铁路股票带到 168.62 点以下，下跌预示也会变得更强。不管严重与否，这很可能代表的不只是一个次级回调。我们在这些价格运动研究中常说，晴雨表从来不预示趋势的持续时间。市场在 1923 年出现过一个真正的主要熊市，但仅持续了 8 个月。不把目前的预示看得太严重的一个理由是，它们一直在一个非常短的时间内被记录。从本年高点开始的最严重回调仅持续了 1 个月。鉴于投机的全国性特征，我们可以从这个看似危险的短期中出推断山公众情绪似乎已完全转变了。

趋势中的转变

根据道琼斯平均价格指数观察价格运动的方法，20 支铁路股票在 10 月 23 日周三，确认了 2 天前由工业股票给出的看跌预示。在主要下跌市场持续了从未有过的 6 年左右的时间后，两个平均价格指数一起给出了熊市的信号。值得注意的是，《巴伦周刊》和道琼斯通讯社在 10 月 21 日指出了工业股

票信号的重要意义，铁路股票随后给出了确认。评论如下：

"然而，如果没有穿过前期高点，市场将再次下跌，并且把工业股票平均价格指数带到 352.17 点以下，把铁路股票带到 168.62 点以下，下跌预示也会变得更强。不管严重与否，这很可能代表的不只是一个次级回调。我

们在这些价格运动研究中常说，晴雨表从来不预示趋势的持续时间。市场在 1923 年出现过一个真正的主要熊市，但仅持续了 8 个月。不把目前的预示看得太严重的一个理由是，它们一直在一个非常短的时间内被记录。从本年高点开始的最严重回调仅持续了 1 个月。鉴于投机的全国性特征，我们可以从这个看似危险的短期中出推断出公众情绪似乎已完全转变了。"

自 9 月 3 日的高点以来，市场运动惊人的一致。在新低点被明确建立之前，工业股票在下跌过程中至少出现了 4 次反弹，并且每次反弹都比前一次弱。查尔斯·道认为这通常是一个危险的信号，但在过去 30 年，把股市作为经济晴雨表讨论的过程中，要求一个平均价格指数应该确认另一个已经

就道琼斯平均价格指数的晴雨表走势而言，自上周三（10 月 23 日）开始，市场的主要运动已经非常清楚地向下转变了。市场会自我发现，因为华尔街自己进行了清算，并且通常要面对一场金融灾难。除了表明趋势外，

价格运动

一位加拿大读者，他是平均价格指数和查尔斯·道所设计的解读方法

成为惯例。如果没有确认，我们就会发现结论极具误导性。

在华尔街进行交易的人们以及全国各地的许多人，都没经历过一个真正的熊市。例如，从 1919 年 10 月开始持续了 2 年的熊市，或者从 1912 年到 1914 年的熊市，如果世界当时能够解释这个信号，就可以预测到世界大战了。更重要的是，股市确实预示着国家的整体经济走势。这个大牛市被 6 年的经济繁荣确认了，并且如果股市转向，经济随后会发生收缩，尽管目前只预示了中等贸易额。

《华尔街日报》在不久前的一篇评论中提到，如果股市被迫通货紧缩，作为政治家，似乎非常真诚地希望，不久之后，他们会在其他方面经历一场与其无关的通货紧缩。

《华尔街日报》 1929 年 10 月 26 日

这里没有任何做出推断的想法。似乎没有什么比类似于 1923 年股票活跃及经济繁荣的停止更艰难的了。

清除账面利润将减少国家实际购买力的观点似乎相当牵强。

《巴伦周刊》 1929 年 11 月 18 日

的研究者，他将 20 支工业股票的数据重新编辑，显示出熊市终止于先前牛

市高点的 42% 附近的位置。这是所有社论作者都喜欢得到的一种有价值的信息，然而要不是 11 月 11 日周一，工业股票暴跌的事实抨击了这个理论不合理，它很可能会成为非常好的案例。

在 11 月 11 日创造 220.39 新低点的过程中，工业股票确认了铁路股票 11 月 6 日 145.49 的新低点。不需要铁路股票 11 月 13 日进一步下跌到 128.07 点来强调平均价格指数下跌的预示。这个预示在这些专栏第一次被提出后，从《华尔街日报》转载再版，工业股票给出了一个做空点，这个做空点比写本文时的平均价格指数高 100 多个点。

我们完全可以认为，工业股票从 381.17 点到 148.69 点，以及铁路股票从 189.11 点到 128.07 点的下跌，代表了最自负的牛市无论如何都无法避免的下跌。但是市场有其自身的规律，已建立起自己的先例，就不接受其他的。这是说，清算还没有完成，并且可能随着日间运动更进一步，缩小波动范围，就像钟摆式运动最近经历过强烈振荡，移动趋于停止。至少那些期待先前牛市恢复的人们可以确信，平均价格指数中没有下跌结束的预示。

我们永远都不应该忘记，无论如何，平均价格指数都不会预测一个运动的持续时间，或任何特定股票的可能性。如果市场不再处在必须卖出畅销股票以保护那些没有市场的股票的状况之中，优质股票与目前一般的股票相比，或许可以轻松逆势上涨。

即将休整

《华尔街日报》 1929 年 12 月 3 日

证券交易所在发生了猛烈的价格运动后，一切都是理所当然的了。按照以往的经验，钟摆式的波动应该变得更短了，并且会静止等候市场更长的一段时间，因为有必要衡量支配将来运动的多种影响。一些窄幅盘整运动或许从确实发生中看了一些可能性。

市场的首次下跌把工业股票平均价格指数从 381 点以上的高点向下带动了 55 个点左右，普通报纸发现"银行家支持买入"；但是在不温不火的反弹之后，工业股票平均价格指数再次下跌了 130 个点，达到了远低于 200 点的位置。

我们现在可以说，那时在这些专栏中所说的，超买市场打破了自己的协议。市场目前还没有被外汇出售摧毁，对于所有可能出现的外币股票来说，总量很难达到市场在 4 个交易日内出现的 5500 万股的 2%。

太平洋海岸及其他地方外部股票持有者的订单可以轻易地解释这样的卖空，或者也可能是当地银行的抵押，当然涉及了持续 2 到 5 天间隔的借入贷款，直到实际运送完成。一个下跌的点位或许可以是市场的支柱力量，但这些明显的卖空一定不是。场内的交易者无疑卖空了股票，并且没有一个人在那天平仓之前就回家了。

主要熊市中的下跌在某种程度上具有一些一致性，但是这在最坏的情况下，下跌程度接近工业股票平均价格指数的44%。这种情况在过去33年中几乎没什么变化，它预示着一次彻底的清算，尽管人们假设之前的牛市会立即恢复只是一种脱离现实的愿望。

《华尔街日报》 1929年12月10日

威廉·彼得·汉密尔顿

已故的威廉·彼得·汉密尔顿先生在《华尔街日报》担任了超过20年的编辑，他的去世给美国的的新闻业留下了一大片空白，给与他一起工作的人们心中留下了悲痛。他留下的研究是一笔财富，我们可以从中了解并体会这个男人的勇气与真诚。很少有人可以像他一样在紧张的工作中以正确的方式保持内心的平静却又满腹信心，将一种既敏锐又公正的批判思想转换为温暖的个人友谊。

在一些美国报刊记者中，很少有人可以使自己的报道或社论的经验如此成熟而多变，再加上天赋般精准的观察。汉密尔顿先生从不满足于记录他所看到的。对他来说，凡事背后总隐藏着某些含义，这比表面的事实更有价值；事件之间总是有逻辑关系；其中有着人类渴望了解的背景以及人类没能成功解释的其他看似模糊或者毫无意义的事情。他的书写风格源于他精神及丰富的思想。

汉密尔顿先生的社论被广泛解读，并且有大量的证据表明这些文章具有积极的、实际的影响。这些文章对那些思考中的人们具有吸引力，或许在很大程度上是因为他不顾基础理论而直奔问题的中心。这个能力也说明了他善于思考；他可以用很小的篇幅表达很多的内容。但这被他形容为笔下的小把戏而已——直率地思考并坦率地说出来，传递思想时不在琐碎的让步中浪费时间，这些是他与生俱来的优点。他不凡的才智充满了幽默感，所以在他的讲话以及文章中，常常会有令人欣喜的意外转变。

作为一个英国人，汉密尔顿先生一生热爱英国，并且一直保有英式英语的写作方式，但是他同样具备对美语语境的理解力，这时常让他美国本土的同事惊奇与欣慰。对纽约人来说，他的演讲像是刚离开白厅或唐宁街的人所做的，但是他很开心的是，上次他去拜访母亲时，他的母亲对他说，"我希望你能在家控制自己不要用美国人的口音说话。"

他的同事都将记得汉密尔顿先生，除了他真诚以及勇敢的精神所带来的影响，还有他对人无私的热情帮助。